Good to Go

最新科学が
解き明かす、
リカバリーの真実

クリスティー・アシュワンデン 著
児島　修 訳

What the Athlete in
All of Us Can Learn
from the Strange
Science of Recovery

Christie Aschwanden

青土社

Good to Go

最新科学が解き明かす、
リカバリーの真実

目次

Good to Go

最新科学が解き明かす、
リカバリーの真実

デイブへ

はじめに

ある晩夏の土曜の朝に初めて「デンバー・スポーツリカバリー（ＤＳＲ）」を訪れたとき、私はかなり疲れていました。五キロのランニング大会を全力で走り、優勝したばかりだったからです。一位でフィニッシュしたといえば聞こえがいいですが、実際はそれほど格好いいものではありません。このイベントの売りは〝ビール・ラン〟。参加者の一番の目的は、ゴール地点の目の前にある地ビール醸造所が振る舞ってくれる、レース後の無料のビールです。私以外にウォーミングアップをしていたのは、足にクロスカントリーシューズのイラストのタトゥーを入れた、長距離ランナーらしい痩せた体型をした二〇代の男性だけ。でも、真剣に走ろうとしているのが二人でもかまいませんでした。私には、〝この夏のあいだに五キロレースを全力で走る〟という目標があったからです。他の選手は気にせず、タイムと競争するつもりで走りました。私はもう中年です。力を出し切って走り終えると、脚にズキズキとした痛みを感じました。そして、ビールはパスしました。後ろ髪は引かれましたが、帰路に運転してくれる人もいませんでしたし、「プロのようにリカバリーしよう！」というモットーを掲げるデンバー・スポーツリカバリーを訪問するのに、ちょうどいい機会だと思ったからです。

デンバー・スポーツリカバリーは、繁華街近くの高級店が建ち並ぶエリアにありました。控えめなグレーの外観は、ヨガスタジオやクロスフィットジム（ボックスとも呼ばれます）と見間違えそうです。なかに入ると、そこはまるで〝元気を取り戻《リカバリー》すための遊園地〟でした。アスリートの疲労を回復させるためのありとあらゆる道具やツールが、所狭しと並べられています。壁沿いの棚には、筋肉を押しつけたり揉み込んだりするためのローラーやボールなどがズラリ。広い床にはストレッチ用のスペースがあり、多種多様なマッサージ機も置かれています。治療台とラウンジチェアの列の先には、ホット用とコールド用の浴槽が見えます。上階の奥まった小部屋には、高気圧酸素治療（加圧酸素）やサウナ、クライオセラピー（液体窒素で筋肉を冷やす）用のタンクがあります。壁に森の絵が描かれた隣のラウンジでは、リクライニングチェアにゆったりと座りながらビタミンや抗炎症薬の点滴ができるというサービスが宣伝されていました。

メインのリカバリー用スペースの壁には、地元の人気プロアスリートのサイン入りユニフォームが額に飾られています。コロラド・ロッキーズの元投手マット・ベライルや、アメリカンフットボール、デンバー・ブロンコスのウェス・ウェルカー、セブンティシクサーズ時代のジェイソン・リチャードソンのジャージも。入り口の貼り紙には、疲労回復ツールの一覧が記されていました。サウナ、冷温交替浴、圧迫療法、振動療法、「バイオマット」（温熱マット）、軟部組織ツール、「Eスティム」（電気療法）、「マークプロ」（低周波治療器具）——。

不慣れなメニューを前にして戸惑っていると、二〇代の女性スタッフが手を差し伸べてくれました。陽気な体育会系タイプでポニーテールの彼女は、「本日担当させていただきます〝リカバリー・アシスタント〟です」と自己紹介をして、ペンと二枚の記入フォームが挟まれたクリップボードを手渡してくれました。その内容は、病院の初診時問診票とジムの入会時登録フォームを混ぜ合わせたようなものでした。「スポーツ歴」「今どこかを怪我しているか」「今日希望する療法やマッサージ」などなど。アシスタントは私の回答に目を通すと、どれくらい時間があるかを尋ね、今日のプランを立ててくれました。その結果、私はウォーミングアップとクールダウンを含めても四五分程度しかかからなかったレースの疲労回復のために、この施設で一時間以上を費やすことになりました。

この日に取り組むリカバリー技法（この業界では「モダリティ」とも呼ばれます）は四つ。軟部組織ワーク、電気刺激、圧縮、振動（次回は、冷温交互浴やクライオセラピーなども試せるとのことでした）。まずはマッサージ器具からスタート。両端にローラースケートのような車輪が取り付けられた三〇センチ長のクッションつきの軸に足を当て、器具を前後に転がすようにして筋肉を刺激します。言われたとおりにやってみると、自分で足を揉んでいるような心地良い感触がありました。ドラッグストアで売っている、ローラーつきの足踏み用マッサージ器具を思い出します（飛行機のシートポケットに入っているカタログに広告が載っているタイプのものです）。一通りセルフマッサージを終えると、次は一回り大きな同じような器具を渡されました。パッド入りのシリンダーにふくらはぎを当て、踵から膝の辺りまで前後に動かすと、ハードなレースを終えた後だけに、筋肉が和らいでいく心地よい感覚がありました。

地面に背中をこすりつける犬のように床で身をよじらせていると、アシスタントが、これは筋肉を取り囲む薄い結合組織である「筋膜」の緊張を和らげる効果があると教えてくれました［日本では筋膜リリースと呼ばれている］。この種のローラーによるマッサージの目的は（この施設にあるような特殊な形のものであれ、理学療法士の診療所やヨガスタジオにあるような一般的なものであれ）、患部に血流を送り込み、〝癒着〟しがちな筋膜をほぐすことだというのです。こんなふうに科学的な響きのある説明をされると、風変わりな器具に懸命に身体を押しつけているのがまともな行為のような気もしてきます。自分の筋膜が本当に癒着しているのか、ローラーにそれをほぐす効果があるのかを確かめる術はありませんでしたが、ともかく筋肉痛に効いている感触はありました。

大きなローラーの次は、小さな器具に移ります。それはテニスボールほどのサイズの、外側がパッドで覆われた球体でした。「こんなふうに、身体の下にこれを入れてください」。アシスタントはお尻の下にボールを入れ、ダンスをするみたいに身体を前後に動かしました。臀部の奥にある梨状筋をマッサージするためです。文字通り、固いテニスボールの上に座ってお尻を動かしているような感じがします。先ほどのローラーとは違い、今回は痛みを覚えました。そう告げると、彼女の顔はパッと輝きました。「いいことです。痛みを感じる部分を見つけたわけですから」。でも、私は嬉しくはありませんでした。ここに来たのは筋肉痛を和らげるためであり、痛む場所を見つけるためではありません。そもそも、ボールを当てるまで、自分の身体に梨状筋という部位があることすら忘れていました。彼女が見ていない隙に、こっそりボールを外しました。

私が気になっていたのは、梨状筋ではなくハムストリングスと呼ばれる太ももの裏側部分の筋肉の痛みでした。アシスタントから次に電気刺激を試しましょうと言われたときは、胸が高鳴りました。二五分間、マッサージ台にうつぶせになり、ハムストリングスに取り付けられた冷たいジェルが塗られた粘着性のパッチから送られてくる電気刺激に身を任せました。何も意識しなくても、脚の筋肉は電気刺激に従って一定のリズムで収縮と弛緩を繰り返します。意図せず脚を大きく蹴り出したりしないか不安でしたが、大丈夫でした。機械に脚を動かされるのは不思議な感じがしましたが、不快ではありません。

しばらくすると、私は完全に電気信号に身を委ね、ピクピクとした脚の反応に気を取られることもなくなりました。セッションの終わり頃には眠りに落ちかけていました。

次は空気圧ブーツ。左右の足をそれぞれ寝袋のようなバッグに入れ、腰の位置でファスナーを閉めます。スイッチを入れるとバッグが膨らみ足の筋肉を締め付けます。血流を促し、炎症や乳酸を減らすとのことです。さまざまな設定ができますが、私は一定リズムでの収縮というパターンを試しました。収縮はつま先から始まり、チューブから歯磨き粉を絞り出すみたいに、ふくらはぎ、膝、太ももの位置に移動していきます。脚全体が数分間圧迫された後、バッグはゆっくりとしぼみ、同じサイクルが繰り返されます。整然とマッサージを受けているような感じがして、気持ち良さを覚えました。

最後に、建物に入ったときからずっと気になっていた器具も試してみました。「これは〝スイスウィング〟と呼ばれていて、大人気なんです」。アシスタントはそう言って、私を器具の隣の椅子に座らせました。ヨガマットのような素材で覆われた、大きなゴミ箱のような円筒形のマッサージ器具が、角度調整式のアームに横向きに取り付けられ、腰の高さほどの位置に突き出ています。椅子に座ったまま、持ち上げた足を円筒に乗せてスイッチを入れると、小刻みな振動が始まりました。バイブレーションはなめらかで、眠りを催します。揺すられた筋肉の痛みがどこかに消えていくようです。五分間の振動が終わったので、足の位置を変えてふくらはぎが円筒に当たるようにしました。さらに五分後、今度はハムストリングスに刺激を与えたくなり、円筒に跨がるような恰好をとりました。

振動する円筒に突き出したお尻を当てていると、いかにもビール腹を凹ませるために頑張っているといった雰囲気の中年男性が近づいてきて、マッサージ器具は気に入ったかと尋ねてきました。嫌な気分にはなりませんでした。曰く、フルマラソンに向けて長い距離を走る練習をしているが、疲れが抜けなくなってきたので、最近デンバー・スポーツリカバリーに通い始めたとのこと。スイスウィングはお気に入りだそうです。すぐに、話しかけられたのは、単に彼がフレンドリーな人間だからではないと気づきました。私のマッサージが終わり、自分の番が回ってくるのを待っていたのです。

リカバリーをすることが常識になり始めた

ここで、そもそも私がなぜこのような特殊なジムを訪れ、巨大なバイブレーターにお尻を当てることになったか、その経緯を話しておきましょう。私が本格的にスポーツに打ち込んでいた一九九〇年代と二〇〇〇年代、疲労回復《リカバリー》は、何もしないことを表す「名詞」でした。練習もしない、歩き回ったりもしない、夜遅くまで人と会ったり電話をしたりもしない、ストレスになるようなこともしない――リカバリーとは休息であり、眠るか、足を高くして横になりながら本を読むかのどちらかでした。でも現代では、リカバリーは「動詞」になりました。それはプロであれアマチュアであれ、アスリートがトレーニングと同じような意欲を持って取り組むものになったのです。周りの人が、「これからリカバリーをしに行く」といった言葉を口にするのを初めて聞いたときには戸惑いました。でも、何度も耳にするうち、私はリカバリーがもはや〝トレーニングの合間の何もしない期間〟ではなく、〝トレーニングの延長線上にある活動〟になったと気づいたのです。

今、各種の競技で活躍するトップアスリートは、練習と同じくらい懸命にリカバリーに取り組んでいます。その事実をよく物語っているのが、選手たちが投稿するＳＮＳです。そこには多種多様なリカバリー技法を実践している様子が映し出されています（それは自分が契約するスポンサー企業のリカバリー製品の宣伝にもなります）。二〇一六年のリオデジャネイロ・オリンピックでは、体操選手のシモン・ビルズが、ノーマテック社の空気圧ブーツを履いてリカバリーをしている姿を披露しています。オリンピック史上最多のメダル獲得者として知られる競泳選手のマイケル・フェルプスは、肩と背中を紫色の痣だらけにしてプールに現れました。清涼飲料水の缶と同じくらいのサイズの丸い大きな痣は、ガラスのカップを皮膚に押し当て、吸引して毛細血管を壊すという「カッピング」という療法の痕でした。フェルプスによれば、これは疲労回復と筋肉痛軽減に効果があります。

身体じゅうに大きなキスマークみたいな痣をつくるのは馬鹿げていると思うかもしれません。でも、それをはるかに凌ぐインパクトがあったのが、元NBAスターのアマーレ・スタウダマイアーがインスタグラムに投稿した、赤ワイン風呂に入ったセルフィーの写真でした（〝リカバリーデー！　赤ワイン風呂！！〟というキャプション付きで）[1]。インターネットは騒然とし、NBA界の大物が実践するリカバリー療法のストーリーは、スポーツ・イラストレイテッド誌やブリーチャー・レポート、デッドスピン、ニューヨーク・マガジン誌などのメディアを賑わせました。スポーツTVチャンネルのESPNは、ワインを意味するヴィノという言葉を頭につけた、〝ヴィノセラピー〟と呼ばれるリカバリー療法を楽しむ、当時ニューヨーク・ニックスでプレーしていたスタウダマイアーにインタビューするため、ライターのサム・アリプールを送り込みました[2]。UB40の『レッド、レッド・ワイン』をBGMに、シャツとネクタイ姿のアリプールは、ピカピカのスチール製の浴槽の縁に腰掛け、ワイン風呂に浸るスタウダマイアーに尋ねます。

「まず、一番肝心な質問から始めよう。なぜ、君は赤ワイン風呂に入ってるんだ？」

スタウダマイアーは笑って答えます。

「リカバリーに効くって聞いたからだ。一日一杯のワインは医者を遠ざける、って言うだろう？　だからワイン風呂を試してみることにしたのさ」

バスタブのなかはどんな感じがするのかと尋ね、入ってみればいいじゃないかと誘われたアリプールは、長身のNBA選手と一緒にバスタブに身を沈め、こう漏らしました。「何を感じると思う？　金だ」[3]

アリプールの言葉の通りでした。スタウダマイアーは件《くだん》のセルフィーを撮影したリカバリー施設の名前を明かしませんでしたが、この写真によってヴィノセラピーはインターネットで話題になり（グーグルでこの語が検索された回数はそれまでの九〇パーセントも増えました）、全米のスパがこぞってワインを用いた療法を取り入れるようになったのです。

「今、〝リカバリー〟は流行語なんだ」とカイロプラクターのライアン・タッチシーラーは言います。彼がデンバー周辺で営む数軒のクライオセラピークリニックには、料金を払って〝プロのようなリカバリー療法を受けたい〟という顧客が訪れます。スター選手がクリニックを訪れると、タッチシーラーは施術の様子を動画撮影してインスタグラムに投稿します。すると、フロリダやミネソタなどの遠くに住む人からも、どこに行けば同じ療法を受けられるのか、と問い合わせがある。SNSでプロが使っているのを見ると、そのブランドは信頼される。評判は山火事みたいにあっという間に広がるんだ」

リカバリー市場が活況を呈していることは、数字も裏付けています。「これは一過性のものではない」。NPDグループのスポーツ業界アナリスト、マット・パウエルは、この急成長を続ける分野の市場規模を数億ドルと見積もっています。製品やサービスは、飲料、エネルギーバー、プロテインシェイク、コンプレッションウェア、フォームローラー、アイスパック、クライオセラピー、マッサージ、レーザー療法、電気刺激、サウナ、フロートタンク、瞑想用ビデオ、スリープトラッカーなど多岐にわたります。

アスリートは手早く疲労を回復できる方法を求め、企業はリカバリーを売りにする新商品を早く市場に投入したがっています。それゆえ、新手のリカバリー手法があの手この手を尽くして開発されてきました。現在では、運動後の疲労回復促進を謳う、ありとあらゆる製品やサービスが出回っています。その対象はプロだけではなく、アマチュア選手や、健康のためにスポーツを楽しむ人も含まれます。元気がないなら、エネルギードリンクを飲みましょう。筋肉痛なら、お好みのマッサージ機やコンプレッサー、サプリメント、冷却療法を選べます。疲れ切っているのなら、マッサージを受けたり、瞑想アプリを試したりするのはどうでしょう。よく眠れないのなら、睡眠トラッカーアプリがあります――。

何から手をつけていいかわからなければ、デンバー・スポーツリカバリーのような施設を利用できます。最近急速なペースで増えているこの種のリカバリー施設では、クラブ活動に打ち込むティーンエイジャーからアマチュアアスリート、週末スポーツ愛好家、筋トレ実践者まで、誰でもプロトレーナーの指導の下で、憧れの一流プロ選手がインスタグラムで宣伝する斬新なリカバリーツールを試せます。私の地元コロラド州のデンバーやボルダーだけでもこのような施設は四つあり、ニューヨークやカリフォルニア・ベイエリア、ダラス、フェニックス、シカゴ、ワシントンDCなどでも次々と誕生しています。

しかし、そもそもこうした施設が仰々しく売り込むようになった〝リカバリー〟とは何なのでしょうか？ リカバリー関連の製品やサービスが爆発的に増えているのは、考えてみるとおかしなことのように思えます。なぜなら、〝激しい運動や競技のあとで、体力を回復させて次回の準備を整える〟のがリカバリーなのだとしたら、だいたいどんなことをすればいいのかは誰もがなんとなく知っているはずだからです。にもかかわらず、私たちは栄養や休息、睡眠といったリカバリーの側面をこれまでよりも複雑にし、時間とお金がかかるものにしてしまっているのです。

私は一三歳のとき、学校のクロスカントリーチームに入部して以来、ずっとスポーツに親しんできました。サイクリングやノルディックスキーにも本格的に取り組みましたし、水泳や登山もかじりました。しかし加齢とともに、体力の回復に時間がかかるようになってきました。もともと懐疑的な人間ではあるのですが、これだけ運動後の疲れが抜けなくなってくると、次第にリカバリー製品の広告が気になるようになってきました。そして、本当にこの手のモノは効くのだろうか？ という素朴な疑問を抱くようになったのです。

魔法のような効能を謳うドリンクであれ、宇宙時代を思わせるような斬新な器具であれ、〝それまでよりも良くなる〟と宣伝されると、私たちはそれに惹かれてしまいます。プロテインサプリメントやコンプレッションスリーブを使ったからといって、それまでのすべてを一変させるような効果は得られないかもしれません。それでも、私たちは栄養や道具を変えることで、それまで障壁となっていたものを取り払い、新たな可能性を引き出せるのではないかという、かすかな望みを抱いてしまうのです。人は誰でも、自分のなかに眠る可能性を解き放ってくれる秘密のカギを探しています。それがお金を払えば簡単に手に入るものなのであれば、なおさら欲しくなります。

それでも、疑問は依然として残っています。果たして、この手の製品やサービスには本当に効き目があるのでしょうか？　〝リカバリー（元気を取りもどす）をすること〟が一般的になるのは、私たちスポーツを愛する者にとって望ましいことなのでしょうか？　新たに登場した器具や手法によって、実際に疲労回復は促されているのでしょうか？　それとも、むしろ以前よりもゆっくりと休息することが難しくなっているのではないでしょうか？　人気のリカバリー手法が謳う科学的根拠は、正当なものなのでしょうか？　本当のところ、リカバリーのためにどれくらいの労力を投じるのが適切なのでしょう？　リカバリーがスポーツ選手にとっての新たな仕事になることで、回復に必要な正味の時間が逆に失われているのでは？　真のリカバリーを達成し、最大限のパフォーマンスを引き出すために必要なものとは？

これらの疑問を念頭に置き、私は人間の身体がどのように疲労から回復し、運動に適応するかという、複雑な生理学を探究する旅を始めることにしました。リカバリーの真実、すなわちその本当の原則と真の科学を明らかにするために——。

第一章　アルコール——ビールはリカバリーに役立つ？

「ガーフィールド・グランブル」は、私がこれまでに参加したなかで一番、無茶なレースです。初めてこの大会にエントリーしたとき、どんな内容なのかはまったく知りませんでした。コロラド州西部に移住したばかりだった私は、地元紙で「八キロのトレイルランレース」の告知を見つけ、さっそく申し込みました。砂漠の高原や赤岩の峡谷、ノコギリの歯のような頂上をした山々、といった新しい土地の特徴を、楽しみながら知ることができるのではないかと思ったからです。振り返ってみると、〝ガーフィールド山の不満《グランブル》〟を意味するその大会名が何を指しているのか、少し考えておくべきでした。後で、これが〝頂上と急降下《サミット・アンド・プラメット》〟と呼ばれるレースだとも知りました。まさにその通りの内容でした。スタート地点は未舗装の駐車場。すぐにガーフィールド山のてっぺんを目指し、標高差六〇〇メートルを約三キロかけて駆け上ります。地面に手をつきながら急斜面を登り、砂岩のあいだを抜け、小さな高原を越えて（野生の馬の群れが草を食んでいるのが見えました）頂上に辿り着くと、今度は長い尾根を下り、最後に柔らかい頁岩《けつがん》が露出した、遠くから見ると〝無理だ〟と思えるほど急な斜面を駆け下ります。大腿四頭筋を破壊するような約五キロのつづら折りの道を下りきり、四角形の地面に焚かれた小さな炉を飛び越えたらゴールです。

何が自分を待ち受けているかを知らなかった私は、頑張り過ぎて途中で何度も呼吸を整えるために立ち止まらなければなりませんでした。それでも、女子の部で優勝し、賞品として額入りのガーフィールド山の美しい写真をもらいました（友人曰く以前は賞品が中古車だったこともあったのですが、このガタガタ道のコースを走っていたと思われるその車はあまりにもポンコツで、優勝者も準優勝者も受け取りを拒否し、結局四位か五位の選手が持ち帰ったそうです）。私がこの初レースで学んだことは、主催者であるメサ・モニュメント・ストライダーズ・ランニングクラブの人たちが、私の波長にぴったり合う、陽気で気さくなビール好きの面々だということと、ガーフィールド山を走って上り下りするのは足を削岩機で削るようなものだということです。翌日は、あまりの太ももの痛みにベッドから出るのに苦労し、数日間は歩くことすら辛く感じました。

それはハードな運動後の一般的な（痛みを伴う）症状である遅発性筋肉痛《DOMS》でした。その名の通り、遅発性筋肉痛は通常、運動の二四〜七二時間後にピークに達し、短縮性収縮《コンセントリック》（筋肉を縮める動き）よりも伸縮性《エクセントリック》収縮（筋肉を伸ばす動き）のときに強く生じます（アームカールの場合、バーベルを胸に引き寄せる動作が短縮性収縮、下ろす動作が伸縮性収縮）。ガーフィールド山を思い切り駆け下りた私がひどい遅発性筋肉痛になるのも当然でした。科学者は遅発性筋肉痛を研究するとき、筋肉が伸びると同時に収縮する動作をさせるために、被験者に下り坂を走らせたり、高い場所から何度も飛び降りさせたりします。この相反する動きによって筋繊維が損傷し、痛みが生じるからです。

身体は損傷した繊維を片付け、修復するための掃除隊を送り込みます。この過程で筋肉は再構築され、以前よりも強くなり、回復力も高まります。この修復プロセスは〝繰り返し効果〟とも呼ばれます。同強度の運動を繰り返すと、筋肉が強くなっていくため、筋肉痛は減っていきます。私はその後もガーフィールド・グランブルに何度も出場しています（賢い人なら一度で十分だと判断するでしょう）が、最近ではレース前に何度かダウンヒルを走って足慣らしをしています。本番でも以前ほど下りでは足に強いブレーキをかけないようにしているので、このクレイジーなレースを初めて走ったときのような最悪の筋肉痛は避けられるようになりました。レース後の筋肉痛や疲労が完全になくなったわけではありませんが、翌朝に「あんなレース、出るんじゃなかった！」と呻かずにベッドから出られます。

グランブルを走り終えたランナーはゴール地点に集まり、レースの感想や失敗談を交わします。毎年のように、転んで擦り傷から血を流している者や、下りで道に迷ってセージの茂みをかき分けなければならなかったと嘆いている者がいます。私も何度も同じような目に遭っています。それでも、誰も不満《グランブル》を言わないことがあります。そう、レース後の冷たいビールです。暑い日なら、その味はさらに格別。「乾杯！　このために走ったんだ！」。私たちは冗談を言いながら缶を高く掲げ、口元に運びます――ビールは身体に悪くない、運動後に必要な水分と炭水化物を補給しているのだ、と。

グランブルに参加するようになって数年目、私はレース後に良く冷えたビールで喉を潤しながら、これが実際に優れたリカバリードリンクになり得るかどうかについて考えていました。運動後に水分と炭水化物を補給することの重要性は、雑誌の記事やスポーツドリンクの広告で嫌と言うほど目にしていましたし、ビールにこの二つの成分が含まれているのも疑いようのない事実です。しかし、この美味しい飲み物には、アルコールも含まれています。レース後のビールは、翌日以降の遅発性筋肉痛や疲労感を悪化させる原因になるのでしょうか？

ビールはコーヒーのように飲むと気分転換になり、満ち足りた気分にもなりますが、一定量を超えると健康に悪影響が生じます。だからどうしても（そうでないことを願いつつ）、少量でも身体に悪いのではないかと疑ってしまいます。それでも、世の中の大勢の人が運動後にビールを楽しんでいますし、私もマウンテンバイクに乗った後には仲間と乾杯するのが楽しみです。ビールは無条件に健康にいいものだ、と考えている人がそうたくさんいるとは思いませんが、それでも私は好きなスポーツをした後のビールが疲労回復の妨げになっているかもしれないと考えると不安を覚えます。同時に、ビールが運動後に喉を潤すのにぴったりの飲み物であってほしいと願わずにもいられません――もちろん、飲み過ぎなければ、という条件付きで。

ビールが理想的なリカバリードリンクになるかもしれないという私の願いは、それほど的はずれではないとも言えます。この飲み物には、運動後の身体に必要な炭水化物や数種類のミネラルが含まれているからです。カナダの企業は「リーンマシン」という商品名の〝リカバリービール〟を開発していますし、ドイツのビールメーカー、クロンバッハは二〇一八年の平昌冬季オリンピックで同社のノンアルコールビール約三五〇〇リットルをドイツ選手団に提供しました。[1] ドイツのオリンピック・スキー代表チームのドクター、ヨハンズ・シャーは、選手のほぼ全員がノンアルコールビールを飲んでいるとニューヨークタイムズ紙に語っています。ドイツには他にも、「エルディンガー・アルコールフリー」という、リカバリードリンクとして売り出されているノンアルコールビールがあります。広告によれば、このリカバリービールは「ビタミンB9（葉酸）やB12などの必須ビタミンを含み、疲労を軽減し、代謝を高め、免疫系をサポート」します。アルコール含有量は〇・五パーセント未満で、カロリーは一杯（五〇〇ミリリットル）当たり一二五カロリー。グランブルのフィニッシュ地点で私たちがいつも飲んでいるライトビールと大差ありません。

広告を鵜呑みにすることなく、ビールがリカバリーに本当に役立つのかどうかを科学的に探ろうとして科学文献を漁りましたが、私の疑問に答えてくれる研究は見つかりませんでした。アルコールの影響下にあるアスリートのパフォーマンスに関する研究や（一九〇四年のオリンピックのマラソン競技で金メダルを獲得したトーマス・ヒックスが、レース中に気付け薬代わりに興奮剤入りのブランデーを飲んでいたことも知りました）、二日酔いと運動能力に関する研究はありましたが、それらは私が本当に知りたい、〝レース後のビールはリカバリーにどう影響するか〟という状況は扱っていませんでした。〝アルコールの摂取は運動後の筋肉への燃料補充を妨げ、筋肉の損傷の修復を遅らせる可能性がある〟という研究は興味深いものでしたが、対象にしていたのはラグビーと重量挙げの選手のみ。この結果は週末にランニングやサイクリングを楽しむ私たちアマチュアアスリートにも当てはまるのだろうかという疑問が残ります。

次第に、ラボの研究者としてキャリアを始めた私の実験者魂が疼き始めました。そこで、コロラド・メサ大学モンフォール・ファミリー・ヒューマン・パフォーマンス研究所の研究員で、同校のクロスカントリーチームのヘッドコーチでもある友人のギグ・リードベターに、独自の研究を実施してみたいと持ちかけました。長身の痩せたランナー体型で、おどけたように笑うギグは好奇心旺盛で、常に新しいアイデアに心を開いています。自らビールを醸造し、ワイン造りに手を出しているギグ（実際、ギグはリンゴ酒の製造を始めるために、最近大学を退職してしまいました）なら、きっと首を縦に振ってくれるはず——という期待を抱きながら、ビールとランニングの関係についての研究に興味はあるかと話を切り出すと、二つ返事で「やってみよう！」と引き受けてくれました。

少量のビールは女性ランナーのパフォーマンスを上げる？

数週間後、私はギグたちと会議室に集まり、実験の設計に着手しました。この研究の目的は、〝ハードなランニング後のビールはリカバリーに影響するか〟を確かめること。まずは、〝ハードなランニング〟の定義と、リカバリーの測定方法の選択から着手しました。最初の問いはそれほど難しくありませんでした。私たちの仮説は、ビールに含まれるアルコールが筋肉へのグリコーゲンの補充に影響を与えるかもしれない、ということだったので、ビールを飲む前に被験者のグリコーゲンを枯渇させておく必要があります。そこで、実験の数週間前にランナーの有酸素能力をテストしておき、本番ではグリコーゲンを枯渇させるペースと距離でトレッドミルを走らせることにしました。

リカバリーの測定に関しては、ギグがRTE法を提案しました。これは〝限界まで走る《run to exhaustion》〟の略で、被験者を全速力の八割の速度で限界まで走らせるというものです。容赦のない方法に思えますが、これはギグが編み出したのではなく、他のスポーツ関連研究でもよく使われる標準的な実験方法で、妥当な選択だと思えました。

次に、三日間にわたって実施する実験の詳細を決定しました。もしビール（厳密に言えば、それに含まれるアルコール）がリカバリーを損なうのなら、ランニング後にビールを飲んだランナーは、飲まなかった人よりも翌朝のRTEで早くガス欠になるはずです。ビールは走りをどれくらい辛いと感じるかにも影響すると予測されるので、ランニング中に被験者にキツさを評価させます。また、アルコールは脂肪と炭水化物の燃焼比率を変えるかもしれないため、代謝も測定します。

実験の数週間前、被験者への説明会を催しました。被験者は私を含む一〇人で、年齢は二九歳から四三歳。全員、メサ・モニュメント・ストライダーズ・ランニングクラブに所属し、適度な飲酒習慣があり、週間走行距離が五五キロ以上というメンバーです。ギグが指示書を渡して詳細を説明し、実験準備として被験者にアルコールを振る舞いました。各被験者の血中アルコール濃度を、コロラド州の飲酒運転の基準値である〇・〇八パーセントを下回る〇・〇七パーセントにするために必要なビールの量を把握するためです。これはレースやハードな練習の後にランナーが同量のビールを飲むことを想定してのことです。ギグは体重から標準的なアルコール量を導く表も参考にしていました。が、代謝は一人ひとり違います。そこで警察官を招き、被験者の血中アルコール濃度を測定してもらいました。ニューベルジャン・ファットタイヤ・ビールを飲んだ被験者のアルコール濃度を、警察定番の測定器具「ブレサライザー」で調べます。

ギグが警官を援軍に呼んだのは正解でした。標準値が当てはまる被験者もいましたが、そうでない被験者もいたからです。たとえば、二九歳のダニエルが血中アルコール濃度を〇・〇七パーセントにするために必要なビールは、基準値通りの三・五杯のビールでした。しかし、筋肉質で体重六八キロのブライアンの場合、基準値では約三杯で、測定のために部屋の前にいる警官のところに歩いていったときも酔っているようには見えませんでしたが、値は〇・〇九五パーセント。警官はにやりと大きな笑みを浮かべ、「よし、刑務所行きだ！」と言いました。この状態だと飲酒運転になるという意味です。小柄な快速ランナー、シンシアの場合も、基準値の一杯ではなく、二杯弱で〇・〇七パーセントに達しました。測定を終えた被験者は、家族のお迎えの車で帰っていきました。

実験の数週間前に各被験者のフィットネス状態を測定し、本番の実験は以下の手順に従って三日間かけて実施しました。

初日
夕方――全速力の七五パーセントの力での四五分間走をした後、ビールとパスタの夕食

二日目
朝――全速力の八〇パーセントでの限界走（RTE）
夕方――全速力の七五パーセントの力での四五分間走をした後、ビールとパスタの夕食

三日目
朝――全速力の八〇パーセントでの限界走（RTE）

実験は金曜夜の四五分間走で始まりました。実験前に測定した最大酸素摂取量（VO2MAX。運動

強度が上がっても酸素消費量が変化しなくなる時点の酸素摂取量）の七五パーセントの速度でトレッドミルを走ります。速いペースですが、全速力ではありません。その後はビールです。ギグたちがラボの裏手のパティオでパスタディナーをキャンプ用コンロで料理しました。レッドソースのスパゲッティ、ギグの家の庭で採れた野菜を使ったサラダ、ガーリックブレッド。学部生のアシスタントが、夕食をとる私たちにそれぞれの分量に合ったビールを注いでいきます。透明のプラスチックのコップには各被験者の名前が書いてあり、洒落たビールカップのようにも見えます。被験者の半分にはアルコール入りのファットタイヤ・アンバーエールが、残りの半分にはノンアルコールのオーダウルス・アンバー、つまり偽物ビールが注がれます。この実験は二重盲検法なので、どの被験者がどちらのビールを飲んだかはアシスタントの学部生しか知りません。ビールは別室で注がれ、被験者の私たちランナーはもちろん、ギグたち実験者も誰にどのビールが割り当てられているかがわからないようになっています。

私たちはスパゲッティをビールで胃に流し込みながら、誰がプラシーボビールを飲んでいるのかを冗談交じりに探り合いました。レースやクラブでの練習後に軽食や雑談を楽しんでいるときと雰囲気は同じです。

翌朝は実験室でのRTE。最大酸素摂取量《VO$_2$MAX》の八〇パーセントのペースで限界までトレッドミルを走ります。片言でしかしゃべれないほどきついペースです。いずれにしても、私は何も言えませんでした。呼吸する息を測定するために、鼻はクリップで閉じられ、口はプラスチックのチューブに繋がったマスクで塞がれていたからです。器具には違和感があり不格好でもありましたが、呼吸には支障がありません。科学のためだと自分に言い聞かせて我慢しました。ランニングをどの程度きつく感じているかを実験者に知らせるために、三分毎に「主観的運動強度」尺度の数値を指差します。これを、もうこれ以上は走れないという時点まで続けます。ランニングの最中、ギグたちは私に励ましの言葉をかけながら、ビールの代謝への影響を調べるために、心拍数、酸素使用量、呼吸交換比を測定します。テストを終えると、たっぷりの朝食をとりながら、他の被験者たちと、器具を装着した状態で限界までトレッドミルを走らされる、RTE法の嫌な感じや難しさの話題で盛り上がりました。

午後は前日と同じく、全速力の七五パーセントのペースでの四五分間走をした後、前日とは逆のビールを飲みながらパスタディナーをとりました（ノンアルコールビールとアルコール入りビールを飲んだ後での、各ランナーのリカバリー能力を比較するためです）。翌朝、再びRTEを終えたら、三日間の実験は終了。辛いRTEをやり遂げ、一緒にビールを味わった私たち被験者のあいだには、深い絆が生まれていました。

落ち着かない気持ちで結果を待つ私に、分析を終えたギグから刺激的な知らせが入りました。実験では、アルコールがランニング（RTE）に及ぼし得る影響を、三つの指標で調べました。主観的運動強度の評価、呼吸交換比（体内で燃焼するエネルギーの割合）、被験者が限界に達するまでの時間です。実験の結果、最初の二つの指標には違いが見つかりませんでしたが、三番目の指標には、公表に値する違いを見いだせたのです。

アルコール入りビールを飲んだ男性の被験者は、ノンアルコールビールを飲んだ場合に比べ、翌朝のランニングで平均して二一パーセント早く限界点に達していました（つまり、ビールによってパフォーマンスは落ちていました）。一方、私を含む女性の被験者は、二二パーセント長く走り続けていた（パフォーマンスが上がった）のです。ただしこの分析では、男性被験者のデータは統計的に有意ではありませんでした。つまり、その差はビールを飲んでいなかったとしても起こり得る範囲のものでした。もしビールが男性のリカバリーに影響していたとしても、それはごく微細なものにすぎません。しかし、女性被験者のデータは統計的に有意なものでした。アルコールの摂取によって、偶然では生じないような違いが起こったということです。それは、この研究に出資したランナーズ・ワールド誌に、〝ビールは女性ランナーのパフォーマンスを向上させる！〟といった見出しの記事を書いても支障のない結果だと言えました。

この結果が正しければ、女性はハードなランニング後にビールを飲むことで疲労を回復しやすくなります。ビールを愛するランナーとして、これ以上望むべきことなどあるでしょうか？　ランニング後のビールが、自分を甘やかすためのものではなく、パフォーマンス向上効果が科学的に証明されたドリンクになるのです。もちろん、男性の被験者でも同じ結果が出ていればよかったのに、とは思いました。その一方で、私はこれでこれからは飲む席で堂々と夫に運転手役を押しつけることができるとほくそ笑みました。ビールは女性である私にとってはリカバリーのために有効なものであり、男性である夫にとってはそうではないからです。女性にとってランニング後のビールは、効率的なトレーニング計画に組み込めるものになるかもしれません。後ろめたい気持ちを感じることなく、ビールを楽しめるのです。

スポーツ科学の実験の難しさ

しかし、一つだけ問題がありました。私はこの結果を完全に信じ切ることができなかったのです。たしかに、私はこの実験で〝ビールはランナーにとって良いものである〟という結果が出ることを心から望んでいました。しかし被験者になったことで、この結果に懐疑的な視点を持つようになったのです。私はこの出来事によって、スポーツ科学の実験でよく見られる落とし穴に注意するようにもなりました。その落とし穴とは、（一部の例外を除けば）不正や科学的欠陥のことではありません。それはつまるところ、科学は難しく、なかでもスポーツ科学は特に難しい、ということです。

私の疑問はRTE法から始まっていました。この手法を採用したのは、それが確立されたものだったからです。この手法は、多くのスポーツ関連の研究で用いられています。トレッドミルやフィットネスバイクで被験者を限界まで運動させ、そのデータを測定することは、多くのスポーツ関連の研究で用いられています。その有効性を疑いもしなかった私たちは当然、わざわざ自分たちで新しい手法を考案する必要はないと考えました。もし私がハードなランニング後のビールはリカバリーを損なうかどうか、と尋ねられたとしたら、それは翌日に調子の悪さを感じたり、いつもより走りが鈍ったりすることで判断できると答えたはずです。そしてそのことを科学的に測定するために、RTE法はうってつけだと思えました。

しかし実際に被験者になってみると、RTE法では私たちが調べようとしているものを粗い形でしか測定できないという感想を抱きました。RTEは自分のリカバリーの度合いを測るものというよりも、実験室での不快な運動にどれくらい耐えられるかというテストのように感じられたのです。全速力の八割、すなわち〝限界より少し手前〟のペースで走っていると、少しずつ足は重たくなり、走り続けようとする意思が萎えてきます。普段のゴール前のスプリントで体感しているような完全な消耗をシミュレーションしているのではなく、〝限界に達することなく、この不快感にどれだけ耐えられるか〟というメンタルゲームをしているように思えました。「自分が本当に疲れているのか、このトレッドミル走にうんざりしているのか、どっちなんだろうと思いながら走っていたわ」。女性被験者のシンシアも実験後にそう言っていました。私たちは実験での走行が不快で退屈だと感じていました。私はトレッドミルの速度を上げて、ラストスパートでエネルギーを使い果たしたいという衝動にかられました。でもこの手法では、少しずつ消耗していくしかありません。ゆっくりとした、穏やかな拷問のようでした。

疲れていると、モチベーションは落ちます。その意味では、RTE法はリカバリーの重要な心理的側面をとらえられるはずです。当然、これはまったく価値のないテストなどではありません。それでも、私はこのテストによって、現実世界と同じ条件で重要な物事を測定できるとは確信できません。まず、被験者は自由に速度を選べず、実験で指定されたペースで走らなければなりません。普段の練習やレースとは違い、自分の感覚に応じてペース調整できないのです。それに、モチベーションも人工的だと感じました。被験者は〝科学の発展に協力する〟という目的のためにボランティアで参加した人たちです。それを除けば、必死になって走るための動機はありません。長身ランナーのラリーの言葉がまさにそれを物語っています。ラリーはノンアルコールを飲んだ翌朝に、ビールを飲んだ翌朝よりも一〇分四六秒も長く走っていました。ビールを飲んだ後にパフォーマンスが落ちたことを自覚しているのかと尋ねたところ、こんな返事が返ってきました。「実はあのときはもう少し長く走れた。だけど娘と一緒だったから、早く切り上げて帰宅したかったんだ」

実験後に他の被験者と話をして、私はRTE法のオープンエンドな特性が、実験結果に恣意性をもたらしていた印象を持ちました。それは不自然な〝消耗ゲーム〟のような、現実には存在しない類いの運動であり、本当に知りたいテーマに当てはめる方法もはっきりしていませんでした。実は、この問題に直面したのは私たちだけではありません。さまざまな運動能力の測定手法を評価したある研究によれば、一定距離のタイムトライアルやレースを対象にしたほうが、被験者に止めたくなるまで運動を続けさせるRTE法のような手法よりも信頼性や妥当性、感度が高くなります。[2] このことを知っておくのは重要です。ある手法を用いて何かを測定し、試行間で結果に違いが出た場合、それが単に同じ状況下で試行を繰り返したときに生じ得る正常な変動値の範囲なのか、そうでないのかを確かめなければならないからです。

私がこの経験から、ある研究を見るときに、それが本当に意図した対象を測定しているか、その測定法は現実の対象物に当てはめられるかを考えることが重要だという大きな教訓を得ました。このときの私たちの研究では、自分たちが測定したいと思っていたもの（ビールがリカバリーにどう影響するか）にもっとも関連していたと思われる指標は、「主観的運動強度」（運動をどれくらいつらいと感じているか）でした。そしてこの指標の結果は、ビールを飲んだ場合とノンアルコールビールを飲んだ場合で、明確な違いを示していませんでした。

私たちの研究には、無作為化と二重盲検法という強みがありました。どちらのビールを割り当てられるかはランダムに決められ、被験者はもちろんRTEの測定や分析を行う実験者にもわからないようになっています。このような実験の設計は、この種の研究における黄金律とも呼べるものです。しかし、こうした努力にもかかわらず、どちらのビールが自分のカップに注がれたかは、飲んでみればかなり簡単に察知できました。ラリーの場合は、ノンアルコールビールのブランド名まで当てようとしていました（彼はマラソンのタイムを縮めようとして一時期酒を断っていたことがあり、そのときにノンアルコールビールの飲み比べをしていました。結局タイムは縮まらず、飲酒を復活しました）。

私はそれ以来、この〝盲検になっていない盲検法〟の問題がアイシングやスポーツドリンク、マッサージのような、被験者に見抜かれにくい偽物を用意するのが難しいリカバリーツールを対象とした研究では一般的であると知りました。本物と偽物のどちらを与えられたかがわかってしまうと、実験結果を意図的に左右しようとしていなくても、被験者の思考やパフォーマンスには影響が生じてしまします。アルコール入りビールを与えられたのを察知されると、被験者に〝RTEを少し早く終了してもかまわないはずだ〟という免罪符を与えることになってしまいかねません。逆に、〝アルコールはパフォーマンスを上げる〟と信じたい被験者は、RTEで意欲的になるかもしれません。

実験中に気づいたのは、被験者が結果を操作するのがとても簡単だということです。実験者の何気ない言動が、そのきっかけになることもあります。この実験の場合でも、事前のオリエンテーションで被験者に〝RTEでは通常、ランナーはどれくらい長く走るものなのか〟と尋ねられたギグが、「二〇分以上は走り続けるのが一般的」と答えました。実験後、この一言が私だけではなく、被験者全体に〝二〇分以上走る〟という目標を与えていたことがわかりました。ギグの言葉を聞いた私たちは、〝せめて人並み程度には頑張りたいから、二〇分以上は走ろう〟と勝手に判断していたのです。もしギグから〝四〇分以上走るのが一般的〟と言われていたら、きっと私たち被験者は〝最低四〇分〟という目標を立てたはずです。被験者はRTEの最中は時計を見てはいけないことになっていました。が、私の場合、一回目の試行時にはその前に走った誰かがトレッドミルのタイマーにカバーをし忘れていたために、二回目の試行では研究室の奥にある壁時計が目に入ったために、時間を把握できました。被験者一〇人のうち、二〇分未満でRTEをストップしたのはたったの三人。全員、都合で説明会には参加できず、実験の詳細を後日、個別に知らされていた人たちでした。RTE法では、いつ走るのをやめるかは被験者に委ねられています。しかし、実験者が意図せずもらした一言が、ランナー共通の目標になってしまっていたのです。

実験のスケジュールにも疑問を覚えました。この実験は、金曜日の夕方から月曜日の朝にかけて実施されました。被験者は、四八時間以内にハードなランニングを四回したことになります。このような日程にした理由はいくつもあります。まず、複数の週末を費やさなくてもよいので被験者を集めやすく、実験室やスタッフの準備をするうえでも何かと都合がよくなります。短期間で何度も走ることで被験者の疲労が蓄積することが想定されました。が、ランナーの半分は初日の夜に、残りの半分は二日目の夜にアルコール入りのビールを飲むことになるため、理論上はこの疲労を相殺してデータを分析できるはずでした。しかし実際には、一〇人という小さなサンプルサイズの実験では、ランニングを重ねた被験者の疲労がどれほど蓄積されていたのかを正確に把握するのは簡単ではありません。今回のように、アルコール入りビールを飲むことで生じ得る影響がそれほど大きくはないと想定される場合にはなおさらです。私自身、二日目を終える頃には疲労がかなり溜まっていました。そして、それが単にハードなランニングのせいなのか、アルコールを飲んだことで増加したものなのか、わからなくなっていました。

こうした問題は、アルコールがリカバリーに甚大な影響を及ぼすのだとすれば些細なものです。しかし、サンプルサイズが小さく、ビールを飲むことの有無がわずかな効果しか生じさせないことが想定される今回のような実験では、結果をわかりにくくしてしまいます。

しかし、こうした欠点に目を瞑るのも簡単でした。実験後、ギグから〝ビールを飲んだ女性の被験者は翌日のランニングのパフォーマンスが上がっていた〟と聞かされたとき、私は大喜びしました。私たちはリカバリーとアルコールの関係を調べようとできる限り厳密に実験を設計し、その科学的な正しさを信じていました。真実を明らかにしたいという純粋な気持ちに突き動かされていました。同時に私は、実験によって興味深い結果が出ることも望んでいました。人間なら、誰でも仕事を成功させたいと思うものです。正直に言えば、私は〝ビールがランニングに良い影響を及ぼすことが明らかになればいいな〟という気持ちを表に出していました。つまり私には、望ましい結果が出ることを信じる（そして誇張する）準備ができていたのです。私の熱意は、疑いから目を背け、見たいものを見ようとする態度に繋がっていました。ノーベル賞受賞者の物理学者、故リチャード・ファインマンはこんな名言を残しています。「第一の原則は、自分を欺かないようにすることだ。誰よりも簡単に騙せるのは、自分自身なのだから(3)」

実験で魅力的な結果が出ると、その理由をもっともらしく説明したくなります。私たちのケースでは、ビールで女性のランニングのパフォーマンスが上がったのは、性ホルモンやグリコーゲン補充率の違いが原因ではないかという推察が出てきました。合理的な理由だとも思えますが、この実験ではこれらの要因を測定していませんでしたので、早まって結論を出すわけにはいきません。完璧な仮説であったとしても、それはあくまでも仮説にすぎないのです。

大学の同僚の人類学教授が、人がデータを説明するためによく用いる語り口を、〝なぜなぜ物語《ジャスト・ソー》〟と呼ぶのだと教えてくれました。イギリスの作家ラドヤード・キップリングによる子供向けの物語に由来するもので、たとえば〝ラクダにコブがあるのは、怠けていて罰を与えられたから〟というふうに動物の特徴を空想的に説明していきます。〝なぜなぜ物語〟の魅力は、もっともらしくデータを説明できることです。それは正しいわけではなく、データにぴったり合うようにつくられた説明です。科学的なデータを得たとき、その理由を説明するものを考えること自体には何ら問題はありません。そして物語は、ある事実を文脈に置いて、もっともらしく聞こえるようにするための方法です。しかし、裏の取れていない説明と恋に落ちてはいけません。科学者は、何が証拠で何が推測かということに常に目を向けていきます。しかし、そのあいだに一線を引くのは難しいことです。人間は、本当だと感じられる物語に惹きつけられやすく、それが信じたいものにぴったりだと思えば、簡単に欠陥を見落としてしまいます。

今回のようにサンプル数が少ない実験の場合、データの平均値から〝なぜなぜ物語〟を紡ぎ出せば、簡単に真実は見えにくくなります。平均値が語る物語の説得力も、個々のデータを見れば色褪せます。個々の値は分散しています。RTEでは、ビールを飲んだ後に七四パーセント、あるいは一六パーセント長く走った女性被験者がいましたし、ノンアルコールビールを飲んだ後に三二パーセントも長く走った、あるいはビールを飲んだ後にわずかに長く走った男性被験者もいました。極端な結果を出した被験者のデータを除けば、平均値も大きく変わってきます。そう考えると、この実験で本当にパターンを見つけることができたのか、それとも脈絡のないデータに無理矢理なんらかの傾向を見つけようとしただけなのか、わからなくなってきます。

私たちの実験の大きな制約は、その規模でした。概して、実験の規模が小さいとサンプル数も少なくなり、規模が大きな場合に比べて信頼性が低下します。また、実験者にとって好ましい結果が出やすくなる傾向があることも知られています。[4] 小規模な研究では、有意な結果が出たように思えても、実際には偽陽性（本当は有意ではないのにそう見えるような結果が出たように判定されること）である可能性も高くなります。心理学者による二〇一二年の論文によると、研究で統計的に有意な結果が出る確率は、被験者二〇人の実験を五度実施するほうが、被験者一〇〇人の実験を一度実施するよりも高くなります。[5] 個々の研究での偽陽性率は五パーセントですが（標準的な閾値の使用を仮定）、小規模な五件の研究全体で見ると、偽陽性が生じる確率は二三パーセント。小さな研究でポジティブな結果が出るのは興味深いことですが、それを信頼するには、大きなサンプルでの検証が必要です。私たちの実験の場合も同様で、〝女性ランナーにビールが良い影響を与え、男性には与えない〟という結果を確信するには、さらなる検証が必要なのです。

〝なぜなぜ物語〟に注意せよ

私たちは純粋な動機のもと、善意と誠意をもって実験を計画・実施しました。それでも、実験に欠陥がなかったかという疑いの目は向けるべきです。科学者はどんな研究であれ、「この結果が間違っている可能性は？」「何が確実で、何が不確実なのか？」と自問すべきです。その目的は研究の否定ではなく、学びを最大限にすることです。科学は常に新しい証拠に開かれていなければならず、答えも一件の研究だけはわかりません。それは〝ビールはパフォーマンスに影響するか〟というパズルの一個のピースにすぎないのです。批判的に考えることで、それを土台にした次の研究で何ができるか、どう改善できるかが見えてきます。ある研究の結果を信頼するには、実験を繰り返し、手法を洗練させて、前回の結果が示したものの正しさを検証しなければならないのです。

その後も、アルコールと運動に関する類似の研究がいくつか行われていますが、運動後の一、二杯のビールがリカバリーにどう影響するかについての決定的な答えはまだ出ていません。多くの研究テーマと同様、おそらく現時点での正確な答えは〝状況による〟です。

二〇一四年にオーストラリアで実施された激しいウエイトトレーニングと有酸素運動後のアルコール摂取の影響を調べた研究では、筋力トレーニング後にアルコールを飲んだ被験者は、ガーフィールド山を駆け下りるような筋繊維を破壊する激しい運動後に起こる筋肉の修復が、単にタンパク質を摂取した場合より少なかったことが明らかになりました。[6]これは、タンパク質または炭水化物と一緒にアルコールを摂取した場合も同じでした。興味深い結果ですが、被験者は八人（全員男性）と実験の規模は小さく、アルコールの投与量（体重一キログラム当たり一・五グラム）も、体重約七〇キロの人の場合七杯分と多いものでした。これは〝ハッピーアワーで軽く一杯〟といった程度ではない、深酒と呼べる量です。

通常、筋肉トレーニングの後は、修復のために筋力が最大六〇時間程度まで低下します。運動後のアルコール摂取がリカバリーに及ぼす影響について多数の研究を実施しているオーストラリア、マッセイ大学の運動生理学者マシュー・バーンズ[7]によれば、運動後に体重一キログラムあたり一グラムのアルコール（体重約七〇キロの人の場合、五杯程度）を摂取すると、この筋力低下は増幅しますが、その半分（体重約七〇キロの人の場合、二・五杯程度）程度であれば、影響はありません。「一、二杯のビールなら大丈夫だが、過剰な飲酒は賢明ではない。そんなことは常識だと言う人もいるだろうが、それが科学で裏付けられたのだ」とバーンズは述べています。

この研究はアルコールが少量ならリカバリーに影響しないことを示唆していますが、どの程度の量までなら大丈夫なのかは明確にはなっていません。「量と効果の関係についてはまだよくわからない。さらに、飲むタイミングについては何もわかっていない」(バーンズ)。現時点でアルコールとリカバリーの関係を調べた研究は被験者一〇人以下程度と小規模なものが多く、はっきりとした結論を導くだけの信頼性がありません。私たちの研究が(おそらく)示した男女差については、バーンズは、〝アルコールが、運動で生じた筋肉損傷の保護作用のあるエストロゲンの分泌を促すためではないか〟と述べています。これは、ビールによってランニングのパフォーマンスを高める理由を説明するかもしれませんが、それはまさに〝なぜなぜ物語〟です。結論を急がず、他の研究での検証を待つ必要があります。

バーンズは、現時点での研究結果に基づく最善のアドバイスは、運動後はまず水やノンアルコール飲料で喉の渇きを癒やし、その後は食事で炭水化物とタンパク質を十分に摂取してから、ビールを飲むことだ、と言います。「この方法に従う限り、少量のアルコールは悪影響を生じさせないだろう」。このアドバイスに、乾杯!

リカバリーの真実を探す旅へ

結局、ビールとリカバリーについての私の探究は、振り出しに戻りました。つまり、ビールのリカバリーへの影響についてそれまで漠然と思っていたこと(常識的な範囲で適度に楽しむのなら、特に問題はないはず)と、認識はそれほど変わりませんでした。その一方で、科学的なプロセスに関する私の考えは一変しました。リカバリーの改善や促進のための各種アプローチの有効性を探るために、どんな実験をすべきかについての考え方も変わりました。この学びは、私が一風変わったリカバリーの世界を探索するうえでのその後の道標になりました。

たとえば、「これは有効か?」と考えるだけでは不十分だと知りました。まず「どうすればその有効性がわかる?」「この商品や手法のメリットは何? それを測定するには?」「その実験データは、現実世界に当てはめられる?」といった根本的な問いについて考えるべきなのです。今回の実験で気づいたのは、何かを測定できるからといって、それが求めている問いの答えになるとは限らないということでした。

一件の研究で答えを導こうとしていたのも、甘い考えだと気づきました。白衣姿の研究者が実験室で拳を振るわせながら、「神よ! 成功だ!」と叫ぶような、従来のすべてを覆すような大発見をする瞬間はSF映画の世界の出来事であり、現実にはめったに起こりません。私たちのものを含む同テーマの研究はどれも、ビールがリカバリーに及ぼす影響についての決定的な答えを示すものではありません。これらの研究を全体としてとらえたとき、現時点での最善の答えが示されるのです(新たな研究が、さらなるニュアンスやディテールを加えてくれるまで)。その後、私はリカバリーの研究についての探究を続けていくうえでも、この不確かさを受け入れなければなりませんでした。「それは効果があるのか?」という問いへの答えが、「おそらく」という場合があるのです。

私は、研究者(やアスリート)が〝リカバリーの魔法の方法を発見した〟という勘違いをしがちなことにも気づくようになりました。この勘違いは、その対象が〝そうであることを信じたい〟ものであるときによく起こります。自分でもその体験をした私には、そのことがよくわかります（正直、私はいまだに〝ビールが運動のパフォーマンスを上げるものであってほしい〟というささやかな希望を捨てきれません）。魅力的なアイデアに科学のスパイスを振りかければ、それが本当らしく見えることがあります。いったん広まってしまうと、それがスポーツの世界の常識として定着してしまうこともあります。以降の章で詳しく述べるように、リカバリーの真実を探る旅を始めた私は、すぐにこのことを痛感させられるようになるのでした。

第二章　水分補給——〝喉が渇いてから飲む〟でもパフォーマンスは落ちない？

一九九〇年代前半、バスケットボールのスーパースター、マイケル・ジョーダンが登場するゲータレードのテレビCMが、アメリカ中のスポーツファンの心を躍らせました。「マイクのように《Be like Mike》」と題されたそのCMの映像のなかでは、ダンクシュートを決めるジョーダンやその真似をしてシュートをする子供たちが、幅広で首元が狭いボトルに入ったゲータレードを飲んでいました[1]。

〝マイクのように〟なりたかった少年の一人で、オンタリオ州オークビルでバスケットボールに打ち込んでいたスチュアート・フィリップスもそのCMをよく覚えています。「ジョーダンが飲んでいたから、僕もゲータレードを飲んだ」。結局プロ選手にはなれず、現在はオンタリオ州ハミルトンにあるマクマスター大学の栄養・運動・保健研究センターの所長を務めているフィリップスにとって、ジョーダンのCMは、マーケティングの効果を学ぶよい経験になりました。「誰もが知っているアスリートが支持しているのなら、誰がその商品の効果の科学的根拠を求める？」

そう、商品を売るのは科学的事実ではなく、ストーリーです。どれだけ魅力的なストーリーを演出できるかが、ベストセラーのカギを握っています。それを誰よりもうまくやってのけたのが、ゲータレードでした。CM起用当時のジョーダンはすでにNBAのスーパースターで、大衆はその偉大さに触れたがっていました。フィリップス少年も、マイケル・ジョーダンと同じ体験がしたくて、ゲータレードを飲んだのです。それは単にスポーツヒーローの真似をすることではありませんでした。CMには、ヒーローとその商品とに、何らかの因果関係があると想像させる効果がありました。たとえばジョーダンはゲータレードを飲み、スラムダンクを決めます。その映像を見た人には、この二つを結びつけようとする心理が働きます。心理学では、〝因果関係の錯覚〟とも呼ばれます。有名人を起用することの効果は強力だったので、あらゆるジャンルの広告であっという間に広まりました。人はスター選手が使う商品を見ると、それが成功になんらかの役割を果たしたのではないかと連想してしまいます。「傘が雨を降らせるわけではない」というアイルランドのことわざがありますが、これは、スター選手とその選手が宣伝する商品との関係にも当てはまります。つまり、その商品を使っていることが、選手がスターになれた理由にはなりません。それでも、人は心のなかでこの二つを簡単に結びつけてしまうのです。

〝科学性〟をアピールして急成長したスポーツドリンク市場

アスリートがスポーツドリンクにお墨付きを与え始めたのは、一九六〇年代半ばのアメフトの現場からでした。当時は練習や試合中の水分補給は軽視され、「胃を刺激しないために練習前は水分をとらないように」と指示するコーチもいました。しかし一九六五年、フロリダ大学のコーチが、同大学の医師ロバート・ケード[2]に、選手が暑さでばててしまうと相談しました（コーチは選手が試合中に排尿しないことも疑問視していました)。ケードは選手が熱にやられてしまう原因を二つ指摘しました。〝汗で失った水分と塩分〟そして〝エネルギーとして消費した炭水化物〟を補充していないことです。

そこでケードはナトリウム、砂糖、リン酸一カリウムを水と混ぜ合わせた飲料を考案しました。この飲み物は、すぐにフロリダ大学フットボールチームのニックネーム「ゲーターズ」をもじって「ゲータレード」と呼ばれるようになりました。選手から〝不味い〟と不満が上がると、ケードは妻の提案に従ってレモン香料を加えました。ゲーターズの調子はすぐに上向きました。ゲータレードを飲み始めた一九六七年にさっそく勝利記録を打ち立ててシーズンを終了し、チーム史上初めてオレンジボウルに進出。一九六〇年から六九年にかけてフロリダ大学のフットボールコーチを務めたレイ・グレイブスは、このオレンジボウルでジョージア工科大学を破ったときのことを振り返ります。「試合後、ジョージア工科大学のコーチ、ボビー・ダッジが〝我々にはゲータレードがなかった。それが敗因だ〟と言った。私もその通りだと今でも信じている」。注目が高まるなか、ケードとフロリダ大学が一九六七年にストークリー・ヴァンキャンプ社による商品化に踏み切ると、[3]さっそく注文が殺到しました。

すぐに、〝運動は脱水症状を引き起こす。それを避けるにはゲータレードを飲むことだ〟という宣伝がアメリカ全土を駆け巡りました。医師が実験を重ねて開発した飲み物なのだから、スポーツのパフォーマンスを上げる効果も間違いない、とも謳われました。一九七〇年のテレビCMでは、「ゲータレードはフルーツジュースや炭酸飲料、水とは違う。研究者が開発し、選手数千人が効果を保証する」というナレーターが入り、「喉の渇きを潤すゲータレード。プロ御用達のドリンク」というスローガンで締めくくられます。

「いくらマーケティングプランが優れていても、それを完璧に実行するのは簡単ではない。ゲータレードはそれを成功させた」。ダレン・ロベルは二〇〇五年の著書『First in Thirst』で述べています。ゲータレードは初期の広告では、〝吸収率が水の一二倍〟とアピールしていました（ゲータレードはこの主張を一九七〇年に取り下げました。オハイオ州立大学のチームドクター、ロバート・J・マーフィーが米国医師会の会合で異議を唱えたからです(4)）。

ゲータレードがこの飲料に含まれるナトリウム、リン、カリウムに「電解質」（水に溶解してイオンとなる分子）という科学的な名称を与え、強力なセールスポイントにしたのも大成功でした。人体には水分と塩分のバランスを保つために、いざというときに備えて重要なイオンを貯蔵しておく機能があります。電解質は汗で失われますが、長時間続けて運動するような場合でも、正常な食欲に従って食事をとっていれば、失われた量に十分に対処できるだけの蓄えはすでに身体にあるのです（塩辛いスナックをやたらと食べてしまうときも、この作用が働いています）。

失われた塩分は飲み物から補充する必要はありません（ビールからとる必要もありません。オーストラリアの研究者が水分補給に優れたビールをつくろうとして塩分を含ませ、見事な失敗に終わりました(5)）。電解質は食べ物から補給できます。サイクリストとトライアスリート一〇人を対象にした研究(6)によれば、一時間の激しい運動の後、水、スポーツドリンク、乳飲料のどれを飲んでも、水分補給には大差はありませんでした。食事を摂り、水分を補給していれば、体内の水分レベルは適切に保てるのです。つまり、人は汗で失った塩分やミネラルを補う食べ物を自然に選んでいるのです。もちろん塩分は補充しなければなりませんが、それが飲み物である必要はありません。

ゲータレードは「電解質」という専門用語を世間に広めました。当時、まだこの言葉に馴染みがなかった人々は、運動で失った水分を補うにはスポーツドリンクの魔法の公式に従ってこの特殊な化合物をとらなければならないと考えました。ゲータレードは瞬く間に一番人気の商品になり、他のメーカーも慌てて電解質をアピールし始めました。

売上は急成長。一九八三年、ゲータレードはクエーカー・オーツ社に買収され、NFLと公式スポーツ飲料の契約を結びます。一九八五年に設立された「ゲータレードスポーツ科学研究所（GSSI）」は、アスリートの水分補給と栄養に関する研究だけでなく、商品の裏付けにもなり、大きなマーケティング効果をもたらしました。「スポーツ科学者が、この広告文より長い名前の高度な科学機器を使って実験をした。何を証明するために？　ゲータレードの効果だ」（一九九〇年の雑誌広告[7]）。

当初は〝喉の渇きはゲータレードで解決できる〟という宣伝が主でしたが、GSSIの研究が進むにつれ、水分補給を医学的な観点でとらえることが重視されるようになり、〝喉が渇いてからの水分補給では遅い〟という考えが主張されるようになっていきました。「脱水症状は兆候に気づくのが難しく、選手はその影響（喉の渇き、疲労、神経過敏、集中力の低下、高熱）を自覚しにくい」（GSSIの共同設立者ボブ・マリー[8]）。そして、科学的な公式に従った水分補給が勧められるようになります。二〇〇一年のゲータレードの広告は、汗で肌を光らせ、「40」番のゼッケンがピン止めされたショートパンツを穿く女性ランナーの下半身の写真が使われています[9]。ゼッケンには、「研究によれば、一時間に約一二〇〇ミリリットルの水分を補給しないと、パフォーマンスが低下する可能性がある」と書かれています。つまり、一時間に約二五〇ミリリットルのグラスで五杯、マラソンを三時間で完走するなら一五杯の水分をとらなければなりません。想像しただけでお腹がいっぱいになりそうです。

スポーツドリンクの有効性の科学的根拠は薄い

製薬会社のノバルティス（アイソター）やグラクソ・スミスクライン（ルコゼードスポーツ）などの他のスポーツドリンクメーカーも、科学の力を借りて自社製品を宣伝し（ルコゼードは「スポーツ科学アカデミー」を設立しました）、〝運動をすると水分と電解質（繰り返しますが、これは塩分を単に仰々しく呼び変えたにすぎません）が失われる。それを補給するには特別な処置が必要だ〟というキャンペーンを展開しました。

もう、ただ水を飲み、食事をするだけでは不十分になったのです。〝運動をすれば特別な栄養が必要になり、そのためにはスポーツドリンクを飲むのが最適〟と、広告は科学の裏付けがあることを訴えました。

スポーツ医学も水分補給を促しました。アメリカスポーツ医学会（ACSM）（同組織はゲータレードから資金援助を受けています[10]）は一九九六年、〝運動中は汗で失われた水分（体重の減少分）を早めに補給するか、できる限り多くの水分をとること〟を推奨する合意声明を発表しました。[11] スポーツ科学の専門家が、パフォーマンスや健康に悪影響が出ないようにするには、汗で失われた水分を運動中に補充すべきであるとアスリートに勧告したのです。

こうしたプロモーションを後ろ盾にして大規模ビジネスになったスポーツドリンク市場には、ゲータレードやコカ・コーラ社のパワーエイドといった従来ブランドに加えて、プロペルやアクセラレード、マックスエイド、サイトマックスといった新興ブランドも登場し、この飲料は炭酸飲料やミネラルウォーター並みに普及するようになりました。しかし、このブームを支えてきた科学的データの妥当性に疑問を呈する専門家もいます。「科学的根拠に照らしてみれば、スポーツドリンクに関する過去四〇年間の研究は、有効な結果を示しているとは言えない」とオックスフォード大学EBMセンターのカール・ヘネガンらは、二〇一二年に医学雑誌BMJに寄稿しています[12]。ヘネガンらはスポーツドリンクに関するエビデンスを可能な限り集めて分析し（応じてもらえないケースもありましたが、スポーツドリンクメーカーにも研究データの開示を求めました）、不十分な研究結果が確固たる証拠として扱われていたケースが多いことを明らかにしました。

顕著だったのは研究規模の小ささです。「小規模研究では、介入が有効だという結果が出やすい」（ヘネガンら[13]）。分析した研究一〇六件のうち、被験者が一〇〇人以上だったのは一件のみ。二番目に大きかった研究でも五三人で、平均は九人。つまりこれらの研究の信頼性は、私たちのビールの実験と同程度にすぎなかったのです。

また、〝望ましい結果を導くように実験が設計されている〟という問題点も指摘されました。この調査の要約を執筆したBMJ誌の調査編集者デボラ・コーエンは、〝コミカル〟と思える実験すらあったと語ります[14]。たとえば被験者を一晩絶食させ、一方のグループにはスポーツドリンク（水分、塩分、糖分入り）を、もう一方には水を与えて運動の結果を比較するという実験もありました。「スポーツドリンクを飲んだ人のほうがパフォーマンスはよかった。でも、当然でしょう？」。一二時間絶食した後で糖分をとれば、水しか飲まない人よりもパフォーマンスが上がるのは当たり前です。しかしだからといって、スポーツドリンクが他の飲食物より優れていることにはなりません。「前の晩に何も食べずに運動する人がどれくらいいるっていうの？」。BMJの調査では、アスリート向け栄養補助食品のテストでは、この種の実験が驚くほど多いことがわかりました。つまり栄養補助食品の有効性が、何も摂取しない場合と比較されているのです。本来なら、アスリートが普段口にしている物を比較対象にすべきです。コーエンは、これは商品のメリットの有効性を現実的に測るための公正なテストではないと主張しています。

メーカーが宣伝する〝研究が明らかにしたスポーツドリンクの驚くべき効果〟には、プラシーボ効果が含まれているとも言えそうです。新製品のスポーツドリンクの実験に参加する被験者は、〝これを飲めばパフォーマンスが上がるかも〟という期待を抱いています。一般的に、実験ではこうした期待を相殺するためにプラシーボ群を設定しますが、そのためには実験対象と区別がつかないものを与えなければなりません。コーエンは、〝水のみ〟の対照群を用いた実験では、こうしたプラシーボ効果を相殺できず、スポーツドリンクの効果が実際以上に大きく見なされる結果が出やすいと指摘しています。

実験で示された効果は、紙の上では魅力的に見えても、現実のパフォーマンスには置き換えられない場合もあります。たとえば現実では、〝限界まで走り続け、もう無理だと思ったらストップする〟といった実験時のような状況に置かれることはまずありません。私たちが知りたいのは、〝これを飲んだらパフォーマンスが上がるのか？　疲労を感じにくくなるのか？〟です。「スポーツドリンクの評価で用いられるパフォーマンステストは、その有効性が検証されていないものがほとんどである」（ヘネガン）。また、RTEなどの実験手法は、同じ条件でテストを繰り返した場合の変動値が高いことも知られています。私自身、ビールの実験の被験者になってRTEをしたとき、リカバリーではなく、集中力や意志力をテストされているように感じました。たしかにこうした実験結果は数字を示してくれます。しかしビールの実験で学んだように、その数字が本当に知りたいことの答えになっているとは限らないのです。

ヘネガンらは、メーカーが主張するスポーツドリンクの効果は、厳密な対照群が設定されず、飲料を摂取した被験者のパフォーマンスが上がりやすいように設計された小規模な研究に基づいており、その測定の有効性も現実世界に当てはまらない場合が多いと結論付けました。また、統計上の操作（たとえば、ある研究ではセグメントを一つ分析対象から除外することによって、炭水化物入りのドリンクのメリットを三パーセントから三三パーセントに増加させていました）があったことも鑑みると、スポーツドリンクはあまり効果的な飲み物には思えなくなります。

この報告書が公開されると、スポーツ科学の専門家からは、〝臨床医学の基準を適用したこの分析は、スポーツ科学にとっては厳格すぎる〟という批判もありました（たとえば、スポーツ科学では全般的に小規模実験が多いことが知られています）。たしかに研究結果の評価にどのような基準を用いるべきかは重要ですが、スポーツドリンクのマーケティングが、〝水分はわずかでも不足すれば健康上のリスクが生じ、パフォーマンスとリカバリーを妨げる〟という、科学性を謳う主張を基盤にしているのは事実です。この主張は誇張されています。実際には、それは科学というよりもマーケティングなのです。

水分補給とパフォーマンスに密接な関係はない

一九六八年三月、スポーツ科学研究の先駆者であるボール州立大学の生理学者デビッド・コスティルが、ゲータレードが出資した実験を行いました。[15] 被験者として参加したアンビー・バーフットは、その前にデトロイトでのNCAA（全米大学体育協会）室内陸上競技会に出場し、トラック競技の伝説ジェリー・リンドグレーンとジム・ライアンに大敗していました。この実験で初めて走った（まだ世間にほとんど知られていなかった）トレッドミルにも、数日間ハードなランニングを繰り返すうちにすっかり慣れました。[16] 二時間走を三回、最大酸素摂取量の七割のペース（バーフットの場合は六分／マイル［※約三分四三秒／キロ］）で、それぞれ「何も飲まない」「水だけを飲む」「一定間隔でゲータレードを飲む」の条件で走ります。「科学のためさ。コスティルは愉快で気配りもしてくれた」

バーフットは、一九六〇年代のニューイングランド地域ではトップレベルの長距離ランナーでした。「ボストンマラソンが正午にスタートしていたから、他の大会もそれに倣っていた。独立記念日だろうが労働者の日だろうが、マラソンは正午に始まるものだった」。夏の蒸し暑く、摂氏三〇度を越えるような状況でもです。「当時は給水所なんて無かったし、専用の紐付きボトルを用意しておくランナーもいなかった。ベテランランナーは、走っている最中に水を飲むと胃が痙攣すると言っていた。特に水が冷たい場合はね。だから誰も水を飲まなかった」

バーフットは実験をこう振り返ります。「何も飲まずに走ったときが断然調子が良かった。普段そうしているから慣れていたし、胃もチャポチャポしたりしなかった」。それ以外は、一〇分おきに手渡されるビーカーに入った水かゲータレードを飲みながら走りました。「気持ちが悪かった。胃のなかはまるで太平洋さ」「ビーカーを差し出されるたびに不満の声を上げたよ」。被験者の体温と水分の吸収量が（鼻腔から差し込んだチューブを胃に通して）測定されました。「コスティルからは、ラザニアを飲み込んでいると思え、と言われた」。バーフットは水分なしの場合に快適さを感じていましたが、体温も上がっていました。ただし体温上昇による苦しさは感じていませんでした。

実験後、被験者数人がボストンマラソンに出場しました。コスティルはレース前後の体重を測定することで、マラソンでランナーの身体からどれだけ水分が失われたかを調べました（コスティルはバーフットのレースの出来を、被験者のなかで最後から二番目だろうと予想していました）。「途中で給水が用意されていたけど、誰も飲まなかった」。沿道の応援者から、カットした柑橘類も手渡されました。「オレンジは甘くて美味しかった。レモンは酸っぱくて口をすぼめてしまったよ」。その日のレースを制したのは、まったく水を飲まずに走りきったバーフットでした。体重は約四・五キロも減っていました。

現在のACSMのガイドラインでは、「運動中に体重の二パーセント以上の水分を失うこと」に注意を促しています。[17] それに従えば、バーフットは尋常ではないほどの水分を失いながら、ボストンマラソンに勝ったことになります。バーフットの上を行くケースもあります。二〇〇九年のドバイマラソンで優勝したエチオピア人ランナー、ハイレ・ゲブレセラシェの体重はレース前より一〇パーセント近く減っていました。[18] しかも当時、ハイレはマラソンの世界記録保持者でした。水分補給に関するガイドラインは〝汗や呼吸で失った水分を速やかに補うこと〟を推奨していますが、この論文の執筆者であるヤニス・ピチラディスとルーカス・ベイスは、「フルマラソンを走る際、喉の渇きに従った水分補給が、失った水分量をすべて補う方法よりも劣ることを示すエビデンスはないようだ」と述べ、マラソンやウルトラマラソン、アイアンマントライアスロンなどでは、レースでもっとも体重を失った選手が優勝するケースが多いとも報告しています。これはスポーツドリンクメーカーの主張とは違い、水分損失とパフォーマンスには密接な関係がないことを示唆しています。つまり水分損失には、パフォーマンスに影響を及ぼさない許容範囲があると考えられるのです。むしろ、おそらくは体重が軽くなったことによる負荷の軽減のために、ある程度の水分損失にはパフォーマンスを向上させる可能性があることすら示唆されています。ですからパフォーマンスのために、体温と水分損失に注目するのはおそらく正しい戦略とは言えません。その後の研究によれば、暑くて汗をかくと体温はわずかに上昇しますが、私たちの身体はわずかに高くなったこの体温で均衡を保とうとします。

ここでみなさんに質問です。コスティルの実験で明らかになった、「たっぷり水を飲んでも体温が上がらなかったこと」と「水を飲まなかったときのほうが快適に走れたこと」のうち、重要な発見はどちらでしょうか？　マラソンランナーのパフォーマンスを測る指標は、レース中に失う水分量ではなく、タイムや順位です。実験室でのテストは科学的知識の進歩には役立ちますが、本当に重要なことではなく、簡単に測定できることに注目してしまいがちになるという弱点もあるのです。

身体に備わる〝水分量を最適に保つ仕組み〟を無視してはいけない

スポーツ科学者・医師のティム・ノークスは、脱水状態の危険性についての考えを一変させられる体験を二度しています。[19]　一つは、四日間レースに出場するカヌー選手を対象にした実験です。ある選手が、激流を下っている最中に飲み水をカヌーから落とし、そのまま何も飲まずに五〇キロメートル先のゴール地点まで川を下り続けましたが、体温は従来の脱水理論に反して上昇していませんでした。「体重は三・五キロから四キログラムほど減っていたが、体温は正常だった。とても驚いた。体重の減少と体温の上昇には関係がなかったのだ、と」。大きなひらめきの瞬間でした。それまで脱水状態が危険だと見なされていた大きな理由は、熱中症を引き起こすと考えられていたからでした。しかし、それとは矛盾する実例結果が示されたのです。

〝熱中症を避けるには十分な水分補給が不可欠〟という従来の考えを再考するようになったノークスは、二つ目の体験をします。それは一九八一年、南アフリカで開催される全長九〇キロメートルの有名なウルトラマラソン、「コムラッズマラソン」に出場したというある女性ランナーから手紙を受けとったことです。この年は大会史上初めて一マイルごとに給水所が設けられたレースでした。女性は全体の四分の三を走り終えた地点でひどく気分が悪くなり、夫に連れられて医療スタッフのところに行き、脱水症状だと診断され、点滴静脈内注射で二リットルの水を注入された後に意識を失いました。途中で発作に襲われながら病院の緊急治療室に到着すると、医師は血中のナトリウム濃度が危険なほど低いことから、「水中毒」または「低ナトリウム血症」（血中のナトリウムが少なすぎる状態）と診断しました。大会の医療スタッフの見立てとは違い、問題は水分不足ではなく、水分のとりすぎでした。[20] つまり、水の飲み過ぎで血液ナトリウム濃度が危険なほど薄まっていたのです。この状態に陥ると細胞が水分で膨張し、これが脳内で起きた場合は致命的な影響が生じることがあります。

コムラッズマラソンではそれ以降も同じようなケースが続出し、一九八七年には一六人のランナーが病院で低ナトリウム血症と診断されました。一九八八年、ノークスらがレース会場でその日に低ナトリウム血症に陥った八人のランナーの状態を調べたところ、平均して一時間に〇・八〜一・三リットルもの水を飲んでいたことがわかりました。ノークスは、当時のガイドライン通りに水を飲めば、簡単に水分過剰になると述べています[21]。

疲労や高脂肪食などのテーマで定説とは逆の意見を主張することで知られていたノークスが、水分過剰の問題を初めて（そして騒々しく）主張したのは驚くべきことではありません（ノークスはこのテーマで一冊の本を書いています）[22]。しかし、脱水症状を防ごうとして、はるかに深刻な水中毒に陥ってしまう危険性を不安視していた人は他にもいます。一九八六年には別の研究グループが、ウルトラマラソンに出場中に混迷状態に陥り、見当識を失った医学生と医師（二人は水の飲み過ぎによる低ナトリウム血症と診断されました）に関する論文をJAMA（アメリカ医師会雑誌）に発表しています[23]。

これまで、マラソンのレース中に脱水症が原因で死亡したランナーは記録されていませんが、低ナトリウム血症で命を落としたランナーは一九九三年以降で少なくとも五人いて、瀕死の状態に陥ったランナーも大勢います[24]。一九九八年にシカゴマラソンで初めてレース中に死亡したランナーとなったケリー・バレット（四三歳の小児歯科医で、三人の母親だった）の死因も低ナトリウム血症でした[25]。他にも、若手の軍人やフットボール選手がマラソンの最中にこの症状で命を落としています。二〇〇二年のボストンマラソンにがん患者支援のチャリティのために出場していた二八歳のシンシア・ルセロも、レース中の水分の飲み過ぎで重度の低ナトリウム血症になり死亡しました。この日のボストンマラソンでは、ハーバード大学医学部の研究者がレース後にランナー四八八人の血液サンプルを採取した結果、一三パーセントのランナーが低ナトリウム血症と診断可能な状態にあり、三人が重篤な状態に陥っていました[26]。ドイツの研究でも、アイアンマンヨーロッパ選手権に出場した千人以上のランナーの血液サンプルを採取した結果、一〇・六パーセントが低ナトリウム血症になっていました（症状は軽度でしたが、二パーセント近くが深刻または重篤な状態でした[27]。これらの研究では、ランナーが重度の低ナトリウム血症に陥るケースが希に起こること以外にも、重大な発見がありました。それは、低ナトリウム血症の初期症状（脱力感、頭痛、吐き気、めまい、立ちくらみなど）は脱水症状のそれとよく似ているために、混同してしまいやすいことです[28]。

なぜ、アスリートは低ナトリウム血症に苦しむようになってしまったのでしょうか？　振り返ると、その契機は世間一般で〝アスリートが注意すべき〟と言われていることに起こった、一つの変化にあると言えます。ゲータレードの大成功をきっかけに、スポーツドリンクメーカーは科学の名のもとに自社商品を宣伝するようになり、研究者は「体温」と「汗で失われた水分量」という、測定しやすいものを重視するようになりました。〝脱水症状は熱中症を引き起こす〟いう考えのもと、汗で失われた水分を速やかに補給することの重要性が訴えられ、〝暑さのなかでの運動で起こる熱中症などの致命的な症状を防ぐためのカギは水分補給だ〟という考えが、スポーツドリンクを売り込むための新しいキャッチフレーズになっていったのです。

しかし、水分損失は暑さに関連する病気と関連付けられていますが、実はその主な原因ではありません。「水分損失は熱中症の必須条件ではない」と陸軍省環境医学研究所の調査生理学者サミュエル・チェウブロントは主張します。運動時の熱中症は、暑い環境（または寒い環境でも[29]）でハードな運動をすると、通常、発汗によって大量の水分が失われる前に起こります。水分が失われると熱中症になりやすくなるのは事実だが、実際にはそのようなケースは多くない、とチェウブロントは指摘します。二〇年に及ぶ軍の熱中症のデータを解析した結果、水分損失が関連していた割合は二〇パーセントしかありませんでした。「大半のケースでは、水分損失は熱中症の原因になっていないか、まったく無関係だった」

しかしどれだけ水分が失われたかは運動前後に体重計に乗れば簡単に測定でき、アスリートが暑さ対策としてできる他のことに比べれば、失われた分を補給すればいいため実行も簡単です。実験室のデータが示す限り、水分損失はパフォーマンスにも影響を与えているように思えるため、水分補給の重要性も説得力を増します。科学者が善意のもとでアスリートの暑さに対処する方法を模索した結果、関連性はあるが本質的ではない「水分損失量」という指標が見つかり、それが長い時間をかけてもっとも重要な問題だと見なされるようになっていったとも言えます。そこにスポーツドリンクメーカーの利害が絡み合うことで、水分補給こそが暑さ対策によって何より重要であるという考えが普及していきます。こうして、アスリートは〝喉の渇きを感知する前に汗によって多くの水分が失われ、わずかな水分損失によっても健康状態やパフォーマンスは低下する。だから喉が渇く前に水分補給するように〟と促されるようになったのです。

それでも、この水分の損失と補給のモデルには、人体の基本的な生理を見落としているという大きな欠陥があります。ヒトの身体は、（特に運動中の）数リットルの水分損失に極めて効果的に適応できることがわかっています。運動をすると汗で水分と塩分が失われ、「血漿浸透圧」（血液中の塩分と他の可溶性化合物の濃度）が変化します。アラバマ大学バーミンガム校医学部教授で腎臓生理学の第一人者であるケリー・アン・ハインドマンは、細胞が正常に機能するには血液内に十分な水分と電解質があることが必要で、このバランスはフィードバックループによってしっかりと調節されている、と述べています。汗で塩分が失われると、血漿浸透圧の低下を検知した脳が抗利尿ホルモン（ＡＤＨ）の分泌を促します。

このホルモンによって、腎臓でのアクアポリン（細胞膜に存在するタンパク質で、ストローのような働きをして腎臓の水分を血液に戻す）の活性化が促されます。「これで水分が節約される」（ハインドマン）。血液に水分が十分に送り込まれて血漿浸透圧が正常状態に戻ると、脳はその変化を感知してADHの分泌を止めます。血漿浸透圧はこのようなフィードバックループによって安全な範囲に維持され、血液のバランスを保つために電解質のわずかな減少にも反応します。「人々は脱水症状になることを過剰に心配している。しかし実際には、水分の過剰摂取のほうがはるかに陥りやすい。人体には水分を保つための優れたメカニズムがある。ある程度の水分損失は悪くない。身体がそれに対処できるからだ」

運動中に低ナトリウム血症を発症するアスリートは、〝喉が渇く前に水分をとるべき〟と考えるように条件付けられていることが多い、と低ナトリウム血症に関する論文[30]や合同声明の主執筆者であるオークランド大学スポーツ科学教授タマラ・ヒュー・バトラーは述べています。水分をまったくとらなくても（彼女はそれを推奨していませんが）、発汗で水分が失われて血中のナトリウムレベルが上がると身体は体液のバランスを保つために水分を血液中に移動させようとするし、アクアポリンを活性化するフィードバックループも喉の渇きを感じる前に始まるからです。「喉が渇く前から水分を摂る必要はない」とヒュー・バトラーは言います。眠る必要があるときに眠たくなるのと同じように、水分をとる必要があるときに喉は渇くのです。喉が渇く前に水を飲めと言われるのは、まったく眠たくないのに眠れと言われているようなものです。〝これからしばらく水分をとれない〟といった特殊な状況ではない限り、喉が渇く前に水分をとる必要はありません。ヒトの身体は、刻々と変化する状況に適応するために進化してきた、繊細な機械のようなものです。基本的に、身体の声が聞こえてくる前に、先回りして何かをする必要はないのです。

「ピー・チャート」と呼ばれる、尿の色で脱水状態を表す色見本のような表も気にすることはありません。このチャートは、〝尿の色が濃いときは水をたくさん飲みましょう〟と呼びかけます。しかし生体のメカニズムを考えれば、アスリートが尿の色を特別に気にする必要がないことはすぐにわかります。尿の色は濃度を表しているにすぎません。水分に対する老廃物の割合が多ければ濃くなり、少なければ透明に近くなります。[31] 濃い尿は水分の少なさを意味しますが、それは同時に、腎臓が血漿浸透圧を監視して、体内の水分量を適切に保とうとしていることも意味しているのです。尿の色が透き通るほど薄いのは水分を必要以上にとっているからであり、特にレース前ではそれは必ずしも身体に良いことではありません。

チェウブロントは、体重で脱水状況を把握しようとするのも誤解を招きやすいと指摘します。フルマラソンを完走すると二〇〇〇から三〇〇〇カロリーが消費されて体重も減るので、失われるのは水分だけではありません。英ラフバラ大学の研究者は、マラソンランナーにとって、体重が三パーセント減るまでは、重大な水分損失と見なす必要はないと試算しています。[32] その理由の一つは、脂肪や炭水化物などが燃焼される際にも分解された水分が体内に放出されていることです。チェウブロントは、ゴール地点で体重の四パーセントを失ったランナーも、そのうち脱水で失ったのは二・五パーセント程度であることが多く、危険な領域である三パーセントには達していないことが多いと述べています。二時間以上続くイベントでは、体重の減少によって、水分損失は約一〇パーセント多く見積もられることがあります。

身体は、水分が失われるとそれに適応しようとします。このため、普段から喉が渇く前に水を飲んでいると、そのことがフルマラソンのような大きなレースで裏目に出ることもあります。米国立心肺血液研究所上皮系生物学研究所チーフのマーク・ネッパーは、日頃から水分を多くとっていると、貴重な水分を保つための能力が衰えると述べています。体内に水分がたっぷりあると、身体はアクアポリンを活性化させる必要がありません。このような状態が続くと、アクアポリンは不要だと見なされ、その数が減っていくのです。そのため本当に必要になったときに、体内の水分量を適切に調整してくれるアクアポリンが足りないという状況に陥ってしまいます。逆に、普段から喉が渇くまで水を飲まないようにしておくと、身体は必要時に水を蓄えられるように、多くのアクアポリンを待機させるようになります。ネッパーは、常に水分を満タンにしておくのではなく、喉が渇いたときに水を飲むように心がけることで、アスリートは水分不足に対処しやすくなると言います。

クロスフィットやサッカーなどの競技では、セット間やハーフタイムに喉の渇きに従うだけで簡単に水分のバランスを保てますが、エクストリーム系の長距離競技の選手でも、水分を早めかつ頻繁に飲む必要がないことがわかっています。ウルトラスポーツ科学財団は、ウルトラマラソンやアイアンマントライアスロンなどの長距離競技の選手向けに水分補給のガイドラインを公開しています[33]。カリフォルニア大学デービス校の研究者で自らもウルトラマラソンランナーであるマーティン・ホフマンが執筆したこのガイドラインでは、喉の渇きに応じた水分補給と、運動によってある程度の体重が減少するのを予測しておくことが推奨されています。「喉の渇きに応じた水分補給と計画通りの水分補給を比較した研究をメタ解析した結果、喉の渇きに応じた水分補給がパフォーマンスを低下させるという現象は確認されなかった」。ホフマンは一〇〇マイルのような長距離レースでは、ある程度の体重を失うことは予測しておくべきであり、スタート時と同じ体重でフィニッシュしたのであれば、逆にそれは水分を過剰に摂取したことになる、と言います。

このガイドラインは、脱水が熱中症の原因になることも、筋肉のけいれんが電解質の損失によって引き起こされることもめったにないと指摘しています（ホフマンによれば、最新科学は、けいれんは水分や電解質の損失ではなく、神経筋疲労と関連が高いことを示唆しています）。近年、持久力アスリート向けの電解質サプリメントや塩錠剤が市場に出回るようになっていますが、ホフマンによれば「暑さのなかでの最大三〇時間の運動であっても」長時間の運動中の、塩分のみの補充は不要です。ウルトラマラソンでも、レース中に摂取する一般的な食料に含まれるナトリウムで十分に塩分を補え、塩分不足によって生じる問題を回避できます。むしろ運動中の過度の塩分摂取はパフォーマンスの向上には役立たず、水分過多や低ナトリウム血症を起こす可能性を高めます。ホフマンは、電解質サプリメントは「メーカーがアスリートの弱みにつけ込んで、製造コストの安い製品を売りつけるための新たな方法になっている」と述べています。

喉の渇きを無視した水の大量摂取は危険

私たちの身体が水分損失にうまく適応し、喉の渇きが水の摂取が必要なときを知らせてくれているのなら、なぜ〝喉が渇く前に水分をとろう〟というメッセージがこれほど多く流布しているのでしょうか？　米国スポーツ医学会（ACSM）、米国ストレングス&コンディショニング協会（NSCA）、米国アスレティックトレーナーズ協会（NATA）の現在のガイドラインは、低ナトリウム血症を警告する文章が改訂時に書き加えられたものの、依然として、〝喉が渇いてからの水分補給では遅い〟〝運動によって体重の二パーセント以上の水分を失うことは避けるべき〟という考えが推奨されています。しかしここで見逃してはいけないのは、私たちが水分補給について見聞きする情報のほとんどが、そのメカニズムを複雑かつ高度な科学に見せることで大きな既得権益を得ている企業や研究者から発信されているということです（ACSM、NSCA、NATAと一部の会員は、スポーツドリンクメーカーから資金提供を受けています）。喉が渇いたときの水分補給で十分なのだったら、専門家のアドバイスも、科学的な裏付けを謳うゲータレードのようなスポーツドリンクも、NFLニューイングランド・ペイトリオッツのクォーターバック、トム・ブレイディが宣伝する「TB12」（ブレイディのイニシャルと背番号をあわせたニックネーム）ブランドの電解質も不要になります。最近では、ユーザーの発汗量をモニターして必要な水分補給量を知らせてくれる器具も販売されています。しかしこのような最新器具も、私たちの血液のなかで何が起こっているのか、水分補給を増やすことが本当にパフォーマンスやリカバリーを促すのかどうかといった、重要な質問には答えてくれません。

にもかかわらず、「もっと水を飲むべきだ」という声はいたるところから聞こえてきます。前述したアメフットのスーパースター、トム・ブレイディも、二〇一七年のベストセラー『The TB12 Method』のなかで水分補給の魔法の公式を提唱しています。それは「毎日、体重（ポンド単位）の半数以上の水（オンス単位）を飲む」というもので、体重二二五ポンド（約一〇二キロ）のブレイディは、一日に最低でも一一二オンス（約三二〇〇ミリリットル）を飲むと言います（ブレイディは「水を飲むと日焼けしにくい」とも主張していますが、この説には多くの科学者が異議を唱えています[34]。この公式は的外れではないかもしれませんが、私たち一人ひとりにとって本当に必要な水分量も表してはいません。

生物学的な観点からは、〝人間の身体は極めてデリケートで、科学者（やフットボール・スター）が電卓で弾いた量の水分を正確にとらなければ正常に機能しない〟という説が正しいとはまず考えられません。「私たちはもっと自分の身体を信頼すべきだ」と前述のマーク・ネッパーも言います。人間は、厳密なスケジュール通りに水やスポーツドリンクをがぶ飲みしなくても運動ができるように進化してきました。「身体の声に耳を傾ければ、何が必要かについての手がかりが得られる。そのメカニズムを表す難しい科学の公式を知らなくても問題ない」。私は、喉が渇いているときに特に水が美味しく感じます。ネッパーも、それは気のせいではなく本当だと教えてくれました。喉の奥にある受容体の働きによって、身体が欲しているとき、水は本当に美味しく感じられるのです。「だが水分が足りていると、むしろ不味く感じる」

二〇〇三年のアメリカ軍によるイラク侵攻の直後、ネッパーはウォルター・リード陸軍医療センターの医師から、兵士に低ナトリウム血症が多発しているという相談を受けました。当時の軍の業務規定では、イラクの乾燥した環境で任務にあたる兵士には一時間に一クオート（約九五〇ミリリットル）の水を飲むことが推奨されていました。ネッパーは、兵士の低ナトリウム血症の原因は単なる水の飲み過ぎだったと述べています。「その後、軍は推奨する水分摂取量を一時間当たり半クォート（約四七五ミリリットル）に減らした。私は喉の渇きに応じた水分摂取を勧めたのだが、軍を説得できなかった」。ネッパーは、第三者が決めた量に従って定期的に水を飲むのは危険だと警告します。水分の摂りすぎにつながりやすく、脳腫脹やさらに重篤な症状に陥る可能性もあるからです。

現代人は、水分補給を必要以上に複雑に考えているのではないでしょうか。私はいつも一緒にランニングをしている愛犬の尿の色を調べたこともありませんし、強制的に一定量の水を飲ませようとしたこともありません（実際には強制的に水を飲ませようとしても飲んでくれないと思いますが）。ランニング中は何度も水を与えようとしますが、愛犬は毎回それに口をつけるわけではありません。長い距離を走っても一度も水を飲まず、帰宅すると真っ直ぐにウォーターボウルのところに向かうこともあります。私は愛犬のために緊急用の点滴で水を与えたこともありません。そして、もし犬にとって〝喉が渇いたら飲む〟ので十分なのだとしたら、人間の私にとってもそれで十分なはずだと思うのです。

第三章　栄養補給――〝運動直後の栄養補給のゴールデンタイム〟など存在しない？

私が初めて運動後の栄養補給について真剣に何かを考えたのは、高校で物理の授業を受けていたときのことでした。その日のテーマはエネルギー。教師のミスター・ゴアは、マサチューセッツ工科大学（ＭＩＴ）の物理学者フィリップ・モリソンが司会を務めるＰＢＳのテレビ番組『ザ・リング・オブ・トゥルース』を生徒に鑑賞させました。(1) モリソンは人体でエネルギーが使われる方法を説明するために、三週間のステージレースで争われるツール・ド・フランスを走るサイクリストたちが一日に必要としている燃料《エネルギー》の量を計算します。その際に〝ごくありふれた単位〟として選んだのが、「ゼリードーナツ」（ジャム入りドーナツ）でした。一般人に必要なカロリーは一日にゼリードーナツ一二個分だと前置きしたモリソンは、「だがサイクリストは違う！」とダミ声で叫び、バーベキューグリルの上にゼリードーナツを山積みしていきます。「三〇から三二個のゼリードーナツ。これが、ツール・ド・フランスを走る自転車選手が一日に必要なエネルギーなのです」。そう語ったモリソンは、食べ物がエネルギーに変換される様を実証するために、ドーナツに火をつけます。

「朝は起き抜けにスポンジケーキのホステスストゥインキーを食べます」。セブンイレブンチームのサイクリスト、アレックス・スティイーダは番組内で語ります。[2]「レース後にはフルーツ。胃にやさしいものを入れたいからです。二時間空けて夕食です」。ツール・ド・フランスを戦うサイクリストたちは、ハードな運動からリカバリーするため、筋肉に蓄えられるグリコーゲンを回復するために炭水化物を、筋肉の損傷を修復するためにタンパク質を、そして大量のカロリーを必要とします。

モリソンは厨房に行き、選手の食事を管理するシェフに、サイクリストの一日の食料をすべてテーブルの上に並べてもらいます。コーヒー、ペストリー、コーンフレーク、バナナ、桃、ハムサンドイッチ、ロールパン、バター、グリーンサラダ、スープ、厚切りの赤身肉、各種のタルト、グラスワイン――。「お馴染みの食べ物が並んでいます。美味しそうなフランス料理です。選手は特別なものは食べていません。そう、違うのは量なのです」。選手たちは、パスタやポークチョップ、野菜ソテーの皿を次々とたいらげていきます。

モリソンがこの取材をした一九八〇年代当時、サイクリストはフランス料理をエネルギー源にしていましたが、私が自転車競技を始めた一九九〇年代には、アスリート用食品をとることが常識になりつつありました。アレックス・スティイーダがレース当日の朝にスポンジケーキを食べていたのと同じ頃、カリフォルニア北部に住むランナーのカップルが、理想的なアスリート用食品を開発すべく、シロップや穀物を混ぜ合わせて試作品作りに打ち込んでいました。「私たちは自分のために何かをつくりたかったの」。栄養士でランナーのジェニファー・マックスウェルは、夫のブライアン（二〇〇四年に他界）と一緒に材料を調合し始めました。「週末だけ楽しむといった域を超えて、高いレベルで競技に取り組もうとしたとき、カギを握るのは栄養よ」。ジェニファー曰く、当時はアスリートの栄養に大きな注目が集まっていました。ふたりはアパートのキッチンにある古いウェッジウッドストーブで試行錯誤を繰り返しました。「消化を良くするために低脂肪にすることや、日持ちすることなどの譲れない条件もあった」。当初は玄米などの穀物をベースにしていましたが、最終的にはオートブラン（オート麦のふすま）に落ち着きました。牛の餌だと見なされていた食材です。「水溶性食物繊維が豊富で、ゲル状になりそうなところが気に入ったの」。二人は競技仲間に試作品を食べてもらいました。「週末の練習会にセロファンで包んで持参し、感想を教えて、と手渡した」。そこで得たフィードバックに基づき、レシピを微調整していきました。たとえば乳タンパク質の消化の問題に直面し、候補リストから外しました。栄養があって美味しいバーを目指し、各種の炭水化物やアミノ酸、ビタミン、ミネラルを、比率を変えて混ぜ合わせました。「味が重要だった。お菓子のタフィーのようなテイストを出したかったの」。三年かけ、ようやくビタミンやミネラルも豊富なバーが完成しました。レシピは盗まれないように慎重に保管しました。

ふたりはこのバーを「パワーバー」と名付け、一九八七年に商品化に踏み切りました。「私たちの子供のようなものよ。ふたりの手でつくりあげたものだから」。金色のラッパーに包まれた歯ごたえのあるバーは、スポーツ選手の栄養に新時代が到来したことを告げるものでした。「バーの外側に米粉をまぶしてラッパーにひっつかないようにしたわ。商品には愛情を注ぎ、コストをかけ、一つひとつ手造りした。通販販売を始めたときは、箱に手書きの添え状を入れた」。美味しく便利だという返信もありました。パワーバーは成功し、一九八九年にはカリフォルニア州バークリーに自社工場を建設しました。

パワーバーは一九九〇年代前半、私が所属していたコロラド州ボルダーのサイクリングチームのスポンサーでした。同社からケースで送られてきたパワーバーは、たしかにタフィーのような味がしました。フレーバーはチョコレート味とモルトナッツ味の二種類。「チョコレート味はトッツィーロールをヒントにして、健康的なチョコレートバーというコンセプトでつくったものなの」。電子レンジはもちろん、温かいポケットのなかにいれておくとすぐに溶けるので、ブラウニーにオートブランを混ぜた物だというこことがよくわかりました。冷やすとプラスチックみたいに固くなり、冬にはフロントガラスの雪を落とす道具としても使えるくらいでした。それでも私たちは気にしませんでした。本格的にスポーツをする人はみんなパワーバーを食べていました。私たちサイクリングチームのメンバーは、無料でこのバーが食べられることに感謝していました。パワーバーのロゴ入りのサイクリングジャージに身を包むと、正義のバッジをつけているような気がしたものです。

私は生物学の学位を取得して大学を卒業したばかりで、スポーツ科学の知識に飢えていました。運動生理学の研究室に入り浸っていた大学院生のサイクリングコーチからは、リカバリーに最適なのは軽食をとることで、理想的なのはトレーニング直後にタンパク質入りのものを食べること、とアドバイスされました。コーチは、何を食べるかではなく、いつ食べるかも重要だと言われ始めていた、当時の最先端の研究に注目していたのです。

栄養補給のタイミングに注目が集まる

一九九八年、ニュージャージー州のパシフィックヘルスラボラトリ社が、同社のスポーツドリンクがゲータレードより五五パーセントも持久系のパフォーマスを向上させることを示唆する研究結果をアピールし始めました。この商品は、リカバリーを促し、筋肉を損傷から守るとも謳われていました。この研究は米国スポーツ医学会の会合で発表され[3]、「エンデュロックスR4」と名付けられた製品の開発者は特許も申請していました。ゲータレードはパフォーマンス向上と水分のために運動中に飲むスポーツドリンクとして販売されていましたが、エンデュロックスR4は運動後のリカバリーを促す、という新たなタイプのスポーツドリンクとして売り出されたのです。

　このドリンクを発案したのは、同社の創設者ロバート・ポートマンと、テキサス大学のスポーツ科学者ジョン・アイビー。「我々はある意味、リカバリーのゴッドファーザーのようなものだった」。健康や運動能力のための栄養介入に関して一〇件以上の特許を保有するポートマンは、それまでもリカバリーの重要性は認識されていたが、誰も栄養が大きな役割を担っているとは考えていなかった、と言います。

　〝運動で消費したエネルギー（筋肉内にグリコーゲンとして蓄えられている）は炭水化物で補充できる〟ことは知られていました。しかし一九八〇年代に入ると、アイビーの研究が〝運動直後の炭水化物摂取でリカバリーが向上する〟可能性を示唆しました。「運動直後に炭水化物を摂取すると、筋肉に蓄えられるグリコーゲンの量は二倍になる」とアイビーは主張しました。筋肉は運動後にインスリンに敏感に反応するようになるため、このタイミングで炭水化物をとることで効果的にグリコーゲンとして蓄えられる、というのです。アイビーは別の栄養素にも注目していました。タンパク質です。

　当時、ランナーに必要な栄養は炭水化物で、タンパク質はボディビルダーのためのもの、と見なされていました。しかしポートマンとアイビーは、ランニングやサイクリングなどの有酸素運動でも、繰り返すことで強い負荷がかかって筋肉が損傷するので、タンパク質が必要だと考えたのです。「それは、持久系競技のアスリートにはタンパク質は不要だという当時の定説に反するものだった」(ポートマン)。

当時、運動後のタンパク質サプリメントの摂取によってアミノ酸の吸収率が上がり、筋肉のタンパク質合成が速まることを示唆する研究が一件だけありました[4]。激しい運動の数時間後ではなく直後にタンパク質を摂取することで吸収効率が高まるのは、炭水化物でも見られる現象です。二人は気づきました。重要なのは、タイミングなのだ、と。

ポートマンとアイビーは、運動後には「メタボリックウィンドウ」(代謝に最適な時間帯《ウィンドウ》)と呼ぶべきゴールデンタイムがあり、この時間帯に適切な栄養を摂取することでリカバリーを促進できると主張し、この概念を「栄養補給のタイミング」(nutrient timing)と名付け、二〇〇四年に同名の題名の本を書きました[5]。「栄養補給のタイミングは、商業的なギミックではない。それは運動の代謝、生理学、栄養に関する最先端の科学的知見の成果だ」。二人は栄養補給のタイミングのサイクルを、エネルギーフェーズ(運動の前と最中)、アナボリック《同化》フェーズ(運動直後の四五分間)、成長フェーズ(その後のリカバリーと適応が起こる時間)の三段階に分けました。

曰く、アナボリックフェーズ中に適切な組み合わせの栄養を摂取すれば、筋肉内のグリコーゲン貯蔵率を高め、筋肉の損傷を減らし、筋肉に取り込まれるタンパク質量を増やし、リカバリーを加速できます。広告業界の出身で、過去に医療関係の広告代理店を二社立ち上げた経験もあるポートマンは、マーケティングの力を知り尽くしていました[6]。二人の本は話題を呼びました。私のサイクリングコーチもこの本に影響されて、リカバリーを促すには適切なタイミングでの栄養摂取が不可欠だとアドバイスをしたのです。すぐに各種競技のアスリートが、リカバリー効果と適応に最適な時間帯を逃すまいと、運動直後に急いで栄養補給をするようになりました。

〝栄養摂取にはタイミングが重要〟という仮説をもとに、リカバリードリンクに最適な成分の割合を探し始めたポートマンとアイビーは、トップサイクリストへの指導で名を馳せていた運動生理学、故エドマンド・バークの協力を仰ぎました（バークは一九八四年のロサンゼルス・オリンピックのアメリカ自転車チームに、当時はドーピングではなかった、いったん抜き取った自分の血を輸血する「自己血輸血」と呼ばれる手法を施した医療チームの一員でした）[7]。ポートマンは、運動で生じた代謝ダメージに対抗する抗酸化物質も必要だと考えました。「運動直後にはタンパク質合成が活性化されている。このときにタンパク質だけではなく、炭水化物も投入する。実験を繰り返した結果、タンパク質と炭水化物の比率を四対一にし、抗酸化物質を加えたものが最適だと判断した」

商品名「エンデュロックスR４」の末尾の「R４」は、水分の回復（restoring fluids）、燃料の補給（replenishing fuel）、筋肉ストレスの削減（reducing muscle stress）、筋肉タンパク質の再構築（rebuilding muscle protein）の四つの「R」を表す[8]。バークが考案したモットーを意味しています。それは〝リカバリーの向上〟を宣伝文句に使った初のスポーツドリンクであり、その科学的根拠も強調されました。二人の実験の内容は、筋グリコーゲンを枯渇させる激しい運動をさせた後で、一方の被験者群にはエンデュロックス、もう一方には水を飲ませ、しばらくして再び運動させるというものでした。「エンデュロックスを飲んだ被験者には大幅なパフォーマンスの向上が診られた」（ポートマン）。パシフィックヘルスラボラトリ社は、四対一の割合で炭水化物とタンパク質が含まれるエンデュロックスR４は、炭水化物のみが含まれる他の飲料と比べ水分補給や持久力を飛躍的に向上させ、筋肉損傷を軽減し、運動後の筋肉のリカバリーを促すと主張しました。

パワーバーやエンデュロックスR4などの登場は、新時代の幕開けを意味していました。〝最高のパフォーマンスを発揮したいのなら、特別な公式に従って、適切なタイミングで栄養を補給しなければならない〟という考えが普及していきました。瞬発系か持久系かを問わず、アスリートはリカバリードリンクやプロテインパウダーなどに群がりました。ゲータレードやパワーバー、クリフなどのメーカーが次々に登場し、ビタミン剤の取扱店はこぞってプロテインやリカバリー食品専用のコーナーをつくりました。その数十年前から、プロテインのパウダーやサプリメントはボディビルダーに人気がありました。その大きな理由は、こうした商品の広告や記事が（それを掲載することによってメリットを得ている）トレーニング雑誌に溢れていたからです。現在では、スポーツ用品店や健康食品売り場にリカバリー飲料／食品が山のように並べられている光景は当たり前になりました。

栄養補給に〝黄金の時間帯〟など存在しない

ポートマンとアイビーの本は「栄養補給のタイミング」という概念を世の中に広めました。しかし〝所定の時間内に決められた割合の栄養をとらなければならない〟という考えは、細かな検証が行われる前に普及し、商品化に利用され、広まっていきました。炭水化物とタンパク質がリカバリーに重要なのははっきりしていましたが、その最適な量とタイミングについては不明な点が多いままだったにもかかわらず。

二〇一三年、ニューヨーク州ブロンクスのCUNYリーマンカレッジ、ヒューマンパフォーマンスラボのディレクター、ブラッド・ショーンフェルドらが、メタ解析によって(9)「運動後のアナボリックウィンドウ（同化に最適な時間帯《ウィンドウ》）」の科学的根拠を調べ、〝栄養の吸収が特別に高まるごく短い時間帯の存在は確認できない〟と結論付けました。また、メタボリックウィンドウの存在を示唆する研究は、長時間の完全なリカバリーサイクルではなく、短時間に限定して効果を調べたものが大半であること、アスリートの日常的な行動に適用するのが難しいことも指摘されました。運動後に大量のタンパク質を与えた被験者群と、タンパク質を与えない対照群を比較しているケースも多く見られました。「これは適切な実験設計ではない」（ショーンフェルド）。栄養補給のタイミングが重要なのであれば、大量のタンパク質をとったグループとタンパク質をまったくとらなかったグループではなく、時間帯を変えてタンパク質をとった複数グループを比較する必要があります。そこでショーンフェルドらはトレーニングの前と後でのタンパク質摂取の影響を調べるための実験を自ら行いました。(10)その結果、被験者のパフォーマンスに違いは認められませんでした。

　最大重量でのウエイトトレーニングやクロスフィットのワークアウト《W》・オブ《O》・ザ・デイ《D》）、高強度のインターバルセッションなど、筋肉に高負荷がかかる運動後に身体がタンパク質を必要とする期間があることは確かです。しかしショーンフェルドは、それは短時間で閉まってしまう窓《ウィンドウ》というよりも、開けっ放しの納屋の扉《ドア》のようなものだと言います。朝昼晩の食事をとっている限り、栄養はかならずその納屋のなかに入れられます。運動終了から四五分間が経過したら閉じられてしまうようなものではなく、四、五時間以上も開いています。最新の研究によれば、運動前や運動中にタンパク質を摂取してもリカバリーに効果があります。運動直後の二〇分、三〇分、六〇分といった魔法の時間帯のようなものはないのです。ショーンフェルドは、メリットはタンパク質をいつ摂取するかではなく、摂取することそのものによってもたらされると言います。(11)

では、どれくらいのタンパク質が必要になるのでしょうか？　英バース大学のスポーツ栄養学者ジェームズ・ベッツは、従来の研究では、運動後の推奨タンパク質摂取量を約二〇グラムとしていたが、最近では筋肉量が多い選手の場合は約四〇グラムをとるべきことを示唆する研究もあると述べています。最適な量がどれくらいかについての議論は続いており、その答えを導くためにはさらなる研究やデータが必要です。

現時点の知見に基づけば、タンパク質は運動直後に一度に大量摂取するよりも、一日何度かに分けて少量を摂取するほうが効率良く吸収できます。また、プロテインの錠剤やシェイクをとる必要もありません。「プロテインシェイクが一般的な食品より優れていることを示す証拠はない」。アイアンマントライアスロン選手で、ゲータレードを辞めた後にスポーツ栄養学関連事業を起業したスポーツ栄養学士アスカー・ジュークンドラップは言います。タンパク質は、日々の食事（乳製品や、豆類など植物由来のもの、オーストラリアで再び注目されているマグロやサーモンの缶詰など）から十分にとれるのです。

栄養補給のタイミングが重要だとされたのは、タンパク質だけではありませんでした。長時間または激しい運動の後には、筋肉内のグリコーゲンが枯渇するので、炭水化物をとる必要があります。運動直後に炭水化物をとれば、グリコーゲンが速やかに補充されるようだ、とショーンフェルドも言います。「だが注意すべきこともある。翌日まで運動をしないのであれば、その差はゼロになるのだ」。ここでも、魅力的な結果を示した初期の研究は、間違っているわけではないものの、対象範囲や実験設定が限定されていることで誤解を招きやすく、現実の状況には適用しにくいものでした。しかもショーンフェルドの分析によれば、炭水化物は運動の二〇分後であれ、三時間あるいは六時間後であれ、同じように吸収されていました。数時間後に再び運動をする場合は、運動直後にできるだけ早くエネルギー補充したほうがパフォーマンスは高まっていましたが、その理由は摂取したエネルギーをすぐに使えるからであり、運動直後に炭水化物をとらないことがリカバリーを妨げるからではありません。

マックマスター大学でタンパク質代謝を研究するスチュアート・フィリップスは、研究が進むにつれ、運動後に栄養の吸収効率が高まる時間帯は当初見込まれたほど重要ではないと見なされるようになったと言います。「〝魔法の時間帯《マジックウィンドウ》〟が本当に存在するとは思えない。〝筋肉は運動直後に炭水化物をスポンジのように吸収する〟という考えは、その後の研究によって一掃された」。フィリップスは、筋肉はグリコーゲン補充のために炭水化物が必要だが、摂取するタイミングが運動の三〇分後でも六時間後でも一日トータルとして考えれば吸収率に違いはないと述べています。

メタボリックウィンドウやリカバリー製品の推進者は、〝リカバリーは科学的な公式に落とし込める〟とアピールします。しかしその厳密さが主張されるほど、疑わしさも増します。それは完全に間違っているわけではなくても、誇張はされているからです。〝運動後にスポーツドリンクやバーを摂取するとリカバリーが改善する〟という発見は、〝これらの商品をとる以外の方法は劣っている〟という主張にすげ替えられてしまいます。オーストラリア国立スポーツ研究所スポーツ栄養学の責任者ルイーズ・バークは、これはスポーツ栄養学の世界に根付く問題だと警鐘を鳴らします。「この分野に関わる人たちが全員、悪意を抱いていたり、故意に誤解を招くようなことをしていたりするとは思わない。だが自分たちの研究結果をアスリート向けにアピールするとき、それが高貴で純粋な目的のもとで行われたものであっても、若干、受けがよくなるような見せ方をしてしまうことがある」。バークは、有望だと思える新発見は、簡単にマーケティングで誇張されてしまうと言います。斬新だがまだ裏付けが必要な段階のアイデアが、あらゆる問題を解消する決定的な答えとして売り出されてしまうのです。この誇大広告のサイクルは、科学の複雑さを見えにくくします。バークは昔、一時間当たり約一二〇〇ミリリットルもの水分摂取を勧めるゲータレードの広告を見てゾッとしたと言います。現在では、アスリートがどのくらいの水分補給が必要かは、決まり切った公式ではなく、さまざまな要因に基づいて決めるべきものであることが明らかになっています。同じことは、運動後の栄養補給にも当てはまるのです。

メーカーが主張するよりも未確定な部分が多い初期的な研究が、絶対的な答えと見なされてしまうのは大きな間違いです。その研究は第一歩として扱われるべきものであり、わからないことを少しずつ減らしながら情報を積み重ねていくのが科学です。タンパク質がリカバリーに重要だとわかったら、次はその最適な量とタイミングを探るための研究が必要です。科学とは、一度に一つしか見つけられない答えを探しながら、「二〇の問い」の答えを見つけていくゲームのようなものです——そしてその一つの答えが見つかるのも、幸運な場合のみなのです。

〝完璧な身体的状態〟を追い求めることの罠——身体には驚くべき適応能力（ホメオスタシス）がある

スポーツの世界には、〝完璧な身体的状態に到達するのは可能だ〟という考えがあります。おそらく、それは可能なはずです。しかし私たちの身体は、状況にうまく適応することにも非常に優れています。ヒトはどんな状況でもホメオスタシス（恒常性維持機能）を働かせるようにプログラムされているのです。その結果、細かな部分を気にしてもたいした違いが生み出せないこともあれば、ある程度正しい状況に身を置けば身体が勝手に調整してくれることもあります。そもそも、〝すべてを正しく行えば完璧な身体の状態に到達できる〟という考えは、科学用語を並べ立ててその理想を実現すると謳う、疑わしい商品を世に生み出すことにもつながります。

私たちは嫌というほど繰り返し広告を目にすることで、〝運動後の栄養補給には特別な公式に従って配合された食料や飲料が必要〟と信じ込まされています。しかし、それが広告の力にすぎないことを示す研究があります。二〇一五年のミネソタ大学の実験では、激しいインターバルセッションを終えたサイクリストに、カロリー量が同等のスポーツドリンク／エネルギーバーまたはファストフードを与え、その効果を比較しました。[12] 一一人の男性被験者は、筋グリコーゲンを枯渇させるために固定式自転車を九〇分間漕いだ直後、一方のグループは「ゲータレード、キットのオーガニックPBバー、クリフのショットブロック」を、もう一方のグループは「マクドナルドのハッシュドポテト、ホットケーキ、オレンジジュース」を摂取します（マクドナルドが選ばれたのは大学の近くにあったからです）。二時間後、被験者は一食目と同じカテゴリーの食料をとります（スポーツ食品をとったグループは「サイトマックス、パワーバー・エナジーチュー、パワーバー・リカバリードリンク」、ファストフードのグループは「マクドナルドのハンバーガー、フライドポテト、コーラ」）。二時間後（最初のトレーニングから四時間後）、被験者は二〇キロのタイムトライアルでパフォーマンスを測定します。初回の運動後と四時間のリカバリー期間の筋グリコーゲンレベルが測定され、グルコース、インスリン、血中脂質の分析のために血液サンプルが採取されました。一週間後、被験者は食料のカテゴリー（スポーツ食品またはファストフード）を前回と入れ替え、再び同じことを行いました。どちらのカテゴリーの食料をとった場合も、タンパク質、炭水化物、脂肪、カロリーの摂取量は同程度でした。

研究は小規模だったので（スポーツ科学の実験では一般的ですが）、大規模研究に比べて結果に違いが生まれやすい状況でした。それでも、二つの条件間に差は認められませんでした。エネルギーを補充したのがスポーツ食品であれファストフードであれ、サイクリストの身体は同じように反応していたのです。グリコーゲンの貯蔵量は同じだけ上昇していましたし、インスリンと血糖レベルの反応も同様でした。タイムトライアルの結果にも、違いは見当たりませんでした。

マクドナルドのチキンナゲットを食べ続けて金メダルを三個獲得したウサイン・ボルト

二〇〇八年北京オリンピック、ジャマイカの陸上競技チームのコーチは、オリンピック村以外で食事をしないようにと選手に厳しくアドバイスしました。地元の料理店で馴染みのない料理を口にして、胃の調子を崩してしまうのを恐れたからです。短距離走の世界チャンピオン、ウサイン・ボルトも、慣れない地元の料理や、金メダル獲得の邪魔になるような食べ物を胃に入れたくはないと思っていました。

「僕はジャマイカ人だから、ジャークポークや米、山芋やダンプリングが大好きだ。中国の甘酸っぱい鶏肉は口に合わない」。ボルトは自伝、『Faster Than Lightning』（邦題『ウサイン・ボルト自伝』、集英社インターナショナル）に書いています。[13] そして、口に合う料理を求めてオリンピック村を探し回ります。「世間は、オリンピック施設ではジャンクフードなんか売っていないはずだと思っているかもしれない。それは間違いだ」。数日間、同じようなオリンピック村の食事を続けた後、ボルトは食べ飽きて我慢の限界に達します。「もう嫌だ。チキンナゲットを食べてやる」。マクドナルドに向かい、チキンナゲット二〇個をランチとして平らげると、夕食時にもまったく同じものを食べました。

二〇個のチキンナゲットには八八〇カロリー、脂質五四グラム、タンパク質四八グラム、炭水化物五二グラムが含まれます。炭水化物と脂質の量はホエイプロテインパウダー二スクープとゲータレード七〇〇ミリリットルに相当し、カロリーでは大幅に上回ります（ナトリウムはスポーツドリンク二杯分の約十倍）。大半のチームメイトは笑っていましたが、ハードル選手のブリジット・フォスター・ヒルトンは真剣に心配しました。「ウサイン、そんなにたくさんナゲットを食べちゃいけないわ！　野菜も食べないと病気になるわよ」。分けてもらったサラダを食べてみましたが、ひどい味がします。彼女から渡されたサウザンドアイランド・ドレッシングをふりかけ、ようやく胃に流し込みました。以来、ボルトの毎日の食事はずっと、ドレッシングたっぷりのサラダとチキンナゲット。「毎日ナゲットを一〇〇個は食べた。それを一〇日間続けたから、オリンピック期間中に一〇〇〇個は食べたことになる」

ボルトはこの間、出場する三種目の出番が来るのをじっと待っていたわけではありません。陸上競技の大会では、短距離選手はレースとリカバリーを繰り返さなければなりません。このときのボルトも、一〇〇メートルと二〇〇メートルで決勝に進出するまでに、それぞれ二度の予選を戦わなければなりませんでした。さらに、四〇〇メートルリレーにも出場します。一つのレースを走り終えてから次のレースまでにいかにリカバリーするかは、パフォーマンスに大きく影響します。果たして、この油で揚げた鶏肉は、ボルトがこの大会で三個の金メダルを獲得するための燃料になりました[14]。ボルトは二〇一二年のロンドン・オリンピックと二〇一六年のリオ・オリンピックでも金メダルを三個獲得し、その際にもチキンナゲットを貪っている姿をカメラに収められています。

マクドナルドはオリンピックに協賛したことで、スポーツの身近にある食べ物というイメージを演出できました。しかしボルトが北京で三個の金メダルを獲得したのは、必ずしもチキンナゲットを大量に食べ続けたからではありません。それは、ボルトが世界最速の男だったからです。チキンナゲットは、ボルトがこの大会で九度レースを走るためのエネルギーを得るために、理想的ではないにせよ、十分な燃料でした。また、シーズン最大の大会を戦う選手にとって、満足感が得られ、胃腸を壊す心配のない食べ物が得られるのは大切なことでした。とはいえ、もしボルトがナゲット以外のものを食べていたら、パフォーマンスはさらに上がったのでしょうか？　おそらく、そうだったのかもしれません。しかしもっと重要な質問は、それがどれくらいの差になったのか、です。その答えは、ボルトの身体を高パフォーマンスのスポーツカーだと考えるとわかりやすくなります。どんな燃料を使うかはもちろん大切です。でも、スポーツカーの速さを決めるのは、なんといってもエンジンの排気量です。そしてボルトの身体には、桁違いのエンジンが積まれていたのです。

燃料に飢えた筋肉にとって、それがどんな食べ物から得られるかはたいした問題ではない、と前述したサイクリストの実験を監督したモンタナ大学の科学者ブレント・ルビーは言います（実験を実施したのは大学院生のマイケル・クレイマー）。この実験で被験者が食べたファストフードは、私たちが日頃口にする食べ物のなかで、特別に健康的なものだとは言えません。それは高度に加工され、添加物を多く含んだリカバリー食品でも同じです。それでも、どちらのカテゴリーの食べ物を摂取した被験者も、十分なパフォーマンスを発揮しました。「人間からみて健康的な食品かどうかは、筋肉にとってはたいした問題ではない。筋肉はとにかく炭水化物を求めていて、それを与えてもらえれば、とりあえずは満足するのだ」

甘いピーナッツサンドイッチでもＮＢＡチームの試合前の栄養源には十分

それでも、まだ肝心の質問が残っています。それは〝運動後には何を食べればいいの？〟です。端的に言えば、その答えは〝身体が求めているものを食べればいい〟です。たとえば全米プロバスケットボールリーグのＮＢＡでは、ピーナッツバターとゼリー《peanut butter and jelly》のサンドイッチ（ＰＢ＆Ｊ）がチームの主な軽食になっています。「ヒューストン・ロケッツでは、チームのキッチンでいつでもバラエティに富んだＰＢ＆Ｊが用意され（精白パンと小麦パン、トーストしたものとしていないもの、スマッカー社のイチゴとグレープのジャム、ジフ社のクリーミーピーナッツバターとクランチーピーナッツバター）、試合前にも一二個から一五個のサンドイッチが、ハーフタイムや試合後の機内でもＰＢ＆Ｊが振る舞われる」（ＥＳＰＮマガジンに掲載されたバクスター・ホームズの記事[15]）。二〇一五年にゴールデンステート・ウォリアーズのフィジカルパフォーマンス＆スポーツメディスンの責任者に就任したラックラン・ペンフォールドが、チームメニューからＰＢ＆Ｊを禁止しようとしたときには、選手から暴動も辞さないほどの猛反対を食らいました。ステフィン・カリーからＰＢ＆Ｊのメニューの一部（スマッカーのイチゴ味のジャム、スキッピーのクリーミーピーナッツバター）がなくなった不満を告げられると、それまではオーストラリア国立スポーツ研究所に勤めていたペンフォールドは、「申し訳ない。砂糖は身体に良くないんだ」と答えたものの、結局、ほどなくしてチームから離れました。

リーグコミッショナーのアダム・シルバーは、NBAのPB&Jについてのポリシーを尋ねられ、「私たちは、これは健全な軽食だという公式見解を持っている」と答えています。その理由の細かな説明は、この背広のボスに任せることにします。いずれにしても、わずかスプーン数匙のジャムが、激しい運動を終えたばかりの大柄な選手たちの身体に害悪のようなものになるという考えは、前述の記事に出てきた〝PB&Jを食べることで得られる快楽はヘロイン並みだ〟と断定する、ある栄養学の専門家の言葉と同じくらい馬鹿げています。約四〇〇〜五〇〇カロリー、炭水化物五〇グラム、脂質二〇グラム、タンパク質一〇グラムが含まれるPB&Jは、溶鉱炉のような代謝をしている試合日の選手が栄養補給をするための食事としては、悪くない選択だと言えます。

科学よりも流行に影響される〝アスリートの理想的な食事〟

スポーツと栄養の歴史を遡ると、〝アスリートの最適な食事〟は、科学よりもむしろ文化や伝統によって決められてきたという側面があることがわかります。ジェニファー・マックスウェルも、パワーバーを試作していた頃は脂質は悪者とされ、誰もが低脂肪の食べ物を求めていたが、〝脂質は身体に悪い〟という考えはもう過去のものになったと言います。現在では、添加物の多い加工食品より、〝ナチュラル〟な食品が好まれるという傾向が顕著です。〝健康的〟という概念の定義や望ましい食べ物は、時代とともに移り変わります。その変化は最新の研究をきっかけに起こることもありますが、食品の流行や市場動向の潮流が影響していることもたしかです。
私たちが何を信じ、何を期待するかは、味覚に大きな影響を及ぼします。研究によれば、人はまったく同じワインでも、安物ではなく高級なボトルから注がれたときに美味しく感じます。〝オーガニック〟だと言われたものを美味しく感じる（そして多目に金を出す）こともわかっています。[16]
チョコレートミルクについて考えてみましょう。私が子供の頃、チョコレートミルクは学校のカフェテリアでも週のうち決められた曜日にしか出てこない贅沢な甘い飲み物でした。それがいま、リカバリー飲料というイメージで新たに売り出されるようになっています。二〇一二年、チョコレートミルクが運動後のリカバリーを促すことを示す数件の研究が公開されると、[17]アメリカの牛乳製造業者が牛乳の販売促進を目的に、〝チョコレートミルクで身体づくり〟キャンペーンを開始しました。英バース大学のスポーツ栄養学者ジェームズ・ベッツは、これは栄養学の観点から見て妥当な主張だと述べています。低脂肪のチョコレートミルクにはタンパク質や炭水化物だけでなく、カリウム、マグネシウムなどの電解質も含まれます。「同じ目的で人工的にサプリメントを設計したとしても、チョコレートミルクのようなものになるだろう」
牛乳業界はこのキャンペーンによって、甘く、脂肪分の多い飲み物、という従来のチョコレートミルクのイメージから、運動後の栄養補給に効果的な健康的な飲料というイメージへの刷新を目指しました。アイアンマントライアスロン競技と複数年のスポンサー契約を結び、レースを終えたアスリートにチョコレートミルクを無料で振る舞いました。アスリートへのインタビューやSNSを活用した販売促進も展開しました。

チョコレートミルクには、どう発音すればいいのかわからない長い名前の添加物が山ほど加えられているスポーツ食品や飲料とは違い、天然素材であるという魅力があります。ココナッツウォーター（完熟前のココナッツに含まれる透明な液体）も、電解質であるカリウムが豊富に含まれることから、人工的なリカバリー製品とは違う〝天然のリカバリードリンク〟を売りにしています。市販のスポーツドリンクほどではありませんが、炭水化物とナトリウムも含まれています。しかし水分補給とリカバリーの面において、他のスポーツドリンクよりも優れているという研究結果は出ていません。それでも、ココナッツウォーターを用いた商品に高い人気が集まっていることを見ると、〝ナチュラル〟食品であることは、現代人にとって大きなアピールになるようです。

チェリージュースも〝ナチュラル〟な人気のリカバリードリンクになりました。二〇〇六年、モンモランシーチェリーのジュースを飲むと激しい運動をしたあとの筋肉痛が少なくなることを示す研究が発表され、[18] それ以降も七件以上の研究がチェリーを液体または濃縮で飲むとポジティブな効果（筋肉機能の向上や炎症の低減など）が得られることを示唆しました。モンモランシーチェリーはタルトチェリーの品種で、中西部で栽培されることが多く、アントシアニンやフラボノイドと呼ばれる抗酸化物質が豊富で、メラトニンも含まれており、良質な睡眠に役立つことを示す研究もあります。

これらの抗酸化物質の炎症軽減効果がすでに知られていることからも、このチェリージュースは有望だと言えます。それでも、これがアスリートにどれくらい有効かを知るには、さらなる検証が必要です。抗酸化物質が運動後の筋肉痛を低減させる効果に関する研究五〇件を対象にした調査研究によれば、その効果はごく微量なものでした。[19] それでも、チェリーの生産者はマーケティングキャンペーンを推進していて、その人気もこのまま持続しそうな勢いです。

どうやら私たちは、〝スーパーフード〟に目がないようです。ＰＢ＆Ｊのようなお馴染みのものであれ、チョコレートミルクのようなリブランドされたものであれ、チェリージュースのように〝再発見〟されたものであれ、私たちは特別な力を与えてくれる成分や化合物を含んだ万能薬のような食品を求めているのです。そして広告主たちは、私たちにそんなスーパーフードを差し出そうと、常にチャンスを窺っています。

空腹感は最高精度のセンサー

ＩＴ社会では、アスリートは〝何を食べるべきか〟という問いの答えをアプリや科学の公式に頼りがちです。しかし、アスリートはもっと〝身体の声に耳を傾けること〟を重視すべきです。水分補給のための〝喉の渇き〟と同様、私たちの身体には大切な情報を知らせてくれる機能が備わっています。そう、〝空腹感〟です。

私たちは、大量の広告や食品に晒されています。「現代人は、身体が発する空腹信号に耳を澄ますことが難しくなっている」。オリンピックに三度出場し、二〇〇八年北京オリンピックの一万メートルで銀メダルを獲得し、二〇一七年のニューヨークシティマラソンで優勝した長距離ランナー、シャレーン・フラナガンは言います。[20]「だから私は懸命に身体の声に耳を傾ける」。最初はエネルギーバーや他のスポーツ食品も試してみたのですが、美味しくは感じられませんでした。「タンパク質を四〇グラムもとれるというエネルギーバーを恐る恐る食べてみたけど、チョークみたいな味がした」。チャペルヒル・ランニングチームのチームメイトだったエリス・コペッキーはノースカロライナ大学を卒業後にシェフになり、チームの栄養コーチになりました。フラナガンはコペッキーと共者で、ランナーのための料理書『Run Fast.Eat Slow.』を出版し、加工品ではない自然食材を用いたシンプルな料理の良さをアピールしました。「エリスは栄養があって美味しいリカバリー食品を自作できることを教えてくれた。こうした料理を手作りできると気づいたのは、大きな変化だった」

フラナガンは栄養に細心の注意を払っていますが、数式や厳格なルールには従っていません。「大切なのは何を食べるか。未加工の自然な食品を選び、あとはカロリーも計算しないし、太ることも気にしない。身体に良いものを選ぶ、それがすべてよ」

持久力アスリート、特に長距離ランナーは、カロリー計算や減量に苦労しています。「軽くて痩せているのはこの競技の選手にとって重要。荷物が少なければ四二キロを走るのもその分だけ楽になるから」。フラナガンは言います。「でも栄養が不足していると、エネルギーがなくなり前に進めなくなる。エネルギーを得るために筋肉が分解され始めるわ。これは一種の共食いで、怪我などの問題も起こりやすくなるの」

現在では、食べる量が少ないと、リカバリーや適応が大きく阻害され、長期的な健康問題につながる可能性があることがわかっています。この問題は、もともと女性アスリートに見られることが多いために注目されたもので、主な三つの障害（「摂食障害」「無月経」「骨粗鬆症」）を指して、「女性アスリートの三主徴」と呼ばれました。現在一つめの問題は、「ＲＥＤ‐Ｓ（Relative Energy Deficiency in Sports／スポーツにおける相対的なエネルギー不足）」と呼ばれることが多くなっています。女性だけではなく男性アスリートも、食べる量が少ないと代謝やホルモン、骨の問題を抱えやすくなるという認識が高まったためです[21]。たしかに、体重を軽く保つことはパフォーマンスの向上に役立ちます。しかし、紙一重の違いでデメリットも生じます。身体が脆弱になり、パフォーマンスとリカバリーにも悪影響が生じるのです。

フラナガンにとっての答えは、カロリー計算ではなく、ヘルシーな食材の選択に専念することでした。キッチンにはこうした食材をストックしておいて、いつでも食べられるようにしています。運動後に食べるために、ヘルシーな食材をたっぷり使って、自ら「スーパーヒーロー・マフィン」や「ギディアップ・エネルギーバイツ」と楽しく名付けた軽食を作り置きし、時間がなければナッツやデーツをつまむといった工夫をしています。

〝決められた時間内に理想的な栄養を〟という強迫観念からの解放

栄養学の専門家によれば、ごく短時間でリカバリーをしたい場合（競泳や陸上で一日に何度もレースがあるときなど）は、できるだけ早く炭水化物やタンパク質を補充すべきです。「次のレースまでに数時間しかない場合は、特に重要だ」（トライアスリートのスポーツ栄養学士アスカー・ジューケンドラップ）。しかし、マラソンや週末サッカーなど、数時間後に再び運動をする必要がない場合は、いつエネルギーを補充するかは重要ではなくなります。

同じく、トレーニングへの適応を目的にしているシーズン前のアスリートの場合も、ごく短期間でリカバリーを得ようとして運動直後にエネルギーを補充する必要はありません。「短時間のリカバリーにとって良いことが、長期的なリカバリーのためには悪いことになる場合もある。リカバリーの速度を上げようとして長期的な適応が犠牲になる可能性があるからだ」とジューケンドラップは言います。たとえば、抗酸化物質は短期的なリカバリーに役立つかもしれないと考えられていますが、長期的な適応を妨げるとも言われています。「抗酸化物質をとると炎症が抑えられ、翌日に筋肉痛が若干減ることを示すエビデンスはある。だが炎症こそが、身体がトレーニングに適応するために必要なものなのだ」。抗酸化物質を多くとると運動への適応が鈍ることを示す研究は数件あります。[22] ただしジューケンドラップは、抗酸化物質と適応の関係にはまだ不明な点があり、すべての研究が、抗酸化物質が適応を妨げる（あるいは炎症を減らす）と示唆してはいないとも指摘しています。

運動後のグリコーゲン補充を遅らせることで生じる作用についての研究もあります。しばらく栄養をとらずに身体に長めにストレスを与えれば、運動への適応効果が高まるのではないかと考えられているからです。同様に、「トレーニング・ロー」と呼ばれる概念も提唱されるようになっています。これは、身体が糖質をあまり使えない状態（筋肉や肝臓のグリコーゲンが枯渇しているか、炭水化物を運動前または運動中に摂取していない）でのトレーニングを指します。糖質がどれだけ利用できるかは、タンパク質合成（トレーニングへの筋肉の適応における重要なプロセス）を促す遺伝子発現の変化と関連すると考えられているためです。研究は「トレーニング・ローは」は有益な分子変化をもたらす可能性があると示していますが、それがパフォーマンスの向上につながることを示唆する証拠はまだ多く見つかっていません。

「トレイン・ロー、レース・ハイ」（グリコーゲンが低い状態で練習をして適応を高め、グリコーゲンをたっぷり摂取してレースに挑む）という考えは興味深いものですが、その仕組みとメリットを深く理解するための証拠が不十分なままでは、〝栄養摂取には特別なタイミングがある〟という考えと同じく、初歩的な科学的発見が示唆する効果が、十分な検証もないまま過大に扱われて独り歩きするような事態になりかねません。栄養摂取のピリオダイゼーション（期分け）についてはさらなる研究が必要ですが、現時点で言えるのは、未来のリカバリー栄養は、最新のトレーニング計画と同じようなものになるだろうということです。つまり、シーズン前は適応を促すことに、競技シーズン中はエネルギーを補充することに、それぞれ重点をシフトしていくというものです。このアプローチが栄養摂取のタイミングと同じ運命を辿るのか、信頼できる法則になるのかは、時の答えを待たなければなりません。

巷にはアスリートの栄養に関するアドバイスが溢れています（そして、その多くは内容が相反しています）。おそらくもっとも重要なアドバイスは、〝私たちの身体は、少しでもバランスを崩したらどちらかに激しく傾いてしまうシーソーのようなものではない〟ということです。人間の身体は、ホメオスタシスを保つための高度な適合性を備えています。スポーツ栄養学者のジェームズ・ベッツも、どれだけリカバリーの方法が不適切でも、人間の身体は驚くほどの回復力を見せると言います。「数日間くらい練習を休んでも問題はない。身体はそれまでの状態を保とうとしてくれる」。ツール・ド・フランスのサイクリストのように、ハードなレースを終えた翌日にできる限り疲労を抜いておくことが求められるのではない限り、運動後の栄養補給の正確なタイミングは、生きるか死ぬかといった重要な問題ではありません。「いつも通りの時間に普段と同じ食事をすれば、十分に栄養を補給できる」

スポーツ食品メーカーには、〝アスリートにはこの製品が必要だ〟という考えを売り込むための強い動機があります。しかし、リカバリーにとってただ一つの理想的な食べ物がある、という考えは単純すぎますし、〝正確な時間に理想的な食品をとらなければならない〟という考えが頭から離れなくなると、そのことがストレスになって逆効果になることもあります。必要なカロリーと栄養素をとり、健康的な食生活をしている限り、トレーニングの後にとるものがなんであれ、問題はありません。何をいつ食べるべきかについての情報が飛び交う現代社会にあって、〝栄養のある健康的な食事をとっていれば、あとは身体の適応力を信頼すればよく、理想的な食事とタイミングを守らなければならないという強迫観念に取り憑かれる必要はない〟、という事実は、私たちにとって大きな救いになるのではないでしょうか。

第四章　アイシング――患部を冷やすのはリカバリーには逆効果？

その写真のレブロン・ジェームズは、いまにも叫び出しそうなしかめっ面をしています。氷を張ったバスタブに腰を沈め、凍えるような冷水から上半身を浮かせるために両手で縁をつかんだNBA（全米プロバスケットボール）クリーブランド・キャバリアーズのスター・フォワードの肩の筋肉が、逞しく隆起しています。ジェームズは写真に「トレーニングキャンプは楽じゃない！」とコメントを付け、「#MyFaceTellItAll」（俺の顔を見ればわかる）、「#ThisTubColdAsYouKnowWhat」（想像通りの冷たさ）、「#StriveForGreatness」（栄光に向かって頑張る）というユーモラスなハッシュタグを添えています。(1)三〇〇〇万人近くのインスタグラム・フォロワーに共有されたこの写真が発するメッセージは明確でした。そう、ジェームズはハードなトレーニングをしているだけではなく、ハードなリカバリーをしているのです。

ジェームズが参加していたこうしたトレーニングキャンプの目的は、高強度のトレーニングセッションを一日数回行い、アスリートの身体を限界まで疲労させて「超回復」を導き、速く、強く、優れたものになるよう適応させることでした。

超回復には苦痛が伴います。そして、アイシングは（直感には反するものの）痛みに対処するための一般的な方法です。最初は身を切るように冷たく感じますが、次第に患部が麻痺し、痛みが和らいだという感覚が得られます。氷で身体を冷やす風習は古くからありましたが、スポーツ界で一般的になったきっかけは、ガブ・ミアーキン医師が一九七八年の大著『ザ・スポーツメディスン・ブック』で「RICE（ライス）処理」（Rest：安静、Ice：冷却、Compression：圧迫、Elevation：拳上）という、スポーツで怪我をしたときの応急処置の原則を表す略語に言及したことでした。[2] この略語は一九〇六年から医学雑誌に登場していたものですが、[3] ミアーキンが二五年間にわたって健康とフィットネスに関する全国放送の視聴者参加型のラジオ番組で何度も触れたこともあって、スポーツ医学の世界に広く定着していきました。

患部に血液や炎症性細胞が送られるのを防いで治癒を早めようとするRICE処置は、捻挫や肉離れ、筋肉疲労の標準的な治療法になりました。四十年前にミアーキンがスポーツ傷害にRICE処置を推奨して以来、アイシングは関節の捻挫や肩の痛みなどに苦しむ人にとっての定番の対処法になりました。足首を捻ったときに、アイスパックを当てるようにと言われたことのない人はいないのではないでしょうか。現在では、アイスパックは頭痛薬のアスピリンと同じくらい広く普及し、どのトレーニング施設にも用意され、どのドラッグストアでも売られています。

コールドバスやアイスタブは、スポーツ界の人気のリカバリー器具になりました。高校や大学、プロトレーナーの施設にまず一つは備えてあるアイスタブに浸かることは、この一〇年から一五年のあいだに、各競技のアスリートにとってトレーニング後の定番儀式になりました。何より、アイシングは安価で手軽です。氷を入れた袋やバスタブ、ドラム缶があれば、ものの数分で簡単に低予算のアイスバスをつくれます。

どのスポーツにもアイシング愛好家がいます。女子マラソンの世界記録保持者ポーラ・ラドクリフがアイスバスを習慣にしていることは一般ランナーのアイシング人気を高めましたし、同じくアイスバスのファンだというサーファーのケリー・スレーターも、氷水がたっぷりの金属の浴槽に浸かり、今すぐ外に飛び出そうな雰囲気で両腕を宙に浮かせ「痛い！」と言わんばかりに唇をすぼめた写真をインスタグラムに投稿しています。(4) NFLのトレーニングキャンプ中に各チームの選手がアイスタブで震えている光景はもはやお馴染みですし、二〇一六年の夏にはワシントン・レッドスキンズのディフェンシブ・ラインマン、クリス・ベイカーの隣で、体当たり取材を実践すべくプラスチック製の氷風呂に身を浸しながらインタビューをしたESPNの記者もいました。ニューカッスル・ユナイテッドのサッカー選手一〇人も、夏のトレーニングの後で氷入りの子供用のビニールプールに浸かる姿が写真に収められています。ロックスターも氷風呂を使っています。マドンナはローリングストーン誌のインタビューで、コンサートでハイヒールを履いて何時間も踊り続けた後は、一〇分間のアイスバスでリカバリーするのが好きだと答えています。(5)「入るときはものすごく痛いけど、すぐに気持ちがよくなるの」

アイスバスの刺すような冷たさは達成感をもたらします。氷水は、少しずつ身体を慣らせません。足を入れると、冷たさで反射的に引っ込めてしまうからです。だから、決意を固めてザブンと身を浸します。数秒間は、今すぐ外に飛び出したい衝動にかられます。つま先がジンジンし、足は痛み、ふくらはぎや太ももは灼けるように疼きます。睾丸は内側の鼠径管に向かって縮こまります。ある専門家は、匿名を前提に「アイスバスのなかで勃起する男性はいない」と教えてくれました。

実はこうした苦しみと、忍耐力や〝何かを得るには痛みが伴う〟という考えが美徳とされるスポーツの世界との相性は悪くありません。アイシングの強い痛みには、その有効性を信じさせる効果がありま す。科学では、これをアクティブ・プラシーボ効果と呼びます――人は治療が痛みを伴うものだと、〝痛いのは効いている証拠だ〟と考える傾向があるのです。

アイシングは、次のような理論的根拠によってリカバリーに効くとされています。〝まず、冷たさで交感神経線維が刺激されて血管が収縮し、患部を守るために心臓に向かって血液が送り返される。患部への血流が減少することで、炎症反応などの代謝が遅くなり、腫れも抑えられる。氷水の圧力も、筋肉や血管を圧縮して腫れや炎症を抑える。患部を麻痺させて一時的に痛みを和らげる効果もある〟。

炎症の抑制効果は、当初からアイシングのセールスポイントでした。しかし最近、RICE処置を世に広めた、他ならぬあのミアーキンが、かつてはその効果を絶賛していたアイシングを批判するようになっています。ミアーキンは私の取材で、アイシングが一時的に患部の痛みを軽減するのは間違いないが、そこには代償もある、と答えました。「免疫反応を弱らせれば、筋肉の治癒も遅れてしまう」(6)「アイシングが炎症性サイトカインをブロックすることを示す研究が何件もある」。ミアーキンは現在、アイシングは治癒やリカバリーを促すのではなく、逆にそれらを損なうと考えるようになったといいます。そのきっかけになったのが、ある人物との出会いでした。

アイシングは、炎症という治癒プロセスを遅らせてしまう

ゲイリー・ラインルはアイシングへの世間の誤解を解くために戦いを続けている、〝ゴールド・ウォリアー〟です。灰色の長髪に野球帽を被り、日に灼け細く引き締まったマラソンランナー特有の身体つきをしているラインルは、ラスベガスでパーソナルトレーナー業を営み、健康・フィットネス業界で四〇年間の経験があります。過去には、負傷した労働者向けのリハビリプログラムや、全米の高齢者施設で採用されている筋力向上プログラムも開発しました。二〇一六年の夏にはホワイトハウスの医療部門への貢献で表彰され、プロのゴルフ、テニス、クロスフィットの選手や、NFLやMLB、NBA、NHLチームの顧問も務めました。妊娠後のフィットネスや脂肪燃焼についての著作もありますが、最近自費出版した『Iced!』は、今取り憑かれている、〝アイシングはスポーツ傷害や筋肉疲労に効果はない〟というテーマで書かれた本です。

医師でも科学者でもコーチでもないラインルは、「真実を世に知らせて人助けをしようとしているジャーナリストのような仕事」をしていると自称します。アイシングに懐疑的になったきっかけは、一九七一年の夏に遡ります。高校の最終学年を迎えたとき、〝懸垂の校内新記録を出す〟という目標に燃えていました。必要な回数は四二。練習を重ねて二〇回に到達したとき、この調子なら年末には記録を破れる、と周りに宣言しました。その噂を聞きつけたライバルが、〝自分は四〇回できる、すぐに記録を破ってやる〟と息巻きました。「心が挫けた」というラインルは、ライバルの強さに怖じ気づき、目標を諦めてしまいました。その年の後半に二人がマリン・フィジカル・フィットネス・チームのトラ

イアウトに挑んだとき、種目に懸垂がありました。ライバルは、たったの一五回しかできませんでした。それを目にしたラインルは「吐き気がした」と言います。嘘の言葉に騙されて〝ライバルは強い〟と思い込んでしまったために、夢を逃してしまったのです。

以来、自分の目で確かめずに何かを鵜呑みにするのは止めました。「根拠のない主張にはできる限り気をつけ、受け入れないようにしてきた」。そのキャリアを通じて、常識の嘘に挑み続けました。たとえば、〝妊娠中の筋トレは良くない〟（実際には気分が向上するなどのメリットがある）、〝高齢者には筋トレは無意味〟（実際には筋力が向上し歩行器や車椅子に頼らずにすむケースがある）、などです。

その最新の使命はシンプルです。〝捻挫や筋肉痛を氷で冷やして治そうとするのは間違い〟という考えを世に広めることです。ラインルはミネソタ州セントポールにある〝トンデモ医療機器博物館〟(Museum of Questionable Medical Devices）の話をするのが好きです。(7)「あの博物館に〝アイスパック〟が加えられるまでは、休んでなんかいられない！」

長年、世界中のスポーツチームや軍のエリート部隊、コーチやトレーナーを指導してきました。「みんな、私に会うまではアイシングをしていた。〝なぜアイシングをするのか？〟と尋ねると、〝炎症を防ぐため〟という答えが返ってくる。だが、炎症を防いだり抑えたりする必要などない。炎症が起こらなければ治癒もない。炎症こそが、身体が患部を治そうとする作用なのに！」。アイシングにまつわる通説の馬鹿馬鹿しさへの苛立ちをなんとか抑えようとしながらも、自然と語気は強まります。「アイシングでは何も防げない。それは治癒を遅らせているだけなのだ」

ラインルの言い分に耳を傾けるには、まず激しい運動後に身体内で何が起こっているかを理解しなければなりません。ハードトレーニングの一般的な（痛い）後遺症は、遅発性筋肉痛（DOMS）と呼ばれる筋肉痛です（私が初めてガーフィールド・グランブルを走ったときに体験したのもこれです）。遅発性筋肉痛は通常、運動の約二四～七二時間後でピークに達し、筋肉を伸ばす動きをしているときに強い負荷がかかると起こりやすくなります。相反する力で引っ張られることで、細かな筋繊維が裂けるためです。

身体は傷ついた組織を片付け、修復するために、患部に掃除隊を送り込みます。このプロセスによって、筋肉は強くなります。同じ激しい運動を繰り返すと、次第に遅発性筋肉痛が減っていくのもこのためです。筋肉が運動に適応して強くなり、耐久力がついたからです。

そして、この掃除と修復のプロセスこそが炎症の正体なのです。ラインルの基本的な主張はこうです。〝炎症は身体が患部を治癒しようとするプロセスである。アイシングは、身体が怪我や筋肉痛を癒やそうとするこのプロセスを遅らせてしまう。これは高速道路での事故に喩えられる。路上に事故車があれば、他の車は救急車が速やかに現場に近寄れるように車線を空ける。捻挫や筋肉痛でも同じで、免疫系が現場で即座に仕事ができることが重要だ。それなのに、アイシングは血液の流れを止め、免疫系の反応を遅らせる。それはせっかく救急車が事故現場に向かっているのに、高速道路の入り口を塞いでしまうのと同じことだ。救急隊員が仕事をできないのだから、当然、リカバリーは遅れてしまう〟。

ラインルは、アイシングで腫れや炎症を抑えようとすることには意味がないと言います。それは単に患部に血液が流れ込むのを遅らせるだけで、アイシングを終えて血流が正常に戻れば、腫れや炎症は再開するからです。ミアーキンもラインルの主張に同意し、『Iced!』の序文にこう書いています。「ゲイリー・ラインルは、患部を冷やし、固定することがリカバリーを遅らせることを世に知らせるために、誰よりも多くの仕事をしている」

ラインルのメッセージはショックとともに受け止められることがあります。その情熱的な語り口は、ときとして定説への辛辣な批判を含んでいるからです。そして、その論拠となる研究結果もあります。

「そんな馬鹿な話は聞いたことがない、という反応をされることも多い。だけど誰一人として、私の主張に理路整然と反論できない。せいぜい、インターネットで拾ってきた怪しい説を持ち出してくる程度だ」

最近の研究は、アイシングはリカバリーを促すのではなく妨げる、というラインルの説を裏付けています。二〇〇六年の研究では、被験者に両手両脚を使って固定式自転車（エルゴメーター付）とハンドグリップの運動をさせた後、片方の腕と脚をアイスバスで冷やす、というトレーニングを四～六週間続けさせたところ、冷やした手足のほうがパフォーマンスの伸びが低いことがわかりました[8]。氷は運動で生じた腫れの痛みを和らげても、治癒は促さないようです。

二〇一三年の研究では、腕の伸張の運動をした後で筋肉に一五分間コールドパックを当てた被験者群のほうが疲労度が高く、リカバリーも遅れていることがわかりました[9]。二〇一五年の実験二件を対象にした研究も、筋力トレーニング後に筋肉を冷水に浸すと筋肉量の増加量が少なくなり、骨格筋での重要なタンパク質の活性化も鈍ると報告しています[10]。

こうした研究の影響もあり、ラインルはスポーツ界の重要人物から注目されるようになりました。著名な理学療法士で、サンフランシスコ・クロスフィット＆モビリティWODの創業者であるケリー・スターレット[11]も、ラインルからアンチアイシングの説明を受けている様子を撮影した動画をユーチューブに投稿し、二〇万回以上も再生されています。[12] スターレットはこの件について、聖域に踏み込む勇気を持つべきだという意味で、「聖なる牛を殺す準備はできているか?」(〝Ready to slay a sacred cow?〟)というタイトルのブログを投稿しています。[13]「アイシングはやめるべきだ。これまでの考えは間違っていた」とスターレットは私に言いました。理学療法士の多くがそうであるように、かつてはアイシングの支持者だったスターレットにとって、それを否定するのは簡単ではありませんでした。モビリティWODメンバーにはこう書いています。「個人的に、アイシングについての巨大な誤解を打ち砕くのは大変だった。それまでの定説を否定するのは簡単じゃない。でも、それまでしてきたことの理由が、ただ周りがそうしていたから、という場合だってある。探究すれば、今よりも良い方法は見つかるんだ。アイシングの習慣をやめよう」

ラインルが〝メルトダウン〟と呼ぶこの反アイシングの主張を始めたのは、アイシング人気がかつてないほどの高まりを見せていたときでした。腕や肘、膝などにアイスバックで固定できるアイスリーブやアイスカフといった新しい器具が登場し、SNSでさかんに宣伝されているなかでは、[14] いくらその欠点を示唆する証拠があったとしても、誰もが一気にアイシングや冷却療法に見向きもしなくなるといった状況になることは考えにくいのが現実でした。

冷却療法が効果的なのは、ごく短時間で次の運動をしなければならないときだけ

ショーナ・ハルソンは世界屈指のリカバリーの専門家です。[15] リカバリー生理学者としてオーストラリア国立スポーツ研究所(AIS)のリカバリー部門の責任者を務める温かく、陽気な女性で、オースト

ラリア訛りの英語には親しみやすさを感じさせます。父親がフットボールコーチで体育教師というスポーツ一家で育ち、学生時代は陸上の短距離競技に打ち込みました。「全力疾走が好きで、一〇〇メートルでも長すぎ、六〇メートルがちょうどよかった」。テニスもしましたが、「月並みな選手だった」と言います。「スポーツ科学者の典型例ね。スポーツはしていたけど、トップレベルでプレーしたことはない」。アスリートのリカバリーを指導することで、スポーツと関わり続けられるのが喜びです。

慢性疲労症候群の研究で優等学位を取得し、博士課程で取り組んだのはオーバートレーニング症候群。「リカバリーに関心を持つようになったのは、疲労に興味があったから」。しかし疲労は複雑な現象で研究するには難しかったため、博士号取得後はそれよりも（いくらかは）簡単に測定・評価ができるリカバリーを研究対象に選びました。リカバリーはスポーツ科学界でも研究テーマとしても脚光を浴びていましたし、アスリートもトレーニングの質と量を高めるほど効果的なリカバリーが重要になると注目するようになっていました。二〇〇二年以来、オーストラリア国立スポーツ研究所では競泳や自転車競技をはじめとする各種競技のオリンピック選手を指導し、二〇二〇年の東京オリンピックで新種目に選ばれたサーフィンのオーストラリア代表チームとも関わっています。

一五年以上にわたり、この分野の代表的な研究者としてリカバリー研究に精通し、その科学的知見をアスリートに応用してきた経験を持つハルソンは、アイシングと冷却療法には、二つの競合する理論があると言います。一つは、〝炎症は抑えるがトレーニングへの適応が阻害される〟。もう一つは〝痛みや筋肉痛が緩和されるので、短時間のインターバルで再びハードなトレーニングができる〟です。どちらが正しいのか、答えはまだ出ていません。ハルソンはこの二つは状況によってどちらも正しいと見なせると考えていますが、この分野は急速に研究が進んでいる途中であり、結論を急ぐべきではありません。

研究が明らかにし始めているのは、リカバリーも、トレーニングと同じく「ピリオダイゼーション」(期分け)のアプローチをとるべきだということ。毎日同じことを繰り返すのではなく、そのときのトレーニングの目的に合わせてリカバリー手法を変えていくのです。たとえばシーズン前は、身体をトレーニングに適応させ、シーズン開始後のパフォーマンスを高めることが目的です。重要なのは適応であり、長期的にメリットが得られるのであれば、目先のパフォーマンスを諦めてもかまいません。これは、プレシーズンのトレーニングキャンプ中でNFLやNBAの選手がアイスバスを使うことへの否定になります。一方で、適応がほぼ達成された後のシーズン中では、目的は短期的なパフォーマンスを上げることです。リカバリー手法は、トレーニングの目的に応じて柔軟に変えていくべきなのです。

ハルソンによれば、現時点のエビデンスは、アイスバスは筋力トレーニング後のリカバリー手法としてはあまり好ましくないことを示しています。超回復による身体の強化を目的とするトレーニングにとっても、最善のアプローチではありません。アイシングや冷却療法からメリットが得られると考えられているのは、大会期間中などにごく短期的のリカバリーが必要で、長期的な適応を気にしなくていい状況です。つまり、陸上大会の予選と決勝のあいだや、クロスフィットゲームでのワークアウトのあいだなどに、気分が良くなるのならアイシングやアイスバスを利用してもかまいません。また、アスリートが強い疲労感を覚えているときにも冷却療法にはメリットがあると考えられます。ただし、トレーニングキャンプやハードトレーニングで最大化の効果を得たいのなら、氷を使うのは避けたほうがいい、というのがハルソンの見解です。

氷水に浸かったアスリートは、〝気分が良くなった〟という小さいが意味のある改善を報告しています。二〇一一年にインターネット公開されたブリティッシュ・ジャーナル・オブ・スポーツメディシン誌によるメタ解析でも、アイスバスが筋肉痛の知覚を一六パーセントも低下させるという結果が出ています。[16] しかし問題もあります。アイスバスの実験では、盲検法（被験者に実験対象が何かを悟られないようにすること）が難しいのです。被験者はアイスバスに浸かればそのことに否応なく気づきますし、〝アイスバスはリカバリーに役立つ〟という考えがあるのを知っていれば、プラシーボ効果の影響を受けやすくなります。〝メリットが得られるかもしれない〟という期待は、実際に効果が得られたという感覚につながりやすいのです。

筋肉痛の知覚が一六パーセント減るのは、大きな意味のある違いなのでしょうか？　答えは、〝そう呼べなくもない〟という程度です。前述の研究によれば、日常生活ではっきりと知覚できる痛みの減少率は、一四～二五パーセント以上。[17] この研究で示された一六パーセントが、日常的に感じられるかどうかの境界線上のレベルだったことがわかります。

アイスバスの最大の利点は、心理的なものかもしれません。二〇一四年の研究では、巧妙なプラシーボ群を用いてアイスバスの効果をテストしました。両群の被験者は室温の水を張った浴槽に浸りますが、プラシーボ群のみ事前に偽の痛み止めクリームを身体に塗ります。[18] その結果、このプラシーボにはアイスバスと同じような効果が見られたのです。この研究では、筋肉痛は主観的な感覚で判断されるものだと述べられています。その場合、アイシングが筋肉痛を和らげるように感じられるのは、実際に生理学的な変化が起きているからなのか、それとも「アイシングで筋肉痛が和らぐ」という期待からもたらされたものなのか、はっきりと確かめるのは難しくなります。

アイシングの魔法を疑問視する人は増えています。ニューヨークのスポーツ医学&アスリート・トラウマ・ニコラスインスティテュートのディレクター、マラキ・マクヒューはスポーツ好きなアイルランド人で、ゲーリック・フットボール（ラグビーに似たアイルランドのスポーツ）をプレーしています。ある夕方、グラウンドに行くと、先に練習を終えていたマンハッタン・カレッジのサッカーチームの選手たちが、氷水を入れたドラム缶に浸かりながら、「君はスポーツ科学者なんだろ？　教えてくれ。実際、アイスバスには効果があるのか？」と尋ねてきました。マクヒューは答えました。「残念ながら、アイスバスは人間じゃなくビール缶を冷やすのに使った方がいいよ」

私はアイスバスの最大の効果は、アスリートに〝自分はリカバリーのために何かをしている〟と思わせることではないかと考えるようになりました。それは生理学的な変化は起こさなくても、価値があることです。女子マラソンの世界記録保持者、ポーラ・ラドクリフのように、ハードな努力をアイスバスで締めくくることを習慣にすれば、氷水に浸かることで良い心理的反応を起こさせるようになるはずです。デザートが食事を終える合図になるように、アイスバスは身体にトレーニングが終わり、リラックスする時間が来たことを告げる合図になるのです。率直に言えば、そのためのもっと快適な方法はいくらでもあると思うのですが。

クライオセラピーには本当に効果がある？

いくつかの戦いに勝ったとはいえ、ゲイリー・ラインルがこのコールド・ウォーに勝利を収めるための道のりは遠いと言えそうです。現在では、アイスバスの進化版ともいうべき、クライオサウナやクライオチャンバーと呼ばれる装置を使ったリカバリー手法を取り入れるアスリートが増加しています。これは冷気や液体窒素によって身体を瞬間的にマイナス摂氏一五〇度もの超低温にさらすというもので、〝全身冷却療法（クライオセラピー）〟と呼ばれ、もともとリウマチ治療に携わっていた日本の医師、山内寿馬が一九七〇年代後半に始めたものです。山内は、冬の休暇でスキーや運動を楽しんだリウマチ患者に病状の改善が見られることに気づき、診療所でこのアプローチを再現しようとして全身冷却療法を発明し、冷却療法に関する米国特許も数件所有しています。[19] 最初のクライオチャンバー（全身冷却装置）は一九八〇年頃につくられ、その技術はすぐにポーランドとドイツに広まりました。

関節リウマチなどの炎症性疾患の治療法として始まった全身冷却療法は、やがてスポーツの世界にも取り入れられるようになりました。ダラス・マーベリックスは二〇一一年のNBAチャンピオンシップ・シーズン中にクライオセラピーを使用し、ポイントガードのジェイソン・キッドはこれを元気を取り戻すための秘密兵器だと表現しました。他にも、野球のカンザスシティ・ロイヤルズ、ナイキのオレゴンプロジェクト・ランニングプログラム、ミズーリ大学陸上競技部、フットボールのダラス・カウボーイズなどをはじめとする多くのトップスポーツの現場でこの技法が導入されています。

「クライオセラピーはアイスバスのステロイドみたいなものだ。そして、焼け付くような痛みや不快感もない」と言うのはカイロプラクターのライアン・タッチシーラー。デンバー一帯で展開する数件のクリニックでは、料金五〇ドルで二、三分間冷たい液体窒素に全身を浸せます。顧客にはNHL（米ナショナル・ホッケー・リーグ）ロサンゼルス・キングスのキーパー、ジェフ・ザットコフ、MMA（総合格闘技）のJ・J・アルドリッチ、ラインバッカーのフォン・ミラーやコーナーバックのアキブ・タリブ（現ロサンゼルス・ラムズ）をはじめとするNFLデンバー・ブロンコスの選手も含まれます。

「身体が本当に痛むとき、クライオを使うんだ。リカバリーに役立ち、元気になってフィールドに戻れる」。二〇〇八年からNFLでプレーするタリブは、若い頃はリカバリーにあまり注意を払っていなかったと言います。「でもあるときに気づいたんだ。八年、九年、一〇年と長く活躍する選手は、みんな身体を十分にケアしている」。現在では、リカバリーを重要な仕事の一部と見るようになりました。「筋肉は道具。車のタイヤと同じさ。メンテナンスが必要なんだ」。アイスバスだけや温冷交代浴（血流を促すために冷水と温水の浴槽に交互に浸かる方法）も実践していますが、これらは時間がかかります。クライオセラピーでは、装置のなかで三分間、立って冷気を浴びるだけです。「二分を過ぎると、冷たさが増して刺すような痛みも感じる。でも一分間、我慢すればいい。アイスバスだと五分は水に浸かっていないといけないし、寒さで全身の感覚も麻痺してしまう。クライオをするのは、トレーニングキャンプできつい練習をしていて、翌日のトレーニングまでにリカバリーが必要なときだ。フォン・ミラーと一緒にクリニックに行く」

タリブの話を聞くだけでは満足できない私は、極寒の一二月の日に、実際にデンバーにあるタッチシーラーの「5280クライオリカバリークリニック」を訪れました。冷たい冬の朝で、極寒の冷気を浴びるためにクリニックに行くのはもちろん、家の外に一歩出ることすら馬鹿馬鹿しいと思えるくらいでしたが、それでも私は使命感に燃えるジャーナリストとして、噂のハイテク装置を試さないわけにはいきませんでした。前日に長い距離をランニングしていたこともあって、クライオサウナが筋肉痛にどれくらい効くのか、早く体験して試してみたいという思いもありました。

茶色い短髪と整えられた顎髭、クリスタルブルーの瞳のタッチシーラーは、ジーンズにブロンコスのパーカー、クリニックのロゴ入りの野球帽という恰好で、リカバリービジネスで成功したカイロプラクターというよりも、スポーツバーで見かける気さくな男性という雰囲気です。テキサスとオクラホマで薬局チェーンを経営していた父親から商売のコツを学び、コロラドやカンザスでの診療所など複数の事業を展開し、カンザスとノースダコタの牧場で家族が生産したアンガスビーフも販売しています。

高級オフィス地区にあるクリニックの堅木張りの床にはたっぷりと光が差し込み、明るく陽気な空気が感じられます。フロントデスクの後ろの明るい青の壁に目立つように掲げられている、関節にギアを装着した短距離選手が走る絵を用いた精巧なクリニックのロゴは、冷却療法マシンにも使われていました。SNSに投稿されたときにブランディングに役立つから、とタッチシーラーは説明しました。

クライオチャンバーは、どの診療所にもあるような小部屋に置いてありました。それはNFLのラインバッカーくらいの大きさの金属タンクで、隣室にある冷却用の液体窒素と壁穴を通る細いガス管で繋がっています。価格は一台五万ドルから六万ドルで、この診療所には一〇台あります（そのうち二台は移動式で、RV車に積んでジムやイベント会場に運べます）。二〇一八年一月、タッチシーラーはアキブ・タリブとフォン・ミラーがダラスに開業したフットボール用トレーニング施設でも、冷却療法とリカバリーの施設をオープンしました。

私は更衣室で服を脱ぎ、靴下とローブ、タッチシーラーから渡された手袋だけの姿になりました。少しでも湿っていると凍結して皮膚に張り付いてしまうからと、靴下も脱ぐように言われました。NBA

クリーブランド・キャバリアーズの選手だったマニー・ハリスは二〇一一年、濡れた靴下を履いたままクライオセラピーをして足を低温やけどさせたと言われていますし[20]、陸上短距離選手のジャスティン・ガトリンも二〇一一年の世界選手権前に汗まみれの靴下を履いてクライオセラピーをしたことで凍傷を負っています[21]。

ローブの下は真っ裸になり、冷気を浴びる準備は完了。大きなドラム缶みたいな形のクライオチャンバーの前面が冷蔵庫のドアのように開くと、青色の柔らかい素材で覆われた内側が見えました。深呼吸をしてなかに入ります。頭だけがシリンダーの外に出た状態になるように床の高さを調整してもらい、ドアが閉じられました。

「オーケー、じゃあ準備ができたらローブを渡してくれ」。ローブまで脱ぐとは思っていませんでしたし、全裸の身体に窒素を吹き付けられると想像しただけでゾッとしました。それでも、ここに来たのはすべてを体験するためだと思い出し、ローブをタンクの上から手渡しました。同じ部屋にいる唯一の人間が、凍るような冷気を裸の自分に浴びせようとしている、ついさっき知り合ったばかりのフレンドリーな男性だと考えると、奇妙な気分がしました。それでも、これは普通の人がそれなりの料金を払ってまでしようとすることなんだ、と自分に言い聞かせました。親指を立てて準備ができたことを知らせると、窒素ガスがチャンバーの内部に吹き付けられ始めました。氷点下の冬の日に、真っ裸になって軽めの嵐のなかで立っているような感じです。冷たいガスが足下から上がってきます。私はスキー帽を被り、手袋を嵌めた手を上げてタンクの外側に出していました。それは確実に身体温を保つためにプラスになったはずです。タンクの上に取り付けられたパッドに、温度が表示されていました。摂氏10℃、5℃、

0℃、-5℃、-10℃、-30℃、-50℃、-100℃、-135℃――。温度は私がタンク内にいた二分間半、ずっと下がり続けていました。

一分半が経過したとき、立ったままゆっくりと回転するようにと指示されました。後で尋ねると、それは寒さから気をそらすためということでした。フォリナーのヒット曲『コールド・アズ・アイス（冷たいお前）』を口ずさもうとしましたが、寒さで唇はすぼまり、吐く息が真っ白になるので、まともに歌えません。ひどく震えたりはしていませんでしたが、（寒い、寒い、寒い、寒い、寒い）と思いながら小刻みに呼吸をしていました。ようやく少しだけ寒さに慣れたと思ったとき、セッションは終了。今のはいったい何だったの？　しばらくは、何が起こったのかがわかりませんでした。

ローブを手渡されチャンバーの外に出ると、驚くほどアドレナリンが湧き上がるのを感じました。足は寒さでしびれていますが、元気を取り戻した感触がありました。正直、最初は懐疑的でしたが、体験してみて、クライオセラピーの魅力がはっきりとわかりました。何か身体に良いことが起こったに違いないという感じがしました。身を切るような冷たさもなく、足の筋肉に快適な冷気を感じただけです。寒かったのはたしかですが、中毒になりそうなゾクゾクした快感もありました。またやってみたいと強く思いました。活力がこみ上げ、わずかな興奮も感じました。試合前にクライオセラピーをする総合格闘技の選手が多い理由がわかった気がしました。冷気を浴びると、力が増すような感覚を味わいました。誰かと戦っても勝てるような気がします。このときの体験に限定するなら、私はすっかりクライオセラピーに魅了されてしまいました。

冷たいチャンバーで窒素ガスを浴びているとき、タッチシーラーが身振り手振りを使ってこの療法の理論的根拠を説明してくれました。曰く、アイスバスには中心から四肢に血流が向かうのを完全には止められないという問題があります。「アイスバスではどれだけ身体が冷えても心臓は手足に血液を送り出そうとしている。だけどクライオチャンバーでは二分半という短時間で一気に冷却するので、身体の血液はすべて中心に向かう」。中心とは、心臓のことです。「血液は心臓を循環し、酸素をたっぷりと取り込んで超酸素化される。療法後は、豊富な酸素を含んだ血液が六〜八時間をかけて全身を巡る。合法的な血液ドーピングみたいなものさ」。タッチシーラーは療法は数分で終わるが効果は持続すると言いました。

素晴らしい主張に聞こえましたが、科学的な裏付けを必要としていた私は、専門家の意見を求めて、クライオセラピーに関する数少ない研究についての評論を書いている、ベイラー大学のスポーツ科学者ダリン・ウィロビーに話を聞きました。まず、クライオセラピーが超酸素化を売りにしていると告げると、一笑に付されました。「冗談じゃない。そんなことはありえない」。それは生理学的に不可能だということです。通常時でも、肺を通過した血液には既に一〇〇パーセントの酸素が含まれているからです。「血液は大量の酸素を運べる。超酸素化のようなものは存在しない」。冷気を浴びることで血流が心臓に向かおうとするのは事実ですが、その作用は短期間に起こり、すぐに元に戻ります。それによって血液に通常以上の酸素が含まれることはありませんし、ましてや合法的な血液ドーピングを謳うほどの効果など期待できるわけもありません。

ウィロビーの結論はこうです。「ただの流行り物さ。ご多分に漏れず、数年後には消えるだろう」

タッチシーラーは、クライオセラピーは〝戦うか逃げるか〟という緊急事態への反応を刺激し、エンドルフィンの分泌を促して、天然の抗炎症性分子を増加させると主張しています。この説はもっともらしく感じられました。私自身、タンクのなかで、スキー中に転倒しそうになったときや、車を何かにぶつけそうになったときに感じる、ヒヤリとした感覚を味わいました。ただしそのことがリカバリーを向上させるかどうかは、検証されていません。

クライオセラピーの支持者は、この方法では身体を極端に低い温度まで冷やせると言いますが、私はそれも疑わしいと思いました。チャンバーの表示温度が-21℃だったとして、本当にそんなに冷たいのであれば、刺すような肌の痛みを感じたはずです。クライオチャンバーでの三分が、アイスバスでの一五分と同じくらい筋肉を冷やすという説にも怪しさを感じます。その理由は単純。水は空気より熱の伝導体として優れているからです（私の父も、それは物理学の基本だとよく言っていました）。実際、ある研究では、クライオチャンバーの表示温度が-180℃でも、肌が冷やされるのは-4℃から-14℃程度であり[22]、筋肉は-1.1℃にしか冷えておらず、アイスパックやアイスバスと大差はないと述べています。クライオセラピーがアイスバスより快適に感じるのはそのためです。装置の表示温度ほど、身体は冷やされていないのです。

二〇一六年、米食品医薬品局（FDA）はクライオセラピーにリカバリーの向上効果や、各種疾患（関節炎や多発性硬化症、線維筋痛症、アルツハイマー病、慢性疼痛）の治療効果があるとするエビデンスは見つかっておらず[23]、その安全性も確認されていないと消費者に注意を呼びかけました。二〇一五年の国際的な医療関係者組織コクランによるレビューでも、クライオセラピー関連の既存の研究には人を信じさせるプラシーボがなく、〝痛みの軽減〟などの利点にも客観的な尺度がないものが多いためプラシーボ効果の影響を受けやすいなど、総じて質が低く、有効性や安全性に関するエビデンスは不十分だとしています。[24] こうした研究は二〇件以上公開されていますが、説得力のあるエビデンスを提供しているものはありません。

タッチシーラーは、同クリニックが提供する冷却療法は医療機器ではなく消費者向け商品であると述べていますし、FDAの承認があるとも主張していません。クリニックのパンフレットには、「医師やプロのスポーツ選手やチーム、トレーナー」が推奨し、『ドクター・オズ・ショー』や『ザ・ドクターズ』などのテレビ番組でも取り上げられたと書かれています。しかしこうしたテレビ番組の内容は、厳密な科学的分析に基づいているものではありません。

クライオセラピーで爽快な気分になるのはたしかです。しかし、その瞬時の快感は、長続きするメリットをもたらすのでしょうか？　私は療法を終えると、一時間ほどクリニックでタッチシーラーと雑談をして過ごしました。カイロプラクティックの話を聞いたり、理学療法の一種である〝アクティブ・リリース・テクニック〟を筋肉痛があるハムストリングに試してもらったりしました。クライオセラピーで筋肉痛は和らいだかと尋ねられたのですが、はっきりとした違いはわかりません。そもそも、その種の筋肉痛を定量化するのは簡単ではありません。考えれば考えるほど、痛みが和らいだような気もしてくるのですが、そうだと断言はできません。

タッチシーラーはとても気さくで人柄のいい男性でした。ですから、自慢の療法を体験させてもらったうえに、何の効果も感じられなかった、と答えるのは失礼な気もしました。だから私は、筋肉痛がいくらかは和らいだ気がする、と答えました。後になって考えてみると、クライオセラピーの実験でも、被験者はあのときの私と同じような義務感にかられて、何かが改善された気がすると答えたのではないかという気もします。クライオセラピーのセッション後には素晴らしい気分を味わいましたが、クリニックを後にするときには、訪れたときと何も変わっていないような気もしました。冷気を浴びるのは気持ちが良かったですが、たとえば真っ裸になって新雪に飛び込むことのほうが、お金と労力をかけずに同じ効果を得られるのではないかとも思ったのでした。

第五章　血流――マッサージにパフォーマンス向上効果はない？

トレーニングとリカバリーの理論は、つきつめると「身体はストレスがかかると、自らを強くしてそれに対処しようとする」という原理に基づいています。重たいものを持ち上げるとその負荷によって筋繊維が損傷します。これが修復・強化されると、次回はさらに強い負荷に耐えられるようになります。どの程度早くトレーニング負荷に対処できるようになるかは、負荷の度合いと身体が修復のためにどんな材料を使えるかによります。身体を家の建築に、トレーニング負荷を雨風などの自然現象に喩えてみましょう。まず藁で家をつくり、「風」レベルのトレーニングをして、壁の一部が壊れたとします。レンガを材料にして、壁を造り直します。頑丈になった壁は、次に前回と同じ強さの風が吹いても倒れません。さらにトレーニングの強度が上がって（重量が上がり、走る距離が伸び、投げる球数が増える）「嵐」レベルになり、窓が割れたり、屋根瓦が吹き飛ばされたりしたとします。今回は窓を二重窓にしたり、高強度の木材を使ったりできます。この嵐と修復のサイクルが、トレーニングサイクルです。つまり、筋力や持久力を高めるには、身体をストレスにさらし、「超回復」させる必要があるのです。

近年、リカバリーの重要性が注目されるに従い、トレーニングがどれくらい良いものかは、それに続くリカバリーと合わせて考えなければならないと認識されるようになってきました。家と嵐の喩えを使えば、フィットネスを高める、すなわちどれだけ頑丈な家を造るかは、それをどれだけ強い嵐(トレーニングの強度)にさらすかだけではなく、次の嵐が来る前に、どれだけ質の高い修復ができるか(リカバリーの質)によるのです。だからこそ、リカバリーの方法が重要になるのです。

さまざまな種類のリカバリー技法や製品の大半は、血流の改善を目指しています。そこにはそれなりの理由があります。血液は身体にとって大切な運搬システムであり、リカバリーを促します。運動で生じた代謝副産物を動かし、修復が必要な場所に炎症分子を運びます。細胞に酸素を、筋肉に枯渇したグリコーゲンを届けます。大都市の交通網のように、身体の各部位に必要な物質を運ぶのです。この交通の流れが良くなるほど、身体の機能も効率的になります。修復が必要な筋肉にはタンパク質を、エネルギー源が枯渇した筋肉にはグリコーゲンを届け、老廃物を腎臓や肝臓に送り込んで速やかな処理・排出を促します。これらを考えると、リカバリー用品のほとんどが血流の改善効果を謳っているのも不思議ではありません。

しかし実際には、血流改善の効果のすべてに、科学的な根拠があるわけではないのです。

私がハイスクールの陸上部員だった一九八〇年代後半、コーチからは〝乳酸をすみやかに筋肉から移動させるために足を振れ〟と言われていました。当時、乳酸は筋肉痛の原因だと見なされていました。しかし、その考え方は間違いだと、米ミネソタ州メイヨークリニックのスポーツ科学者マイケル・ジョイナーは言います。乳酸は乳酸塩と酸性分子から成り、激しい運動をすると筋肉内に生じます。しかし、それは私が四〇〇メートル走の終盤に脚に感じていた焼けるような傷みの原因でも、運動後の筋肉痛の原因でもありません。カリフォルニア大学バークレー校のジョージ・ブルックスによれば、乳酸は筋肉の燃料になることもあり、エネルギーを生み出す細胞内の器官「ミトコンドリア」を新たに増やす働きもあります。たしかにハードな運動をすると乳酸は増えるので、その増加は疲労と関連があるように見えます。しかし、〝運動後は筋肉から乳酸をすみやかに取り除かなければならない〟という考えは的外れだとジョイナーは述べています。「乳酸はアクティブリカバリーをすることですぐに筋肉からなくなる。一時間足らずで消えてしまう。何もしなくても、かなり短時間で消える」。血流を良くすることは、このプロセスをごくわずかだけ早めるにすぎないのです。

それでも、血液の循環はリカバリーに関するさまざまな細胞内のプロセスを早めるための重要な要素です。そして血流を促すために役立つのが、熱です。熱は血管を拡張させ、血流を増やすだけでなく、心地良いというメリットもあります。私も身体を温めるのが好きです。アイスバスは身体が硬くなり、麻痺したような感覚に襲われますが、熱いシャワーを浴びる、浴槽につかるなどすると、筋肉が気持ち良くリラックスし、緩んだ感じになります。そのため、しょっちゅう目にする熱に関するリカバリー界の流行語に、自然に好意的な印象を抱きやすくなっていたようです。そう、それは「赤外線」です。

赤外線サウナの真実

私が赤外線サウナの調査を始めて最初に気づいたのは、それが特別に熱くはないということでした。問題はありませんでした。それは八月の午後でしたし、クレステッドビュートの急斜面をマウンテンバイクで三時間も上り下りしたばかりだったので、身体を温めたい気分ではなかったからです。とはいえ、もう施設には予約を入れていました。現在ではどのリカバリーセンターにも設置してあり、必須のリカバリーツールだともてはやされるようになっていた赤外線サウナを、試してみたかったのです。

というわけで、私は「シーレベルスパ」を訪れ、三〇分間の赤外線サウナのために三〇ドルを支払いました。施設にはヒッピー風の雰囲気があり、中年の観光客二人が鼻腔チューブを通して酸素を吸引しながら、ここロッキー山脈の麓の空気がいかに薄いかをのんびりと話していました。このスパでは、室内の気圧が海抜ゼロ地点と同じに設定されている、高校の木工の授業で造られたような木製の高圧室のなかで無料でくつろぐこともできます。

これらのツールは普段低地にいる人には効果があるでしょうが、私は大人になってからずっと高地で暮らしてきましたし、ここに来た目的は特殊なサウナを体験するためです。「熱いというより、赤外線の前にいるという感じだよ」。受付のひげの男性は、個室サウナのなかが熱くなりすぎたときにドアの小窓を開ける方法を説明しながらそう教えてくれました。それはごく普通の木製サウナに見えました。唯一の違いだと思えたのは、大型のヒーターや敷き詰めた石炭がある代わりに、四つの小型のヒーターが置いてあることでした（レストランで寒い時期にパティオの客向けに置いてあるような電気ヒーターのような形をしています）。ヒーターは穏やかな扇風機のような音を立てています。

服を脱いでなかに入りました。サウナはコンパクトカーくらいの大きさでしたが、木製の長いすに腰掛けると足を伸ばせました。壁に寄りかかると、上のスピーカーから『歓喜の歌』『エンジェル・オブ・ザ・モーニング』『グリーンスリーブス』のフルート演奏の音楽が聴こえてきます。デジタルの表示計によれば、設定温度は摂氏35度から47度（一般的なサウナは65度から105度）。なかに入る前は特に寒さを感じていなかったので、温かさは不快ではありませんでしたが、寛いだ気分にもなりませんでした。目を閉じて、全身の感覚を研ぎ澄ませました。このサウナがもたらす何かを探ろうとしましたが、よくわかりません。特別な効果や魅力があるのではないか、少なくとも思い切りリラックスできるのではないかと思いましたが、温かい木製のベンチに裸で座っているという感覚があるだけです。音楽はニューエイジ風の空気を醸していましたが、筋肉に効いている感じはありません。乾燥した温かい空間にいる。ただそれだけでした。

温度計が47度に達しました。ドアの小窓を開けると、心地よい冷気が入ってきます。約一五分が経過し、退屈して外に出たくなりましたが、セッションを最後まで体験しようという義務感からなかに留まり、落ち着かない気持ちで時間が終わるのを待ちました。時間が三〇分に設定されているのはなんらかの理由があるからなのでしょうが、私にはわかりません。最後の五分は永遠のように長く感じられました。普通のサウナのような火照りは感じませんでしたが、じっとりと汗ばみ、身体を冷やしたくなりました。寒い季節だったらもっとこのサウナを楽しめたでしょう。暑い季節に温かいサウナに入るのは奇妙に感じました。屋外に出て、コロラドの太陽の下にいるほうが快適に過ごせたはずです。でも、私は赤外線サウナの効果を実感できなかっただけかもしれません。ですから心をオープンにして、効果をさらに探ってみることにしました。

まず、赤外線サウナのメーカーに電話で質問をしてみました。クリアライトインフラレッド・サウナの創業者ラレー・ダンカンは、一般的なサウナと赤外線サウナの違いは、使われる放射線の波長だと言います。ここで簡単な物理学の説明をしておきましょう。赤外線は電磁スペクトルで可視光線の隣に位置する電磁波で、可視光線よりも波長が長く、周波数は低くなります。電磁スペクトルでは、近赤外線は可視光線に近く、遠赤外線は遠い位置にあります。私たちの肉眼ではとらえられない近赤外線は、テレビのリモコンなどに使われます。遠赤外線は、熱として知覚できます。

つまり赤外線サウナの特徴は、熱を放射していることになります。もちろん、一般のサウナも熱を用いていますが、その伝え方が違います。一般的なサウナは空気を通じて熱を伝える「対流熱」と呼ばれる方法を、赤外線サウナは電磁波を通じて熱を伝える「放射熱」と呼ばれる方法を用いているのです。私たちが熱を感じるとき、エネルギーが体内の分子を振動させています。対流熱ではヒーターから発生した熱が空気によって運ばれ、皮膚に衝突します。そして皮膚からその下にある血液などの体内に熱が届けられます。放射熱では特定の波長の光子が熱を運び、私たちの身体に吸収されます。

なぜこれが重要なのでしょうか？　ダンカンは、一般的なサウナでは空気が運んできた熱が皮膚にぶつかるのに対し、赤外線サウナの熱は〝皮膚を突き抜けることで〟身体を内側から温められる、と言います。「大きな変化が起きているように感じず、サウナ内の温度があまり上がっていなくても、赤外線が運ぶ熱で身体は温められている。それが大きな違いだ」。どちらのタイプのサウナでも、体内の原子や分子が揺らされることで温かさを感じます。二つのサウナの違いは、この振動が起こる仕組みです。食べ物を加熱するのに、オーブンと電子レンジのどちらを使うかという問題に似ています。そして一般的なサウナは、とても非効率的な電子レンジのようなものだというのです。

例の赤外線サウナで、身体の内側からのみ温められていたのだとしたら、私は見事にそれに気づきませんでした。サウナ内はかなり温かく感じましたし、実際、温度も高くなっていました。いずれにしても、一般的なサウナより熱くはなかったのは事実です。つまり結論として、赤外線サウナのメリットは、温度の高い一般的なサウナに比べて熱くなく、おそらくは快適に身体を温められるということになるのでしょう。しかし、リカバリーに関してはどうなのでしょうか？

私が話をした赤外線サウナの提供者によれば、リカバリーに関するこのサウナのセールスポイントは、〝赤外線の熱が、運動の結果として体内に蓄積される有害物質を取り除く〟です。赤外線サウナは、「血行を改善して毒素を排出する」と赤外線サウナの製造販売会社のシニアセールスディレクターは言いました。トレーニングによってつくられる毒素とは何かと尋ねると、「体内でエネルギーが生産されるとき、ATP合成の副産物として毒素が生じる」という返事が返ってきましたが、毒素の具体的な説明はありませんでした。文献を調べましたが、このような毒素の存在を証明する研究結果は見あたりません。そもそも人体には、肝臓と腎臓という、環境から体内に取り込まれた有害物質を排出する優れた器官があります。

赤外線サウナとリカバリーに関する研究として、フィンランドでの小規模な予備的研究が一件だけありました。(1) 被験者が赤外線サウナ後に筋力トレーニングとランニングをした結果、対照群と比べ特殊なジャンプテストで若干の改善が見られました。興味をそそられる結果ですが、それは私たち大勢への影響が未知数な一件の実験にすぎません。多くの研究を積み重ねなければ、まだはっきりとしたことはわからないのです。

「赤外線」と「遠赤外線」は、リカバリーの世界の流行語です。この用語は、コールドレーザーやマッサージベッド、アメフットのスター選手トム・ブレイディが宣伝する高級パジャマにも使われています。赤外線には魔法のような効能があると謳われています。炎症を減らす、筋力の向上と回復に役立つ成長ホルモンの分泌を促す、免疫系の機能を高める――。しかしこうした主張は、ごく小規模な動物実験に基づいているにすぎません。その有効性が研究によってはっきりと裏付けられているわけではないのです。たとえば、赤外線サウナが「腫れや炎症、それに伴う痛みを減らす」「このサウナは身体から有害物質を排出する」といった宣伝文句は、事実に基づいていないとして、FDA（米食品医薬品局）からメーカーに使用禁止の通達が出ています。[2]

赤外線そのものは実在します。しかしこの言葉は、製品に最新科学の響きを与えるために強調して用いられることが多いのです。赤外線サウナは、〝このサウナは温かい〟というよりも、〝このサウナは赤外線で身体を温めます〟と言い換えたほうが製品をアピールしやすくなるからです。

マッサージはリカバリーを早めない

マッサージは、激しい運動後にリカバリーを促すためのとても一般的な方法です。これは筋肉から老廃物を排出するための、昔ながらのアプローチです。サイクリングチームでは選手がライディングを終えるごとに脚の筋肉をほぐすソワニエと呼ばれるマッサージャーが帯同していますし、[3] NBAやNFL、MLB、NHLなどのプロスポーツチームのトレーニングルームにも、選手の筋肉痛を和らげるマッサージ療法士がいます。オリンピック選手のトレーニングでもマッサージは標準的に行われています。

マッサージが嫌いな人などいるのでしょうか？　それは、とても気持ちが良いものです。しかし、アスリートが筋肉を揉まれたり押されたりするのが大好きであるにもかかわらず、「たしかなエビデンスに基づいたマッサージのメリットはほとんど存在しない」とマッサージ療法士でウェブサイト「ScienceBasedMedicine.org」と「publisher of PainScience.com」の元編集者ポール・イングラハムは言います。「マッサージに人気がある理由が一〇〇あるとしたら、そのうち約九八パーセントは科学的根拠がない」。マッサージには不安や抑うつを和らげる効果があるという証拠はあるものの、パフォーマンスやリカバリーを高めるという証拠はごくわずかしかないのです。「マッサージは、強力なプラシーボだ」とイングラハムは言います。何か良いことが起こっているという期待を抱かせる感覚を味わえるからです。「マッサージは喜びと期待を抱かせる。その喜びは大きく、マッサージの刺激も強烈に気持ちが良い」。そもそも、一時間ほどじっと横になり全身に良い感覚を味わうのは、リラックスのお手本のような行為です。それは、リカバリーの本質だとも言えます。

マッサージがリカバリーを早めるという証拠はあるのでしょうか？　「マッサージは、リカバリーまでの期間が一〇分以内と短い場合はパフォーマンスにとって有効である場合がある。それ以外の場合は、パフォーマンスに役立つという証拠はほとんどない」。オーストラリアのリカバリー専門家、ショーナ・ハルソンは言います。しかしハルソンは「マッサージが乳酸を排出するという科学的な証拠はまったく存在していないます。マッサージはよく、筋肉から乳酸や他の老廃物を排出できると見なされていない」と述べています。そもそも、乳酸は何もしなくても一時間半程度で筋肉内から消えていきます。ですから仮にマッサージで排出できるとしても、それを行う理由はあまりありません（それに、前述したようにそもそも乳酸は筋肉痛の原因ではないので、それを排出しようとすること自体に意味があるとも思えません)。マッサージがアスリートを心地よくさせるのだとしたら、それはおそらく血流に関連してはいません、とハルソンは言います。

マッサージがリカバリーに役立つとしたら、おそらくそれは血行以外のメカニズムによるものになるだろう、とケンタッキー大学のティモシー・バターフィールドも述べています。数年前、バターフィールドの同僚のエスター・デュポン＝バーステーグデンは、マッサージもレジスタンス運動と同じように、筋肉に機械的な力を及ぼしているのではないかと考えました。ケンタッキー大学健康科学教授兼リハビリテーションサービス博士課程ディレクターとして筋萎縮を研究するデュポン＝バーステーグデンは、バターフィールドと共に研究を行い、筋肉をマッサージすると免疫細胞マーカーが変化する可能性があること、これらの変化はマッサージの強度と深度に関連している可能性があることを明らかにしました。「それが痛みをどう変えるかは、まだわかってはいない」と彼女は言います。

バターフィールドの研究は、ラット実験に基づく限り、運動直後のマッサージは筋肉中のタンパク質合成を増加させるという興味深い結果を示しています。「我々は、これはマッサージがもたらす機械的な信号だと考えている。つまり、細胞に異なる反応を促す信号だ」。この研究結果は、動物実験で繰り返し実証されていますが、まだ人間では実証されていません。もし人間を被験者にした実験でも同じ結果が得られるのであれば、それはマッサージがタンパク質合成による筋肉の修復を促すことで、運動によって生じたダメージを癒やす効果があるという可能性を示すことになります。ただしこの考えはまだ理論上のもので、実証はされていません。

しかし、リカバリーやパフォーマンスを直接的に高めなくても、マッサージには他の重要な利点があります。それは繊細で、測定や証明がとても難しいことです。多くのアスリート（私もその一人です）は、マッサージによって自分の身体と向き合えるようになり、筋肉の状態を自覚しやすくなると感じているのです。「おそらくそれが、アスリートがマッサージ療法をやめたくないと考えている理由だ。リカバリーやパフォーマンスの効果とは関係なく、アスリートはマッサージが必要で、自分の身体の感覚を高めたいと思っている」とイングラハムは言います。

アスリートは激しいマッサージを好みます。そのほうが乳酸を除去しやすいと考えているからです。でもこれには注意が必要です。「マッサージは痛いほど効果があると考えている人は多い」（イングラハム）。しかし、深く激しすぎるマッサージは、「PMSM」（＝postmassage soreness and malaise／マッサージ後の痛みと不快感）と呼ばれる状態を引き起こす可能性があります。この痛みは、マッサージで筋肉から〝毒素〟が排出されているからだと説明するマッサージ療法士もいますが、イングラハムはこれはまったくの出鱈目だと言います。筋肉内に排出すべき毒素が溜まっているという証拠は存在しません。むしろ激しいマッサージは、筋肉の軽微な損傷を引き起こし、老廃物を生み出してしまいます。イングラハムが書いたPMSMの記事がインターネットで公開されると、深いマッサージをしたことで横紋筋融解症が発症したという読者からの手紙が寄せられるようになりました。横紋筋融解症は、筋肉の損傷によって血液中にタンパク質ミオグロビンが放出される、腎臓障害を引き起こす可能性もある深刻な疾患です。イングラハムは、仮説段階ではあるとしながらも、過度に深く激しいマッサージは筋肉を痛め、ミオグロビンの放出と横紋筋融解症につながる可能性があると述べています。

私がデンバー・スポーツリカバリーで体験して痛いと感じた、マッサージボールやラクロスボール、フォームローラーについてはどうでしょうか？　アスリートは筋膜を刺激するとされるフォームローラーやセルフマッサージなどを信頼しています。筋膜は、筋肉や組織をラップのように包む結合組織です。フランクフルト、ゲーテ大学スポーツ医学教授で筋膜研究の第一人者とされるヤン・ウィルケは、筋膜は他の結合組織の記述（腱や関節包の周りの鞘など）にも用いられるが、厳密には骨格筋を包む鞘だと述べています。

解剖学では、筋膜はそれが包んでいるものを保護するための器官だと考えられていました。しかし近年、その見方は変わってきています。筋膜には骨格筋のような収縮力こそありませんが、収縮し、硬くなります。ウィルケは、起床時に感じる身体の硬さも筋膜の影響だという仮説を立てています。筋膜研究はまだ初期段階であるため、現在有力な説が間違っていたり不完全であったりする可能性はあります。それでも最新の研究には興味深い結果が見られます。「筋膜には痛みを生み出すという生理学的特徴があることがわかった」（ウィルケ）。筋膜に高張塩を注入された（実験で被験者に苦痛を与えるための無害な方法）被験者は、筋肉に注射をされたときよりも痛いと答えたのです[4]。これは、フォームローラーやさまざまなセルフマッサージ機器を使うと痛みを感じることの理由を説明すると考えられます。

フォームローラーなどのマッサージ器具は、筋肉をほぐし、筋膜層に形成された癒着を取り除く、と謳っています。「筋膜は単なる筋肉の周りの鞘ではなく、三、四の層になっていて、そのあいだには関節包内の液体と同じ、ヒアルロン酸がある」（ウィルケ）。ヒアルロン酸は筋膜層の摩擦を減らします。身体を動かさないと、筋膜が粘着性になって動きが制限される可能性があります。この説が正しければ、朝の身体の硬さを説明するものになるかもしれません。フォームローラーなどで筋肉群を押したり揉んだりすることで、筋膜層の癒着をほぐせることが考えられます。ただしウィルケは、これは有力な理論だが、現段階ではまだ実証されていないと述べています。

これを脳の働きから説明することもできます。[5]フォームローラーなどの器具で筋肉を圧迫することで、筋肉の興奮性と筋緊張を下げる信号が脳から発せられるという考えがあります。「筋緊張が低いと、筋肉の運動範囲は広くなる」。ウィルケは、フォームローラーの体験者が報告している利点には神経機構が関わっているはずだと言います。運動後にフォームローラーをすると体感する筋肉痛の度合いが少なくなるという実験結果は多く存在します。しかし、この差が単なる知覚的な違いなのか、本当に筋肉内になんらかの変化が起きているかはまだはっきりとわかっていません。二〇一七年の研究[6]によれば、片足の裏側をフォームローラーで刺激した結果、逆足の足首の柔軟性が高まっていました。ニューファンドランドメモリアル大学のデビッド・ベーム[7]の研究でも、右ふくらはぎをフォームローラーで刺激することで、左ふくらはぎの痛覚閾値が低下していました。ベームはこれらの結果は、神経が重要な影響を受けていることを示唆していると述べています。それでも、フォームローラーがもたらす利点を示す研究は依然として多くはありません。[8]「これは良いプラシーボだ。身体のために何か良いことをしていると思うようになる。その思いが強くなると、実際にそう作用する」。ウィルケは言います。ウィルケは現段階はまだ黎明期にあるこのテーマの研究が進むにつれ、マッサージやローラーが私たちを気持ち良くさせることの背後にある生理学がもっと詳しくわかるようになるだろうと述べています。

コンプレッションウェアにリカバリー効果があるというエビデンスは少ない

愛犬が吠えています。隣人の女性が玄関扉をノックしているのを知らせようとしてくれているのです。でも、私はパニックになっていました。彼女が来るのは知っていたのですが、玄関に出迎えに行けません。ベッドで仰向けになり、足を空中でバタつかせながら、圧縮タイツを脱ごうと悪戦苦闘していたからです。このズート社製のリカバリータイツは強い素材の合成繊維でできていて、穿くときはスキニージーンズみたいに身体を無理に押し込まなければなりませんでした。そして今、脱ぐほうがはるかに難しいことに気づいたのです――ほとんど不可能ではないかと思えるくらいに。

その土曜日の午前中、私はウエイトトレーニングとランニングをしてから、筋肉の疲労回復が促されることを期待してこのタイツを身につけました。穿くのに少々苦労はしましたが、気にはなりませんでした。タイツがぴったりなのは、効果を得るのに必要だからなのでしょう。二時間ほどタイツを着用したまま過ごしました。最初は問題なかったのですが、次第にきつく思えてきました。特に、膝裏のあたりが締め付けられているように感じます。タイツを脱ぐことにして、腰からずらしていきました。順調に脱げていたのですが、私の太いふくらはぎのところでつかえてしまいました。タイツはそれ以上上下がらなくなり、私はへんてこりんな踊りをしているみたいに足をばたつかせながら、タイツを引っ張り、剥がそうとしました。

玄関の外から私を呼ぶ隣人の声が聞こえます。いっそこのいまいましいタイツをハサミで切ってしまおうかとも思いました。でもそのためには、タイツを両足のふくらはぎのあいだに挟み、下着姿のまま、ハサミが置いてあるガラス扉の玄関まで小股歩きをして行かなければなりません。間抜けな恰好が、隣人から丸見えです。しばらくすると、隣人はあきらめて去って行きました。タイツもようやく脱げました。この騒動が私のリカバリーに役立たなかったのは言うまでもありません。

最近では、圧縮機能を持つタイツやソックス、スリーブをどこでも目にするようになりました。これらのコンプレッションウェアは、二つのカテゴリーに大別できます。マラソンやバスケットボールの選手が身につけている一般的なタイプのものは、運動時に腕や脚の筋肉をサポートし、筋肉の振動を抑え、疲労を軽減することを目的としています。コッパーフィットや2XUなどのメーカーのものを、世界各地の陸上競技場や球技場、コートで当たり前のように見かけます。一方、私が脱ぐのに苦しんだ圧縮タイツなど、リカバリー目的のものもあります。これらは、「血液を早く心臓に送り返し、再び酸素を送り込める」と、コンプレッションウェアメーカーへのコンサルティングサービスを提供するスポーツインテグレーテッド社の創業者でありスポーツ科学者のニック・モーガンは言います。「これは血流を促し、身体をいち早く平常状態に戻すためのシステムだ」。しかし、人体の通常の循環システムも、血液を心臓に送り返し、肺で酸素を送り込むという機能があります。このタイツを身につけると、つけない場合に比べてどんな違いがあるのでしょうか？　モーガンはコンプレッションウェアは乳酸を除去するとは言っていませんが、腫れを抑えるのに役立つとは述べています。「腫れは実際には良いものだ。それは適応反応を刺激する。しかし、ひどい腫れを抑えたいときもある」。モーガンは、アスリートがコンプレッションウェアを用いる大きな理由は、筋肉痛を抑えるのに役立つからだと言います。

私は、コンプレッションウェアではフィット感と圧縮度が大切であり、それらはブランドによって異なることを学びました。SKINS社のものを含む数社の製品を試しました。同社の基準では、私は明らかにスモールサイズでした。注文したタイツが到着したときには、またあの悪夢のような体験をしなければならないのかと不安にかられました（私は普通はMサイズの服を選びます）。実際には、穿くのも脱ぐのも簡単でした。でも、コンプレッションウェアとしてはあまり優れたものだとは思えませんでした。圧縮とは名ばかりで、前回のような締め付けられた感じはなく快適でした。他のメーカーのものも試してみましたが、同じく〝コンプレッション〟と謳われてはいますが、普通のタイツのように感じられるものが少なくありませんでした。複数メーカーに対してウェアのテストやコンサルティングを提供していたモルガンは、圧縮の度合いは全メーカーで統一されたものではないと明言しています。人間の身体の形は一人ひとり異なり、フィット感もそれぞれ違うので、タイツやスリーブでどれくらい圧縮されるかを予測するのは難しいのです。

　リカバリー効果の科学的証拠についてはどうでしょうか？　コンプレッションウェア関連の研究結果については評価が分かれています。前述したリカバリーの専門家ショーナ・ハルソンは、「現時点の研究結果を概観すると、パフォーマンスとリカバリーでわずかにポジティブな影響があると示されている」と述べています。二〇一三年のメタ分析[9]によれば、コンプレッションウェアは遅発性筋肉痛《DOMS》の減少と運動後の筋機能のリカバリーに適度な効果があり、二〇一七年のレビュー[10]でも同様のメリットがわずかに確認されています。しかしモルガンは、こうした結果には心理的な作用もあると言います。コンプレッションウェアの感触を特に好む人はいます。こうした人たちは、実際に運動中に筋肉の振動を減らし、誰かとハグをしているような心地良さを筋肉に感じることができるのです。

日常的に運動をしている人は血行改善を気にする必要はない

一九九〇年代、ニュージャージー州のクーパー病院大学メディカルセンターで物理療法とリハビリテーションの責任者として、深刻な循環系の問題を抱える患者を日常的に目にしていたローラ・ジェイコブスは、もともと何かを手作りすることが好きで、医学だけではなくエンジニアとしての教育も受けていたことから、これらの患者を助けるための器具を開発してみようと思い立ちました。「母はまず、その仕組みを科学的に理解しようと考えました。健康な身体が体液を循環させるメカニズムは？　どうすればそれを模倣できる？」と息子のギラッド・ジェイコブスは言います（ローラは二〇一二年に他界しました）。ふくらはぎの筋肉は小さな心臓のようなポンプの働きで足に溜まった血液を静脈に押し上げ、リンパ系の循環も促します。また、血液が足に落ちるのを防ぐ圧力も保ちます。ローラは、足に装着してこの作用を模倣する、空気圧カフの開発が可能だと気づきました。試行錯誤の後（アイデアをダンキンドーナツのナプキンにスケッチしながら）、「ノーマテック」が誕生しました。この製品名と企業名は、ローラの母ノーマにちなんで命名されました。「彼女の名がミルドレッドやフィービーじゃなくてよかった。ノーマのほうがはるかに響きがいいから」とギラッドは言います。

ノーマテック社のコンプレッションシステムは、足や腰、腕に装着した器具に圧縮空気を送り込んで風船のように膨らませ、血流やリンパの流れを促し、むくみを減らします。装着した部位に段階的に圧力を加えていくことで、四肢の体液を絞り出すようにして身体の中心である心臓に押し上げ、循環させます。

ノーマテックの器具は「血行を促し、悪者を追い出す」とジェイコブスは言います。悪者とは何かと尋ねると、「これは議論の的になっている問題だ。この二〇年間は乳酸が流行語だったが、最近ではカルシウムが犯人ではないかという意見がある。いずれにしても、まだこの分野の科学は始まったばかりさ」という答えが返ってきました。ジェイコブスは、「ノーマテックの器具によって血流を促せれば、それはなんであれアスリートのメリットになる」という考えを持っています。たしかにそうなのかもしれません。しかし、この空気圧機器が本当にアスリートの血流を大幅に促すのかどうかは、実はよくわかっていません。これらの器具を循環系に問題を抱える人が使うことには意味があるでしょう（同社の器具はもともと、これらの患者の血行改善のために開発されました）。しかし、アスリートの大半はこのような疾患に悩まされてはいません。研究結果も、これらの機器によって血流の改善やむくみの減少などの効果が見られたというケースと、何も変化がなかったというケースが混在しています。空気圧機器が筋肉のリカバリーに役立つことは、生理学的にも説明できる可能性があります。しかし、そこには心理的作用が大きく働いているとも考えられます。アスリートはこれらの器具の感触を好みます。「痛みではなく圧迫感を味わうことは心地よい」とハルソンも述べています。

強いて言えば、各種競技のアスリートがノーマテックのような空気圧迫システムを必須だと考えているのは、この快感のせいだと思われます。オリンピック金メダリストの体操選手シモーネ・バイルズもリオ五輪の前にこの種の器具を使っていましたし、NBAゴールデンステート・ウォリアーズのケビン・デュラント、クロスフィットゲームスのチャンピオン、アニー・スラスドーター、オーストラリアのクリケット選手デビッド・ワーナー、米国オリンピック空手チーム、NBAのフェニックス・サンズなどもそうです。私が話をしたプロスポーツ選手のあいだで、これほど広く普及していたリカバリー機器もないでしょう。ノーマテック社はこの分野でもっとも知られたブランドですが、競合他社も多く存在します。一台数千ドルもするので個人には高価ですが、多くのプロチームが購入しています。ジムやリカバリーセンターはもちろん、トライアスロンなどの大会のゴール地点に設置されていることもあります。

私はこれらの血行や循環を促す器具を実際に試してみて、その心地よさを実感しました。それでも、〝アスリートには血行改善のために特別な器具が必要だ〟という広く普及している考えには戸惑っています。アスリートの血行は、普段の運動によってすでに良好に保たれています。アスリートのリカバリーを大きく妨げているものがあるとすれば、それはおそらく血行の悪さではありません。それに私たちはみんな、血行を促すもっとも簡単で効果的な方法が運動だということを知っています。身体を動かせば心拍数が上がり、血行が促されます。疲れた筋肉の血流を促し、乳酸などの激しい運動の副産物を取り除きたいのだとしたら、そのための簡単かつ効果的な方法は、ツール・ド・フランスのサイクリストがレース後にローラー台で軽くペダルを漕ぐように、軽い運動をすることです。[11] このアプローチは「アクティブリカバリー」（積極的休養）と呼ばれます。私の高校の陸上部時代のコーチが、「ウォームダウン」と呼んでいたものです。

第六章　心理的ストレス――瞑想、フローティングのリカバリー効果は？

リカバリーの難しいところは、ある心の状態が求められることです。それは意欲に満ちたアスリートが簡単には抱きにくい心境です。私はかつてコーチにこう教えられました。「練習をやり過ぎるのは誰でもできる。[1] 難しいのは、休む勇気を持つことだ」。元アメリカスキーチームのヘッドコーチ、トロン・ニスタッドは、頑張り過ぎる傾向のあるアスリートが抱える共通の問題について語っています。アスリートは練習をしていないと落ちつかず、していると安心します。〝成功するには猛練習が必要〟という考えも叩き込まれています。そのため休むことを、何かを諦めたり、怠けたりするのと同義だととらえてしまうのです。しかしパフォーマンスを上げるには、練習量を増やすよりも減らすことが大切なときもあります。

私も同じことを何度も目にしてきました。特にランナー仲間にはその傾向が見られます。風邪を引いたり膝に痛みを感じていたりしても、なんともないふりをして練習をしようとするのです。休むときも、希望的観測に基づいた挽回を前提にします――〝今日は風邪で休むけど、二日後に治るはずだから、その時にいつもの二倍の練習をして取り戻そう〟というふうに。私自身も、一週間もあれば回復するはずの風邪を数週間も長引かせてしまったり、二週間も休めば治るはずのハムストリングの軽症をシーズンの最後まで引きずってしまったりすることがありました。リカバリーをマスターするには、ゆっくりと休む方法を学ばなければならないのです。

フロートタンクを体験

塩水で満たされた小さな楕円形のタンクに裸体を浸しながら、私は会ったこともないNBAのスター選手、ステフィン・カリーのことを恨まずにはいられませんでした。その数時間前に一三キロのきついトレイルランニングを終えた私は、サンフランシスコのマリーナ地区にあるリブート・フロート・スパを訪れました。きっかけは、ゴールデンステート・ウォリアーズのスター選手であるカリーが、このスパのタンクで〝フローティング〟をしたことが、NBAの年間最多記録となる四〇〇回越えのスリーポイントシュートを決めたこのシーズンで、リラックスやリカバリーに役立ったと語っていたことでした。スポーツ専門チャンネルのESPNの番組でカリーとチームメイトのハリソン・バーンズがフローティングの素晴らしさを絶賛したことも、この技法がリカバリー界の次のブームになることを後押ししました。

サイクリストやヨーギー、トライアスリート、UFCファイター、クロスフィッター、果てはシリコンバレーのライフハッカーまでが、このトレンドに乗っています。あのホーマー・シンプソンさえも、です。『ザ・シンプソンズ』のエピソード[2]のなかで、リサ・シンプソンは父親のホーマーをニューエイジフロートセンターに連れて行きます。タンクに入ったリサは不安げにセッションを開始します。「何も思考しないこと。わあ、これは効いてる！――しまった、これも思考ね……」。真っ暗なタンクのなかで、リサの脳内に万華鏡のような模様が浮かんできます。「この色の渦巻きは幻覚？」（一方のホーマーは隣のタンクのなかで「退屈だ！」とつぶやいています）

ホーマーはフローティングと恋に落ちなかったかもしれませんが、カリーはリラックスして〝コートと人生のあらゆるストレスから逃れる〟のに役立つと言います。私はこうしたアスリートの称賛の声を耳にして、これは試してみなければならないと思いました。それでも、割引価格の六〇ドルで予約した一時間もの長いセッションのあいだじゅう、辛い思いをするはずだという予感もしました。

フロートタンクは、一九八〇年のSF映画『アルタード・ステーツ』に登場したことで有名になりました。サイケデリックな変性意識状態を研究するマッドサイエンティストが登場するこの映画では、塩水入りの蓋付きのタンクは「感覚遮断室」と呼ばれていました。〝感覚遮断〟は拷問のような響きがあるので、この装置が最近になって〝フロートタンク〟と言い換えられるようになったのも無理はありません（従来の名称のように窮屈な暗い空間に閉じ込められるという響きはなく、空間を優しく漂うようなイメージを連想させます）。この装置のコンセプトは単純です。利用者は塩水が浅めに入った小型の暗いタンク内に横たわります。水の塩分濃度はヒトの身体が浮くように設定されていて、タンク内は暗くて静かなので雑念が消え、リラックスして心が静まります。私が入るタンクには、約七五〇リットルの水に約五五〇キログラムのエプソムソルトが溶かされていました。予約をしてしばらくは、タンクに入ることを想像するとゾッとしてしまい、キャンセルしようか悩んだくらいでした。

フローティングは、一九五〇年代に神経科学者のジョン・C・リリー[3]によって開発されました。長年、イルカと人間のコミュニケーションを研究してきたリリーは、フローティングが自己意識や〝自己調和〟を促すと考えるようになり、一九七七年には感覚遮断室でのフローティングがいかに人間の意識を拡張するかを詳述した著書『The Deep Self: Profound Relaxation and the Isolation Tank Technique』を発表します。映画『アルタード・ステーツ』も、リリーによるタンクの実験(やサイケデリックドラッグ)を題材にして制作されています。

リブート・フロート・スパの紹介動画では、フローティングでは〝母親の胎内にいるのと同じような状態〟になり、〝強い幸福感〟を味わう人が多く、〝肉体的、精神的なリセットボタン〟を押すようなことだと見なせると説明されていました。また同施設のウェブサイトは、フローティングは〝ストレスホルモンを低下させ、神経伝達物質を補充し、エンドルフィンを分泌して、ウルトラディープなリラクゼーションに誘い、禅の境地に達したような余韻が数日間も続く〟と謳っています。

幸福感に満ちたリラックスを味わえるのは魅力でしたが、私は不安でした。服を脱ぎ、棺桶とさほどサイズが変わらない狭く暗いタンクに閉じ込められるのを想像すると、閉所恐怖症のような恐怖を覚えました。そもそも私は静かにじっとしているのが苦手で、瞑想しようとしてもすぐに雑念で心がハイジャックされてしまいます。それでも私は決意を固めました。これは本を書くための取材として必要なことです。タンク内で一時間を無事に過ごせば、後は一生なかに戻らなくてもいいのです。

私が案内された部屋には、タイル張りのシャワーエリアと、巨大な白い二枚貝のような形をしたフロートタンクが備えられていました。蓋は空気圧で開閉し、内部の照明は三つの設定を選べます。「サイケデリック・パープル」、「紫／青／緑／オレンジのループ」（ゆっくりと消えて次の色に変わる）、「オフ」です。一時間のセッションは数分間のインストゥルメンタル音楽で始まってしばらくするとフェイドアウトし、残り五分を知らせるために再び鳴り始めます（時間終了になると、タンクのハイパワーフィルターが作動して水が洗浄されます）。

完全に閉じ込められるのは怖いので、蓋を半開き状態にしてなかに入りました。水温は人間の体温と同じなので、熱くも冷たくもありません。水に浸かると不思議な浮力を感じました。水の塩分濃度は高く、誤って目に入ったときのために真水入りのスプレーボトルと布が用意されています。水の深さは十数センチほどしかありませんが、底に身体をつけずに簡単に浮くことができました。自然な体勢になるようにしばらく身体を動かし、両手を上げたようなポーズで落ち着きました。

装置の使い方を説明してくれた男性は、少なくとも数分間は照明をオフにしてみるべきだと言いましたが、私はそれを聞きながら（絶対にそんなことするもんか）と思っていました。でもタンクに入ってみると、身体だけではなく心も寛いでいくのがわかりました。始めの一〇分ほどは数種類の照明の色がゆっくり切り替わる設定にしていたのですが、ボタンを二回押してパープルに切り替えようとしたところ、間違えて一回しか押さずにオフにしてしまいました。スイッチを手探りしたのですが、すぐには見つかりませんでした。そのとき、まあいいか、このまま真っ暗な状態でしばらく過ごしてみよう、と思いました。

もう音楽は止まっていましたが、刺激はほしくありせんでした。静かで暗いタンクのなかで、ただ優しい幸福感に包まれていたいと思いました。意識の流れに浮かんでいるような感覚です。神経質な思考や活発なアイデアは沸き起こらず、ただ心地良い無の世界を漂っていました。何にも注意を向けず、感覚も刺激されず、身体の緊張が解けていきます。数時間前に足を酷使するトレイルランニングをしたばかりでしたが、筋肉や関節は完全に緩んでリラックスしています。時を超越したような空間のなかで、私はただそこにいました。深い眠りに落ちる瞬間をずっと体験し続けているような感覚です。

最初はタンク内で一時間もじっとしていられる自信はありませんでした。でも、残り時間が五分になったことを知らせる優しい音楽が聴こえてきたとき、私はうろたえました。嘘でしょ？　もう一時間も経ったの？　まだ出たくない！

事前に見たフロートタンクの紹介動画はさまざまなメリットを謳っていました。正直、そのときはおおげさに感じられました。でもセッションを終えた私は、すっかり魅了されていました。幻覚も見ませんでしたし、忘れられないような深い思考も浮かんではきませんでした。自分の身体が〝デトックスされた〟とはまったく感じませんでしたし、フローティングが乳酸を排出する、筋肉の炎症を抑えるといった各種の効能に対しても懐疑的であることはかわりません。でも、これまでの人生で最高にリラックスした六〇分間を過ごせたことは間違いありませんでした。施設の廊下のホワイトボードには、カラフルなマーカーで利用者が感想を手書きしていました。「ふわっとした」「驚いた」「広々」「最高だ」「すごい」「リラックスできる」「トリップした」「びっくり」。私の場合は、とても穏やかな気持ちになりました。その夜は、日中に長い距離を移動し、慣れない寝場所だったにもかかわらず、深く、ぐっすりと眠れました。

施設を出るとき、受付のスタッフから次回はいつにするかと尋ねられ、私は思わず「明日は？」と答えていました。サンフランシスコでの会議の予定がありましたが、それをキャンセルしてもかまわないとすら思いました。タンクでもっと時間を過ごしたかったのです。他の利用者も同じ気持ちになるのでしょう。予約は、数週間先まで埋まっていました。

心理的ストレスはリカバリーに大きく影響している

トレーニング、リカバリー、適応の初期の科学的モデルでは、これらのプロセスにおける心理的ストレスの役割が見落とされてきました。しかし一九七〇年代に始まった研究によって、身体のエクササイズへの生理的反応は、少なくとも部分的にはその人の感情の状態と、目の前の課題にどれくらい対処できるかという認識に影響されることを示唆するようになった、とオーストラリア、ブリスベンのクイーンズランド工科大学のスポーツ科学者ジョナサン・ピークは言います。心身の状態が健康かつ健全であるという自覚は、私たちのトレーニングへの適応とリカバリーに重要な役割を果たしています。「これは、リカバリー研究における刺激的なフロンティアになる可能性がある」

身体に関する限り、ストレスはストレスであり、その原因がインターバルトレーニングなのか、恋人と別れた悲しみなのかは関係ないと、ラグビーや陸上などの幅広い競技で世界的なアスリートを指導してきたアイルランドのスポーツ科学者でパフォーマンスコーチのジョン・カイリーは言います。「最適なリカバリーのためには、ストレスを管理する必要がある」

心理的ストレスはリカバリーを阻害するけではなく、身体のトレーニングへの適応を鈍らせることもあります。二〇一二年の研究(4)では、被験者に指導者のもとでのサイクリングプログラムを実施させる前に、精神的なストレスの状態、そのストレスに対処できる見込みを自己評価させました。実験期間は二週間でしたが、被験者は全員運動習慣がなかったので、大幅な体力の向上が期待できました（日頃トレーニングをしている人よりも、していない人の方が簡単に体力を上げられます）。実験の結果、ストレスが少ないと回答していた被験者ほど有酸素能力と最大パワーで大幅な向上が見られる傾向があることがわかりました。この研究は、ストレスが運動への生理的反応の要因であることを示唆しています。

心理的ストレスは怪我の確率も高めます。ディビジョン1のカレッジフットボール選手を対象にした二〇一五年の研究によれば、[5] 学業でのストレスが高まる時期に、そうでない時期に比べて怪我のリスクは約二倍になります。この怪我のリスクは、試合に出場している選手ほど高いこともわかりました。実験者は、学業のストレスが〝試合での高い身体的ストレスよりも強く選手に影響している可能性がある〟と考察しています。

アスリートは、リカバリーを計画的な運動という観点でのみとらえ、心理的ストレスの影響を軽視しがちです。「ただ外で走るだけがトレーニングではない」と元エリート・キックボクサーでもあったカイリーは言います。その典型例が、休養日に家事や税金の計算、面倒な雑用などをして神経をすり減らすアスリートです。「結局、ストレスが溜まる日になってしまい、これは本当に休養日だったのか、普段とは別の形でストレスを感じただけではないか、と自問することになる」

ストレスで重要なのは、ストレス要因が感情に及ぼす影響です。すなわち、ストレスをどのように感じるかです。そこにはストレスへの対処に関する見込みが大きく関係している、とカイリーは言います。「このストレスに対処できると考えていれば、対応できる。対応できないと考えていると、ストレスは悪化する」。アスリートによって、同じものがストレスに感じられる場合も、そうでない場合もあります。たとえば食料品の買い物は、わずかな食費でのやりくりに苦しんでいる人にとっては辛いものに感じられるかもしれませんが、食べることや料理が大好きな人にとっては楽しく寛げる体験になるでしょう。個人が置かれている事情や遺伝的影響、さらには生い立ちも、ストレスにどう対処し、体験するかに影響します。ただしカイリーは、それはまったく変わらないわけではないと言います。「遺伝子や胎児期の環境、育ち方は変えられないが、ストレスへの対処策を与え、物事の見方を変えることで、ストレスの受け止め方は変えられる」

この対処策には、好きな音楽を聴く、詩を読む、瞑想する、森を散歩するなどがあります。「原則は、楽しめるものであること。自分に合った方法を見つけることが大切だ」。精神のリラックスが、トレーニングのように厳密に指示されることはめったにありません。しかし、そうすべきだとカイリーは言います。真面目な話、それは〝犬の散歩をする〟といったシンプルなものでもかまわない、とカイリーは言います。「ペットを飼っていると、ストレスに強くなる」

私も長いあいだ、一日で一番大切な時間は、毎朝、丘や森で夫と一緒に犬の散歩をすることだと考えてきました。これは私にとって夫や愛犬、自然や土地とのつながりを感じられる儀式です。身体も動かせて、心がクリアになり、今日一日について考えられます。これはきつくはない、寛いだ気持ちになれる運動であり、身体の声に耳を澄ますことができます。

以前、この考えを著名な理学療法士でクロスフィットコーチのケリー・スターレットに伝えたことがあります。ケリーは頷きながら答えてくれました。「わかるよ。妻のジュリエットと私が最近始めた、一日のなかでもっとも重要な行動は、毎朝学校に子供たちを徒歩で送ることだ。学校まで二キロ歩くとから一日は始まる。家族とのコミュニケーションの時間が増えたし、仕事前に身体が温まり、気分も上がっている。こんな素晴らしいものを、昔ながらの〝ウォーキング〟というローテクな方法で得られるんだ」

瞑想アプリやグッズの功罪

二〇〇〇年代前半、ロシニョールのスキーチームに所属していた私は、毎年冬になるとレースのために北米各地を転戦していました。スキー用具を大量に抱えて移動していると、荷物の紛失や飛行機の遅延といったトラブルに頻繁に巻き込まれます。あるとき、過酷な遠征旅行の最後に、私のレース用のスキー板が行方不明になってしまいました。疲れ、空腹を感じていた私は、もう我慢の限界でした。そのとき、チームの監督が言葉をかけてくれました。「この手の面倒はこの稼業にはつきものだ。スキーレーサーになりたいか？　なら、トラブルとうまくつき合っていくしかない。飛行機が遅れたからって、不機嫌になって気持ちを消耗させてはいけない。この手のことは起こり得るものだと受け入れれば、レースのために心のエネルギーをとっておける」。監督の言う通りでした。私は何が起こるかは変えられませんが、それにどう反応するかは変えられます。こうして見方を変えたとたん、私のストレスはたちまち消えていったのです。

人生では、ストレスが避けられない局面に多く出会います。スウェーデン体育医療大学のスポーツ心理学者ヨーラン・キャンタは、こんなときにストレス要因を取り除こうとするのは無意味だと言います。

解決策は、ストレスとの関わり方を変えること。キャンタが関わっていた二〇一六年リオ五輪のスウェーデン競泳チームには、幼い子供のいる女性選手が二人いました。彼女たちは日々、育児の問題に直面していました。キャンタは、その問題を取り除くことではなく、共存していく方法を探りました。キャンタは言います。「この種のストレスへの対処を学ぶことは、ストレス要因との関係を変えることだった」。意外に思えますが、取り除くことのできないストレス要因からは、離れようとするよりも注意を向けることのほうが効果的な場合があります。「ある考えを頭に浮かべたくないと思えば思うほど、それは浮かんでくる。だから目をそらしてはいけない。それがこの問題の答えだ。ストレスの原因を、ありのままのものとして受け入れることだ」。このような自覚的な状況になることで、ストレス要因に対してどんな行動をとれるかを客観的に考えられるようになります。当時の私の場合なら、空港や休憩所で好きな食べ物がないのは自分にはどうしようもありませんが、健康的な軽食を常に持参することはできます。レース場所にスキー板が届かないのは自分にはどうしようもありませんが、この手のトラブルは起こり得ると気持ちを切り替え、何らかの行動をとることはできます（たとえば、チームの誰かから板を借りるとか）。

移動は、アスリートにとってストレスの元です。二〇一七年一月、ウルトラマラソンランナーのマイク・ワーディアンはワールドマラソンチャレンジ[6]に出場しました。七日間、七大陸で、合計七度のフルマラソンを毎日走るというとんでもないレースです。結果は、それまでの大会記録を大幅に塗り替える平均タイム二時間四五分五七秒[7]という素晴らしい走りで優勝。バージニア州アーリントン郡に住むワーディアンは、それまでにも数々の長距離レースで実績を残してきました。一〇〇マイルレースを何度も制覇し、一〇〇キロと五〇マイルのレースでの全米チャンピオンになりました。エルビス・プレスリーの仮装で走るフルマラソンの世界記録保持者でもあります。ワーディアンは、ワールドマラソンチャレンジの難しいところは、一つのレースを走り終えるとすぐに翌日の開催地に向けて短期間で長距離を移動しなければならず、十分に休養をとれないことだと言います。「睡眠はひどいものだった」。まともに眠れる場所が飛行機のなかしかないケースもあります。もちろん、それは睡眠にとって最適な環境ではありません。

睡眠不足を補うために、ワーディアンは最近、瞑想を取り入れました。きっかけは、お気に入りのポッドキャストで「ヘッドスペース」という瞑想アプリが紹介されていたこと。「瞑想は感覚的でつかみどころがないが、このアプリは違った。ユーザーを引き込む工夫が凝らしてあり、動画とナレーションでガイドをしてくれる。しかも無料だ」。まずアプリのガイドに従って、一〇分間の瞑想をしました。このアプリを使ったからといって、ワールドマラソンチャレンジの飛行機での移動中に常に眠れるようになったわけではありません。しかし、「心が穏やかになり、身体の疲れが癒やされていると感じた」。瞑想の感覚が気に入り、その後も続けるようになりました。数日おきに、通常は寝る前に、時には朝のランニングの前に行います。

ヘッドスペースは注目を浴びています。このアプリの開発者であるイギリス人のアンディ・プディクームは、チベット仏教の僧侶であり、TEDトークに出演して大人気を博し、ニューヨーカー誌などのメディアでも多く取り上げられています。私はこのアプリを選手に勧めている複数のコーチと話をしました。NFLの選手にユーザーが多く、「瞑想して、持ち上げるぞ」と意気込むパワーリフターが登場する最近の広告も人気を後押ししています[8]（そう、現代では瞑想でさえも商品として広告の対象になるのです）。

そんなふうに瞑想がカジュアルに宣伝されるのは、個人的にはあまり好みではありませんでした。でも、私は瞑想そのものを否定してはいませんでした。フロートタンクで体験した至福の瞬間を、瞑想でも味わえるかもしれないという期待もありました。だから、測定した脳波に基づき、瞑想の状態をバイオフィードバックとして知らせてくれるヘッドバンドがあると知り、興味を持ちました。

このヘッドバンドの名称は「ミューズ」。電極と脳波を用いて、脳の電気的活動を測定します。瞑想の上級者の脳波は、瞑想中にシータ波に移行する傾向があります。この装置の目的は、ユーザーが「ガイド音声」に従って瞑想しているときの脳の状態を明らかにすることです。「このヘッドバンドは素晴らしい」。前述したクイーンズランド工科大学のスポーツ科学者で、エクササイズリカバリーを研究しているジョナサン・ピークは言います。「これは瞑想を学ぶ人に、バイオフィードバックを提供する。そこには大きな可能性がある」。ミューズを用いると脳の状態のわずかな変化に気づきやすくなるため、瞑想時に雑念を抑え、心を静めやすくなります。

ヘッドバンドを額に当て、耳の後ろで留めます。脳波（脳の電気活動）は、ヘッドバンドの前面と耳当てにある電極で測定することになっています（この装置とセットで使用するスマートフォンから、音声のフィードバックが提供されます）。セッションは、平常時の脳の状態である「ベースライン値」の測定から始まります。私は初めて使ったとき、ヘッドバンドの位置を細かく調整しながら、四度目の測定でベースライン値を得ることができました。その後、好みの音風景（サウンドスケープ）を選びます。砂漠や森、ビーチなどです。私は森を選び、一〇分のセッションを始めました。

ミューズの肝は、測定した脳波の状態に合わせたサウンドが聴こえることです。脳が穏やかなときは波や小雨の音が、脳が活発な状態のときは騒々しい嵐のような音が聞こえます。十分にリラックスすると、鳥のさえずりが聞こえてきます。セッションの最後には、セッション中に脳が何分間「活発」「ニュートラル」「穏やか」の状態にあったかが表示されます。「穏やか」の時間に合わせてポイントが与えられ、鳥の数も表示されます。

アプリによれば、私はこの瞑想のセッションに魅力を感じたということでした。こんなふうに評価されるのはなんだか気に入りませんでしたが、実際その通りでした。また、〝ゲーム化〟されることで、瞑想に集中しやすかったとも感じました。「我々が最初に心配したのは中毒だ。瞑想は『キャンディークラッシュ』みたいに人を夢中にさせてしまうのでは?」と、ミューズの元ユーザーエクスペリエンス責任者ジェイ・ヴィディヤルティは言います。「この懸念はすぐに解消した。瞑想は簡単ではない。腕時計型の活動量計『フィットビット』でユーザーがランニング中毒になるかもと心配するようなものだった」

ヴィディヤルティは、瞑想のゲーム化のために評価システムを採用したことに自覚的です。「それによって犠牲になったものもあるだろう。だが、代わりにユーザーのモチベーションを高められるという利点が得られた。ミューズは、もともと興味がなかった人たちに瞑想を身近に感じてもらうための道具なのだ」。瞑想で高得点を出そうとするのも悪いことではない、と言います。「複数ユーザーで得点を競わせているわけではなく、ユーザーは得点を過去の自分の結果と比べるだけだ。それを目標にするかどうかは各自に委ねられている」。瞑想の初心者が目指すべきは完璧に調和のとれた状態ではなく、集中力を高めることです。「これは集中力を養うことを目指している装置だ」

ミューズは瞑想のトレーニングツールとして開発されています。フィードバックによって、どれくらい集中できているか、雑念が浮かんでいるか（そのことを自覚できていないか）を把握できます。何度かセッションを終えた後、次第にコツがわかってきました。鳥のさえずりが聞こえてこないときは、深い呼吸に意識を集中します。また、鳥の声が聞こえず、サウンドスケープが騒がしい状態にあるときでさえ、とてもリラックスし、余計な思考に邪魔されていないと感じる瞬間もありました。ある朝、仕事を始める前、とてもリラックスしていたので、短めのセッションをすることにしました。ハイスコアを獲得でき、鳥のさえずりもたくさん聞けると思ったからです（そんなふうに瞑想をとらえるのは的外れなことなのですが）。ベースライン値の重要性に気づいたのはこのときです。落ち着いた状態でベースライン値を測定したためか、瞑想によって得点を上げるのが難しかったのです。心のなかの科学者魂がうずきました。いくつか実験をしてみたところ、ベースラインの測定時に心がざわついていると、瞑想セッションで高評価のフィードバックが得やすいことがわかりました。ベースラインの測定時に瞬きをするだけで値は下がります。そのため瞑想を始めて集中していくと、鳥のさえずりを多く聞けるようになるのです。

ヴィディヤルティに尋ねると、ベースライン値が瞑想の評価結果を歪め得ることを認めました。現在、問題に対処するためにベースライン値のデータを集めて精度を高めようとしているということです。しかし、問題は他にもあります。小さなプラスチック製のヘッドバンドは、本当に脳波を正確に測定しているのか、データにどの程度意味があるのか、です。

「脳波から集中力の度合いを知ることはできるか？　可能だと思うが、ミューズでのそれはかなり精度が低いものになるだろう」。ミューズのヘッドバンドに関する研究を実施したトロント大学ミシサガの心理学者ノーマン・ファーブは言います。ミューズのような市販製品は、実験室にある本格的な装置よりも電極が少ないためデータが粗くなり、脳波による心の状態の把握にもブレが生じます。また、瞑想の上級者でも脳波のパターンには個人差があります。ですからユーザーの脳波の解釈も一律にできるわけではありません。何より重要だと思えるのは、これらのツールを用いた瞑想セッションによって意図した結果が得られるかどうかです。瞑想研究の多くは上級者を対象にしています。ミューズのようなデバイスやヘッドスペースのようなアプリケーションを用いた瞑想によって、伝統的な八週間の瞑想訓練と同じような成果を得られるのかどうかについてはまだ定かではないのです。「この種の瞑想ツールには、ポジティブな期待が山ほどある。でも我々は、本当に期待以上のものを売っているのだろうか？」。未知な点は多いとファーブは述べています。

NFLやNBA、WNBA、MLS、オリンピックの選手を指導するスポーツ心理学者のジョン・サリバンは、アスリートはフィードバックを求めることに慣れていると言います。瞑想は理想的には誰かに評価をされずにすべきですが、サリバンは「スポーツの観点からは、それだと手応えがない。選手は常にパフォーマンスを評価されていて、データを見たいと思っている」と言います。サリバンは選手にミューズを使わせ、実用的な情報が得られることが魅力だという感想を抱いています。

ミューズをしばらく試した後、私は自分なりの瞑想の形を見つけました。まずは一五分間のヨガから始め、音声インストラクションに従ってリラックスし、シャバーサナのポーズをします。その後で二分間ほど心地良いナレーターの声で詩が朗読された後、音楽が始まるのと同時に瞑想に集中します。毎回、同じ穏やかな録音を聞いていると、寛ぎ、心を整える時間がきたという気持ちになれます。指示の声に注意を向ける必要は感じません。自分の呼吸に意識を向け、思考の流れを観察し、判断することなくやり過ごします。大切なのは、思考にとらわれることなく、客観的に観察することです。そして、これは指示を聞かずに、自分一人で頭のなかで行うときのほうが簡単だと感じました。

フローティングの大きなストレス低減効果

アメリカ空軍が実施した「STRONG」(Signature Tracking for Optimized Nutrition and Training/最適な栄養とトレーニングの特徴追跡)プログラムでは、アスリートや軍人を対象にさまざまなリカバリー向上手法を試し、ある方法に汎用的な効果があることを明らかにしました。「フロートタンクは、我々にとってリカバリーにおけるホームランだ」。オハイオ州デイトン郊外にある空軍研究所でSTRONGチームを率いるヨシュア・ハーゲン(現在はウェストバージニア大学のロックフェラー神経科学研究所ヒューマンパフォーマンスイノベーションセンターのディレクター)は言います。「フロートタンクはアスリートでも兵士でも、誰にでも効果がある」。ハーゲンらがシンシナティ大学と共同で実施した研究によれば、フローティングはストレスや疲労を感じているときに崩れやすくなる交感神経系と副交感神経系のバランスを回復させます(副交感神経系はリラクゼーションを促し、呼吸や消化のような潜在意識活動を司ります。交感神経系は、ストレス反応や、危険に遭遇したときに戦うか逃げるかを瞬時に判断する〝闘争か逃走か〟反応を司どります）。ハーゲンは、フローティングは神経が高ぶっている人にも、疲れて消耗している人にも効果があると言います。「どちらにも効果があった方法はこれだけだった」。フローティングは長年、軍で実践されています。「兵士たちはそれが大好きだ」

私も同じです。コロラドの自宅の近所にフローティングができる施設を二箇所見つけ、数回セッションを終えた後、これは瞑想が苦手な人でも自然に深い瞑想状態に入れる方法だと考えるようになりました。だからこそ、兵士やマッチョな男性にも人気なのでしょう。「リラックスするには脳を雑念からシャットダウンしなければならないが、それを実践するのは難しい。だがタンクのなかでは雑念を消してリラックスできる。身体にも自ずと良いリカバリー効果が起こる」とハーゲンは言います。STRONGチームはシンシナティ大学と共同でフローティングがパフォーマンスとリカバリーに及ぼすメリットを研究中です。完全な結果はまだ明らかにされていませんが、ストレスホルモンのコルチゾールに有望な変化が起こることがわかっています。「フロートの前後で血中コルチゾール濃度が二五パーセント低下した」（ハロゲン）。九種類の競技のトップ選手六〇人を対象にした二〇一六年の研究[9]では、フローティングによって被験者の主観的筋肉痛が減り、気分が向上（リラックスする、穏やかになる、幸福感を感じる、疲労感や緊張感が減る）することがわかりました。ストレス関連の疾患からの回復を目指す人々を対象にした別の研究によれば[10]、フローティングには睡眠の改善効果があることがわかっています。

フローティングにはストレス軽減だけではなく、アスリートの集中力を高める効果もあります。サイクリストのエヴェリン・スティーヴンスがアワーレコード（自転車のトラックを一時間でどれだけ走れるか）の世界記録を樹立したときも、フロートタンクのセッションは重要な役割を果たしました。タイムトライアルの世界チャンピオンで、二度のオリンピック出場歴があり、プロサイクリストになるために二〇〇九年にウォールストリートの金融業界での仕事を辞めたスティーヴンスは、集中力が記録更新のカギだと理解していました。本番では、競技だけに一時間集中し続けなければなりません。「今まで自転車で経験したことのないようなプレッシャーを感じたわ」

「夫が大ファンのステフィン・カリーがフローティングを勧めている記事を読んで、そのフロートスパが私たちのサンフランシスコのアパートメントの隣にあることに気づいたの。そして、私たち二人の予約を入れてくれた」。フローティングは、本番を控えた彼女がストレスや不安を和らげ、トレーニングの疲労から十分に回復するのに役立ちました。その結果、心を休め、しっかりと準備ができた状態でスタートラインに立てたのです。「フローティングの最中は、トラックを走っている自分のイメージが浮かんできたり、頭が空っぽになったりした。不安はすべて通り過ぎていった。これはありがたかった。夜、ベッドで不安に悩まされずにすんだから」。一時間のフロートは、アワーレコードの理想的な準備に感じられました。「六〇分間の感覚遮断は、私が競技をしているときの六〇分間の極限の集中状態に似ている。これは走り終えた後、この六〇分、私の心はどこにいた？　と思うような競技なの」。二〇一六年、コロラドスプリングスのアメリカオリンピックトレーニングセンターを埋めた満員の観客の前で、スティーヴンスはアワーレコードの世界新記録を更新しました。(11)

真のリカバリーを実現するには、リカバリーのための心構えを養わなければなりません。〝身体には回復が必要だ〟という考えを尊重し、休むべきときを適切に判断できる――そんなマインドセットです。

しかし、このような態度を、頑張ることが正義だという考えが蔓延っているスポーツの世界で保つのは簡単ではありません。私たちは怪我をおして練習し、あと一マイル、あと一セットをこなすことを習慣づけられています。何年間も一日も休まずに運動を続ける人が称賛されます。しかし、適応やリカバリーが不十分なままであれば、ランニングは無駄に距離を重ねることになってしまいます。身体を鍛えるのではなく、傷める行為だからです。私も、連続して運動を続ける凄い人たちのことを称賛します。しかし同時に、〝休む技術〟をマスターしているアスリートのことも、同じくらい称賛すべきだと思うのです。

第七章　睡眠——最強のリカバリーツール？

フットボールのスター選手トム・ブレイディが宣伝するパジャマは、『スタートレック』の宇宙艦隊の制服が入っているかもと思わせる未来的なケースで私の家の玄関に到着しました。表に「休め《レスト》。勝て《ウィン》。繰り返せ《リピート》」というキャッチフレーズが書かれた銀色のケースを開封すると、一見すると普通のスポーツウェアのような合成繊維の黒い上下のパジャマが出てきました。シャツは柔らかく、伸縮性があります。長袖で、スクープネックの胸元にはボタンが五つ。ボトムはウエストと裾が弾力性のある素材で締まるようになっていて、腰には締め紐がついています。シャツと同じ薄く、柔軟な素材でつくられ、下に小さな青い三日月のマークがプリントされています。

定価は上下セットで一九九・九八ドル。このTB12スリープウェアは決して安くありませんが、普通のパジャマでもありません。製造元のアンダーアーマーと、この製品を大々的に宣伝するニューイングランド・ペイトリオッツのクォーターバック、トム《T》・ブレイディ《B》（背番号「12」）によれば、これは科学的に開発されたリカバリー技術が採用された特殊なパジャマなのです。素材の内側にプリントされた六角形の模様には魔法のような効果をもたらすバイオセラミックパウダーが含まれています。このバイオセラミック素材は身体の熱を吸収して遠赤外線で再放出すると謳われています。「遠赤外線を皮膚に当てることで、炎症を減らせる」。ブレイディはアンダーアーマーのウェブサイトで語ります。「このスリープウェアがなければ、これまで成し遂げてきたことを達成できたとは思えないし、これから成し遂げるべきことも実現できると思えない」

誇大広告のように思えますが、このパジャマが本当にブレイディのスポーツ選手としての息の長さと成功のカギなのだとしたら、試してみる価値はあります。ブレイディより少し年上の私は、若さを保てるという謳い文句に弱くなる年齢になっていました。その日は長時間ハードなクロスカントリースキーをして疲れていたので、パジャマを試すにはうってつけでした。

パジャマを身につけた最初の印象は、快適さでした。このパジャマはアンダーアーマーの他のパフォーマンスウェアと見分けがつきにくく、見た目も手触りも同社の透湿性のあるタイツやシャツと似ています。素材は軽くソフトな肌触りがして、首から足首までを覆われていましたが、締め付けも暑苦しさも感じません。私は、このパジャマの秘密は熱なのかもしれないと思いました。熱は一般的に、筋肉痛のある部位に良い感触をもたらします。しかしこのパジャマからは、不思議なくらいに温かさも冷たさも伝わってきません。ベッドカバーに潜り込み、いつものように眠りに落ちました。しかし眠りの質にも、翌朝の起床時にも、普段との違いは感じませんでした。翌日のランニングにも変化はなく、リカバリーの違いも感じません。数日間パジャマを着て眠り続けました。もしリカバリーが促されているのなら、そのメリットは小さすぎて私には違いがわかりませんでした。

「このスリープウェアの目的は快眠の鍵を解除することだ」。当時アンダーアーマーのグローバルプロダクトの上級副社長だったグレン・シルバートは言いました。ただし、何が快眠に鍵をかけているのかは説明しませんでした。私がこのスリープウェアは熱を反射しているのかと尋ねると、シルバートは違うと答えました。「吸収した熱を、基本的に遠赤外線として返している。それは熱ではなくエネルギーだ」。私はそれを聞いて驚きました。アンダーアーマーがその遠赤外線技術の科学的根拠だとする研究論文によれば、「遠赤外線放射はエネルギーを純粋な熱として伝える。それは放射熱として人間の肌の温度受容器が受け取ることが可能である」とされています。すなわち、このスリープウェアは人間の肌から吸収した熱を、放射熱として送り返しているというのです。赤外線サウナが、〝赤外線〟と呼ばれる特別な熱を放射するのと同じです。公平を期すために言えば、その価値はともかく、このパジャマは異なる低い波長のエネルギーとして熱を放出しているとされています（遠赤外線が熱かそうでないかというのは言葉の表現の問題です。実用的な観点から言えばこの二つは同義です。人間には遠赤外線は見えず、熱として感じることしかできないからです）。この製品のプロモーションビデオでは、ブレイディは遠赤外線放射は炎症を減少させると語っていますが、そのメカニズムははっきりとはしておらず、エビデンスもほとんどありあません。そもそも、トレーニングへの反応を期待しているのなら、炎症を減らすのはむしろ悪いことだと考えられています。

シルバートは、このスリープウェアの実験結果は「寝付きを良くし、ぐっすり眠れる。夜に目覚める回数が減り、睡眠時間が長くなる」ことを示唆していると言いますが、私が自分で試した限り、特にどの効果も感じませんでした。しかしシルバートは「その背後には本当の科学がある。トム・ブレイディが生きた証拠だ」と主張します。ブレイディのパフォーマンスがそれを物語っているというのです。「三九歳にして二三歳のようにプレーする。現在も最高のクォーターバックで、今年ほど良いプレーをしたシーズンもなかった」。シルバートが指していたのは、ブレイディのチームがスーパーボウルを制覇した二〇一六／一七シーズンです。

でも、私はちっとも同意できませんでした。トム・ブレイディはおそらくNFL屈指のクォーターバックでしょう。しかし、このパジャマの宣伝をする前からフットボール選手として成功していました。その成功を、このパジャマのバイオセラミックパウダーと結びつけるのは強引です。本当に効果があるのは魔法の粉ではなく、もっと強力なもの——つまり〝睡眠〟です。ブレイディは夜が早いことで知られ、午後八時半には就寝します。良質な睡眠の習慣は、特別なウェア（さらに言えば、同じくブレイディが宣伝する高級マットレス）よりも、優れたパフォーマンスと選手生命の長さに貢献しているはずです。それでも、ブレイディとアンダーアーマーが睡眠を商品化する理由があります。睡眠は、効くのです。リカバリーの魔法の秘密が存在するとするならば、それは睡眠です。

睡眠を甘く見てはいけません。これは、科学が認める最強のリカバリーツールです。睡眠の疲労回復効果に匹敵するものはありません。これまでに編み出されたあらゆるリカバリー手法をすべて足し合わせても、睡眠には敵いません。眠ることは、身体を修理店に出すようなものです。睡眠中の身体では、日中に生じたダメージを修復し、再びパフォーマンスができる準備をするために、リカバリープロセスが全開で進行しているのです。

睡眠は一晩をかけ、四段階のサイクルを繰り返します。ステージ1は覚醒から眠りに移行した段階で、もっとも軽い睡眠の段階と考えられています。通常は総睡眠時間の約五パーセントを占めます。次のステージ2は睡眠の約五〇パーセントを占めるもので、ステージ1と比べて眠りが深く、起きるのが難しくなる段階です。記憶処理にとって重要だと考えられています。ステージ3は、もっとも眠りが深い段階で、記憶処理とも関連付けられています。身体の修復を促すテストステロンや成長ホルモンなどの物質も分泌されやすくなります。睡眠が不足していると、筋肉の発達や若返りを促すホルモンの放出が鈍ってしまいます。ある小規模研究によれば、一日五時間しか寝ない健康な若い男性は、テストステロンレベル[1]が一〇〜一五パーセントも低下します。ステージ3は日中に学習したことが脳内に記憶され、不要な記憶が削られる段階でもあります。最後のステージ4はレム(急速眼球運動《Rapid Eye Movement》)睡眠で、夢の大半はこのときに見ます。手続き型の記憶はレム睡眠中に強化されると考えられています。運動技能や認知能力を必要とするスポーツ選手にとって、睡眠のこの段階は特に重要です。夜が深まるにつれてレム睡眠は徐々に長くなりますが、睡眠時間を削ると短くなります。

トム・ブレイディは、アンダーアーマー制作、コメディ集団のファニー・オア・ダイ作のくだけたプロモーション用の子供向け絵本『The Tortoise & The Hare & Tom Brady』[2](カメとウサギとトム・ブレイディ)のなかで、睡眠の大切さを説きます。物語のなかでは、カメがブレイディに挑発的なメールを送り(「お前はフットボールが下手だ。俺とウサギなら楽勝だ」)、翌日に勝負することになります。ブレイディは試合に向けた準備をしながら、専門家のように良い睡眠の秘訣を読者に説明していきます。もちろん「TB12」の宣伝を織り交ぜるのも忘れません。ブレイディがチームの本拠地であるボストンの街並みの額入り写真を見つめながら、こう語るシーンもあります。「このリカバリースリープウェアを着て眠ると、リカバリーを早められるんだ」

ベッドに入る前に、ブレイディはサーモスタットで室温を調整します。「摂氏18℃。僕がぐっすり眠るための理想的な温度だ」。ビッグゲームに勝った記念品の四つのリングにささやきかけると、「リングは毎晩そうしているように、ウインクを返します」。ウインクはともかく、温度についてはブレイディは正しいと言えます。18℃は、涼しいが寒くはない、睡眠にとって理想的な温度です。

ブレイディは就寝の三〇分前にすべての電子機器の電源を切ります。携帯電話は気が散らないように特別な箱のなかにしまいます。眼鏡をかけて（もちろん、これは雰囲気を演出するためです。ブレイディの視力は完璧です）、お気に入りの本のページをひらき、心を落ち着けて読書をします。これはまったく正しい方法です。ブリガム・アンド・ウイメンズ病院は、就寝前に電子デバイスを使う場合と紙の本を読む場合の被験者の睡眠パターンと概日リズムを調べる小規模研究を実施しました[3]。その結果、寝る前に画面を見つめていた被験者は、本を読んでいた被験者に比べて起床時に体内時計が遅れ、メラトニンレベルが低下していました。この研究では、体内時計を混乱させた要因はコンピューターやタブレット、携帯電話の画面から放出されるブルーライトだと考察しています[4]。このため、夜遅くなるにつれて電子機器の画面を暗くしていく「f.lux」のようなアプリは、夜にベッドのなかでどうしてもこれらのデバイスを使いたい人にとってはリスクを減らすのに役立つと言えます。

ブレイディがそろそろ眠りに入ろうとしていると、フクロウがやってきて、「耳栓を忘れないで。静かだとよく眠れるよ」と言います。これも正しい方法です。就寝時間と起床時間を一定にすることに加えて、騒音や光、他の気が散るものがない環境は、最適な睡眠のために重要です。

ブレイディが深い眠りに落ちようとしている頃、カメはバーでニンジンジュースのショットグラスを一気飲みしています。当然ながら、翌日の試合ではブレイディが二〇〇点を取って圧勝。でもスポーツマンらしく、試合後はTB12ブランドのスポーツドリンクをカメとウサギに与え、仲良く飲み干すのでした。

睡眠こそがリカバリーのカギを握る

リカバリーと適応が起こるのは睡眠中です。睡眠を優先させることは、アスリートの成功のカギを握っています。最適な睡眠時間は人それぞれです。「選手には、〝目覚まし時計を使わないと何時間くらい眠るか〟を把握するように指導している」とNFLヒューストン・テキサンズのスポーツ科学ディレクター、エリック・コレンは言います。「夜になったら、寝場所を暗く、涼しくして、アラームを設定せずに寝る。朝目覚めたとき、何時間眠ったかを計算し、それを最初の基準にする。自分にとってベストな睡眠時間、つまりスイートスポットを見つけること。たいてい、それは七時間から九時間のあいだになる」。正確に記録するかどうかは各自に委ねてはいますが、選手には自分の睡眠時間を把握することを勧めています。「一番大切なことは、自分がどれだけ眠っているかを把握しておくことだ」。すると、選手には変化が起こります。「選手たちは〝昨夜は六時間しか眠れなかったから、疲れを感じるんだな。今晩は早めにベッドに入ろう〟と考えるようになる」

近年では、睡眠不足がまるでステータスシンボルであるかのように自慢されることが珍しくなくなりました。私も最近会った有名な神経科学者に、「四時間しか寝ていないので会話が続かない」と得意げに言われました（彼は何社ものスタートアップ企業を抱えて忙しいのです）。たしかに遺伝的に四時間睡眠でも日常生活を送れる幸運な「ショートスリーパー」はいます。しかし、それはごく希なケースです。[5]「一日に五、六時間しか眠らなくても大丈夫だと自称する人たちのほとんどは、睡眠不足に耐える力が他人よりあると言っているのと同じだ」とヘンリー・フォード睡眠障害研究センターのミータ・シンは言います。「実際には、睡眠負債を抱えて生活しているだけだ。そして、朝すっきりと目を覚ます感覚を忘れている」

慢性的な睡眠不足は正常な眠気の感覚を低下させ、判断力を鈍らせる、とペンシルベニア大学の医師で睡眠研究者のシグリッド・ベジーは言います。一週間、一日五時間以下の睡眠で過ごすという実験では、被験者は二日目の朝にもっとも強い眠気を覚えました。しかし慢性的な睡眠不足には眠気を感じにくくする作用があるため、二日目以降は初日ほど眠気を感じなくなります。「自分では問題なく日常生活を送れていると思っているが、実際はそうではない」とベジーは言います。睡眠五時間だと暗記テストのような単純なタスクはできても、問題の解決や複雑な思考を求められるタスクは難しくなります。

睡眠時間を削ることは、酔って試合場に現れるようなものです。「睡眠が六時間だと、反応時間は通常の二、三倍になります」とシンは言い、アルコール摂取と睡眠不足が注意力、反応時間、眠気などに与える影響を調べた研究に言及しました。[6] 実験の結果、六時間睡眠はビール二、三杯、四時間睡眠は五、六杯と同等の影響がありました。徹夜は、なんとビール一〇、一一杯分に相当します。前日に一睡もしないのは、酩酊した状態で翌日一日を過ごすのと同じことなのです。

あと少し睡眠か練習の時間を増やせるとしたら、睡眠を選ぶほうが賢明だとシンは言います。朝の一時間のトレーニングを増やすために睡眠時間を犠牲にするのは、愚の骨頂です。

睡眠が足りないと身体が脆くなります。ヘンリー・フォード睡眠障害研究センターの研究は睡眠不足だと痛みに敏感になることを示唆し、ハイスクールの運動部員を対象にした研究によれば八時間以下の睡眠は怪我のリスクを高めます。睡眠が少ないと免疫系の機能が低下し、ウイルスの影響も受けやすくなります。ある研究[7]では、睡眠パターンを一週間にわたって測定された被験者一六四人を実験室に隔離して風邪ウイルス入りの点鼻剤を投与したところ、風邪にかかった割合は睡眠七時間以上の被験者が二〇パーセント未満だったのに対し、睡眠六時間以下の被験者は四五パーセントと大幅に増加していました。

アスリートがトップレベルで成功するために必要な練習量に関する本はたくさんありますが、どれだけ長時間練習をしても、睡眠不足では成果は得られません。睡眠は運動能力の学習を強化します。特にトレーニング後二四時間以内の睡眠は重要だと考えられています。このことを発見したマシュー・P・ウォーカーとロバート・スティックゴールドは「練習をし、睡眠をとると、そこで学習が完了する[8]」と提唱しています。昼間にしたスポーツのレッスン（テニスのサーブやゴルフのスイング、水泳のストローク）は、夜にぐっすりと眠ることではじめて身につくのです。

質の高い睡眠時間がどれくらいとれているかを正確に測定するのは、実験室のような設備がない限り簡単ではありません。睡眠の時間と質を測定できると謳うフィットネストラッカーやスマートフォンアプリなどは多いですが、これらのガジェットの測定精度は高くはありません。「これらのツールは深い睡眠と浅い睡眠を区別して測定できると主張しているが、脳の電気的活動を測定しない限りそれを正確に行うのは不可能だ」。カルガリーのセンター・フォア・スリープ・アンド・ヒューマンパフォーマンスの睡眠科学者エイミー・ベンダーは言います。ある研究によれば、ユーザーの睡眠時の動きから睡眠の質を測定するトラッカーには、一時間程度の誤差が生じることがあります。ベンダーは精度の粗い測定方法に頼らず、単純にアスリートに睡眠にどれくらい満足しているかを尋ねることを好みます。不満を感じているアスリートは、たいてい睡眠に何らかの問題を抱えています。ベンダーはまた、選手が必要な睡眠時間を確保できるように、就寝と起床の時間を記録することを推奨しています。

一部のアプリやスリープコーチは、就寝と起床の時間を九〇分の睡眠サイクルに沿って設定し、レム睡眠時に起床しやすくする（覚醒した状態で一日を過ごしやすくすると考えられている）方法を提唱しています。「だがこの九〇分サイクルは科学にもエビデンスにも基づいていない」とベンダーは言います。睡眠サイクルには個人差がありますし、さらに個人でも日によって違いがあります。通常の睡眠パターンにかかわらず、厳しいトレーニングをした日の夜は睡眠の序盤に眠りの深い徐波睡眠と呼ばれる状態が長くなり、レムサイクルが遅れます。「このため、いつ目を覚ますべきかをピンポイントで特定するのは極めて難しい。また、レム睡眠中に目を覚ますことも特に重要ではない。重要なのは、睡眠の量と質だ」

本業は大学生やプロを対象にしたランニングコーチでしたが、スティーブ・マグネスの心は科学者でした。ヒューストン大学のクロスカントリーチームのヘッドコーチであるマグネスは、指導する学生ランナーたちに日々の睡眠時間やパフォーマンス、感想などを記録するアプリを与えました。シーズン終了後にデータを分析したところ、学生ランナーのパフォーマンスには睡眠が大きく関わっていることがわかりました。「睡眠はその日に学生がどんな走りをするかを予測できる唯一の因子だった。睡眠とストレスには直接の相関関係があった。実に多くの選手のデータに当てはまっていた」。他にも、睡眠時間の増加によって被験者の筋肉収縮テストでのパフォーマンスが向上し[9]、運動も楽に感じたという研究があります。

睡眠に気を配るのは良いことです。でも、データに固執してしまうと逆効果になることがあります。持久系競技コーチのクリステン・ディーフェンバッハは、指導していたあるマスターズ年代のトライアスリートが何でも数値化しないと気が済まない人だったのを覚えています。パフォーマンスが急落していたので練習量を減らして休養を増やすようアドバイスすると、医師であるそのアスリートは「だが私の睡眠モニターは、十分に眠っていると示しているんだ！」と反論しました。ディーフェンバッハは「機器の数値よりも、自分がどう感じているかを大切にすべきときもあるのです」と説得しました。

手首に巻いてさまざまな健康情報を記録できる最近流行の活動量計（フィットネストラッカー）も、私たちを間違った方向に導くことがあります。シカゴの研究者は最近、睡眠研究所を訪れた二七歳の女性[10]のケーススタディを発表しました。この女性は寝起きに疲れが取れていないように感じること、活動量計の「フィットビット」のデータが眠りの質が良くないと示していることを気にしていました。脳波や心拍数などの生理的データを測定したところ、睡眠の質には問題はありませんでした。しかし彼女は、活動量計が良くないデータを示していたので、研究所の結果を積極的は信じようとしませんでした。この女性のようにデバイスから得た睡眠データを見て自分の睡眠について過度に心配してしまうことで睡眠障害に陥るケースは非常に多く、「オルソムニア」と疾患名がつけられているほどです。

夜中に眠れずに辛い思いをしたことがある人なら誰でも、不眠には寝付けないと悩むほど眠れなくなる心理的側面があるのを知っているはずです。たとえば不眠症患者は、眠れずにいた時間を多く見積もる傾向があります。「実際にはベッドにいる時間の六、七割は眠っているのに、二割しか寝ていないと思っている」と睡眠科学者のミータ・シンは言います。「不眠に悩む人は、夜中に目を覚ましたことそれ自体で不安を強める。枕元の時計が午前二時を指しているのを見て、脳細胞が刺激され、目が冴えてしまう」。シンはアスリートに、夜中に眠れなくても時計は見ないようにすべきだとアドバイスしています。必要なら、時計を裏に向けて時間がわからないようにしておくように、とも。

眠れないアスリートのために、ベンダーはベッドの上でできる「認知シャッフル」という技法を推奨しています。まず、単語を一つ選びます。ここでは「ベッドタイム」(bedtime)とします。次に、最初の文字である「B」から始まる単語を頭のなかでできる限り浮かべていきます。もうこれ以上思いつかないと思ったら、次の文字(「E」「D」「T」……)で同じことを続けていきます。この技法の目的は、眠れないことの不安から気をそらすことです。

また、一晩眠れなかったことを思い悩みすぎてもどうしようもありません。ベンダーは、睡眠を一週間単位で考える方法を提案しています。「ある夜によく眠れなかったら、翌日に昼寝を長めにとったり、別の日にゆっくり寝たりしてバランスを取る。一週間の合計で必要な睡眠をとることを考え、毎晩八時間眠ることにとらわれすぎないようにする」

〝どれだけ眠れたか〟という主観的な考えは、自分をその通りの結果に導く思い込みを生むことがあります。一〇〇人の被験者に睡眠に関する偽のフィードバックを与えた研究[11]があります。〝平均よりレム睡眠が多く質の高い眠りがとれている〟という偽情報を与えられた被験者は、平均以下だったという偽情報を与えられた被験者よりも認知テストで良い結果を出しました。少なくとも認知関連のパフォーマンスに関する限り、実際にどれだけ良く眠ったかよりも、どれだけ良く眠ったかと考えているかのほうが重要になる場合があるかもしれないということです。

大きな試合の前夜は、不安と緊張が入り交じり、不慣れな場所で眠らなければならないことも多いため、理想的な睡眠をとれるアスリートは少ないはずです。でも、過度の心配は不要だ、とベンダーは言います。大切なのは、試合の前日だけではなく、その一週間でどれだけ質のいい睡眠をとれていたかです。「その前の四、五日間に良い睡眠がとれていれば、試合の前日にあまり眠れなかったとしても大きな影響はない」。毎晩ぐっすりと眠れるのが理想ですが、現実的にはうまくいかない日もあります。カリフォルニア大学のヒューマンパフォーマンスセンターの睡眠科学者シェリー・マーは言います。「試合前日に五時間しか眠れなかったといって、パニックになる必要はない。でも、まったく影響がないと言えば嘘になる」。睡眠不足が反応時間やメンタルスキルを低下させるのは明らかです。「他のことをするために睡眠時間を犠牲にしたり、眠ることを軽視したりしているアスリートは多い。それでいて、トレーニングの他の側面には慎重に準備をしている。睡眠も、同じくらい重要だと見なすべきだ」

睡眠中心のスケジュールのはかりしれないメリット

三五歳のスー・バードにとって、WNBA（全米女子プロバスケットボールリーグ）での自身一五年目のシーズンとなる二〇一六年は、アシスト数とスリーポイントシュート成功率（自己ベストとなる四四・四パーセント）でリーグ一位に輝いた、最高のシーズンになりました。二〇〇二年にドラフト一位でシアトル・ストームに入団して以来ガードとしてプレーしてきたバードは、全試合で先発したこの二〇一六年、前年に比べて大幅に疲れを感じずにシーズンを終えることができました。それは、チームのヘッドコーチ、ジェニー・ブーセックのおかげだと言います（二〇一七年後半、ブーセックはＮＢＡのサクラメント・キングスに育成担当のアシスタントコーチとして移籍）。

「ブーセックは眠りに取りつかれていたわ。ほとんどコミカルだった」とバードは言います。「どうやってそうしているのかはわからないけど、毎日一二時間は寝ているように見えた。そして、このシーズンはチーム計画を睡眠を中心にして立てた」。ブーセックの睡眠へのこだわりは、その常識を疑う精神から生まれたものでした。「私はバスケットを科学的に理解したい」とバージニア大学の名選手だったブーセックは言います。「医者の家系の出身だから、自然に物事を実験で確かめようとするメンタリティが備わった。みんながしているから、という理由で同じことをするのは嫌い。それが私なの。チームのリーダーやオーナーは懐が広くて、私に実験の余地を与えてくれた」

ストームのスポーツパフォーマンスコンサルタント、スーザン・ボーチャードは、スタンフォード大学時代に同大学の睡眠科学者シェリー・マーによる睡眠研究の目覚ましい効果に感銘を受けていました。マーは同大学のバスケットボールチームの選手に約六週間、毎晩一〇時間をベッドで過ごすよう指示しました（その結果、選手たちの睡眠時間は一日当たり平均で約八〇分増えました）。この研究[12]の被験者となった選手たちは、反応時間、フリースローの成功率（九パーセント）、スリーポイントシュートの成功率、スプリントタイムが向上し、さらに、幸福感が増す、頭がすっきりするといった感想も報告されました。

マーは同大学の競泳やフットボール、テニス選手を対象にして同様の研究を行い、同じくポジティブな結果を得ました。選手の睡眠を改善すれば、あらゆることが良くなると言っても過言ではありませんでした。

ボーチャードのこの報告は、ヘッドコーチのブーセックを説得するのに十分でした。ブーセックはチームの練習や移動のスケジュールを調整すれば、選手の睡眠時間を増やし、疲労回復を早められるはずだと気づきました。「睡眠の重要性は誰もが知っている。でも、そのために具体的な行動をとることは難しい」。ブーセックは言います。

バスケットボールチームの多くは、試合当日の朝にコートで各選手がさまざまな位置から自由にシュートをする、「シュートアラウンド」と呼ばれる練習をします。一九七〇年代前半にロサンゼルス・レイカーズのコーチ、ビル・シャーマンが選手の不安を解消し、身体を目覚めさせる方法として始めたもので、すぐに他のチームも取り入れるようになりました（シャーマンはウィルト・チェンバレンをベッドから引きずり出すためにこの練習を始めたという伝説もあります。しかしシャーマンはこれは自身の現役時代に心を静めるために始めた儀式だとニューヨークタイムズ紙[13]に語っています）。これはバスケット界の伝統的な慣行ですが、選手から睡眠時間を奪うことにもつながりかねません。特に、チームが前夜に長い距離を移動していた場合に当てはまります。ブーセックは、この朝のシュートアラウンドのために選手の睡眠が犠牲になるかもしれないと考え、試合日によっては完全に中止し、実施する場合も参加は任意としました。「試合日は選手にとって神聖なもの。コーチである自分が、準備のために何が最適かをすべて決めるべきではない」とブーセックは言います。「選手には選択肢を与える。コーチはいるが、選手はさまざまなルーチンや儀式のなかから最適なものを自分の判断で選べるべきよ。私は選手がリカバリーや頭をすっきりさせるためにもっと睡眠をとりたいと言うのなら、その通りにさせたいと考える」

シュートアラウンドを見直したのはストームだけではありません。この儀式へのアプローチを変えたNBAのコーチは少なくありません。「選手の睡眠時間を確保するために、朝のシュートアラウンドを取りやめるチームは増えている」とフェニックス・サンズのヘッドトレーナー、アーロン・ネルソンは言います。サンアントニオ・スパーズ、ボストン・セルティックス、ポートランド・トレイルブレイザーズ、デンバー・ナゲッツも朝のシュートアラウンドを廃止していますし、選手が朝ゆっくりと眠れるようにシュートアラウンドの時間を試合開始前に近づけるコーチもいます。「選手は数時間多く眠れるので、疲労がとりやすい」。年間八二戦を戦うNBAのスケジュールは過酷です。同じ開催地での連戦もあれば、時差のある開催地を移動しての連戦もあり、選手が疲弊しやすいこともよく知られるようになりました。その結果、練習よりも休養のほうが重要な場合があることを認識するコーチも増えました。「睡眠の専門家と相談して、どうすれば選手たちが睡眠時間を確保できるかを考え、そのうえで練習の時刻や時間、シュートアラウンドを実施するかどうかを考えるようにした。これはとても大きな効果をもたらした」とネルソンは言います。

ナイトゲームの後、選手が自宅やホテルに戻るのは午前二時を過ぎることもあります。神経を静めるのにも時間がかかります。勝っても負けても、ゲームの興奮は簡単には収まりません。電気のスイッチみたいには切れないのです。ブーセックは、長い夜を過ごした選手のために、早朝便の移動を避けるようにチームスケジュールを刷新しました。「急いで次の都市に向かったりはしない。そのために選手の睡眠を削ってしまうのは得策ではないわ。機内では、ベッドで一晩ぐっすり眠るような睡眠はとれない」

　西海岸と東海岸で三時間の時差があることで、選手の体内時計は狂いやすくなります。ブーセックはこの問題に対処するために〝常に地元のタイムゾーンで行動する〟という斬新な解決策を編み出しました。「東海岸にいても、シアトル時間で行動する。それでも特に支障はない」とブーセックは言います。時差ボケで眠れなくても、心配は不要。選手は現地時間に合わせて早起きする必要がないのを知っているからです。選手は、〝明日は早起きしなければならないのに眠れない〟というストレスから解放されます。

　ストームによる睡眠重視のスケジュール変革は、コートにも違いをもたらしました。「選手には気力が漲り、リフレッシュした状態で試合に臨めるようになった」とブーセックは言います。「体力が理由で試合に負けることがなくなり、シーズンの最後まで疲れを引きずったり、頭がぼうっとしたりしない状態で戦えた。その効果はチームの成績にもはっきりと現れた」。バードはこの違いは、シーズン終盤に歴然と感じられたと言います。「一五年目ともなると、WNBAのシーズンがどんなものかはよくわかっている。でもブーセックのおかげで、このシーズンは最後まで疲れが残らなかった。睡眠の効果ね」

　ブーセックの睡眠への情熱は、バードにも伝播しました。バードは睡眠を神聖なものと考えるようになっただけではなく、〝コーヒーナップ〟のファンにもなりました。これはコーヒーを飲んでから二、三〇分昼寝をするというもので、ちょうどカフェインが聞き始めた頃に目を覚ますことができます。

「だるさを感じずに、すっきりと昼寝から目覚められるの」

昼寝を取り入れるチームが増えている

スキーヤーのミカエラ・シフリンは二二歳の若さにして、すでにワールドカップ四二勝、オリンピックメダル二個（金と銀）を獲得し、ワールドカップの総合優勝も二度果たしています。[14] この調子でいけば、史上屈指のスキー選手と呼ばれるようになるでしょう。その急速な成功にもかかわらず、彼女は僧侶のようなストイックな生活をしています。有名人の集うイベントや夜のパーティーを避け、健康的な食事をし、夜は早く就寝します。この習慣は両親から引き継いだものだと言います。「看護師の母と医師の父は栄養と睡眠をとても重視していて、幼い私に繰り返しその大切さを説いていた」

シフリンにとって一番のリカバリー手段は昼寝です。「バズフィードのクイズをしてみたら、私の守護動物は〝ナマケモノ〟で、ニックネームは〝ミスター昼寝〟だったんだけど、これは当たってるわ。昼寝が大好きで、毎日そのために二時間は予定を開けておくようにしているの。寝ることで、身体も心も感情も回復できる」。彼女の昼寝の習慣はチームにも伝染しました。最近の合宿でも、シフリンは昼寝の習慣を厳格に守りました。初め、他のスキー選手は「ああ、私は昼寝はしないから」という態度をとっていましたが、練習の強度と量が上がっていくにつれ、次第にシフリンに倣うようになっていきました。「みんな、〝ちょっと横になろうかな〟と言い始めたの。結局、最後には全員が昼寝をするようになった」

シフリンは使い慣れた枕とクリスマスプレゼントにもらった「自分史上一番柔らかいブランケット」

を遠征に必ず持参します。このブランケットは睡眠とセットになっていて、これなしで眠れないことを不安に感じているくらいです。昼寝は彼女にとってスキーと同じくらい重要な練習の一部です。ホテルの部屋に着くと真っ先にカーテンを確認します。「部屋を真っ暗にできるタイプのものだったらラッキーね。遮光性が良くないタイプのときは、アイマスクを着用するかタオルで窓を塞ぐ」

昼寝をすると夜に眠りづらくなると言う人もいますが、シフリンのポリシーは〝寝たいときに寝る〟。毎晩、八時間半から九時間は眠っています。「長い昼寝をして夜に九時間連続で眠れないときもあるけど、それは気にしない。でも、睡眠不足のときは、頭と身体が働かなくなる」。まれに七時間程度しか眠れなかったときは、頭がぼんやりとします。「車を運転しているだけでも本調子ではないと実感する」。五時間しか寝なくても大丈夫だと自慢する人たちのことも信じられません。

オリンピック金メダリストのリンゼイ・ボン[15]も昼寝をすることで知られています。アメリカのスキーチームも昼寝を重視していて、ユタ州パークシティのトレーニングセンターには選手が練習の合間に仮眠をとるためのスリープセンター[16]が設けられています。ナップルームにはノイズを抑える吸音天井や光を遮るシェード、睡眠に最適な涼しさを保つ室温調節機能などが備わっています。

かつては幼稚園児のためのものと思われていた昼寝も、現在では多くのエリートスポーツ選手の習慣になっています。仮眠室を持つNFLチームはいくつかありますし、NBAでも午後の昼寝が普及していて、「リーグの事務局は午後三時の昼寝の時間には選手に電話をすべきではないことを知っている」とリーグコミッショナーのアダム・シルバーがニューヨークタイムズ紙に語っています[18]。「試合ごとに昼寝をすれば大きな効果が期待できるし、長いシーズンも乗り越えやすくなる」。ロサンゼルス・レイカーズのポイントガード、スティーブ・ナッシュもタイムズ紙でその考えを述べています。レブロン・ジェームズ、デリック・ローズ、コビー・ブライアントも試合前に昼寝をすることで知られています。

「昼寝は選手にとって本当に重要だ」。カナダの睡眠科学者エイミー・ベンダーは言います。「覚醒し、運動パフォーマンスと生産性も向上する」。昼寝の理想的な時刻は身体の機能が自然に低下する午後一時から午後四時のあいだであり、この時間帯での昼寝を通常のトレーニングスケジュールに組み込むべきだとベンダーは提唱します。

夜にあまり眠れそうもないときは、昼寝で睡眠の貯金ができます。試合の前後や激しい練習をした日に熟眠するのは簡単ではありません。オーストラリア国立スポーツ研究所（ＡＩＳ）のリカバリー科学者ショーナ・ハルソンは、疲れているからといって、必ずしも眠たくなるわけではないと言います。ハードな練習をしている期間、アスリートは〝疲れすぎて〟眠れないことがあります。

二〇一六年のリオ・オリンピックでは、競泳競技は夜遅くに開催されました。「決勝のレースには午後一〇時開始のものもあった。オーストラリア代表チームのヘッドコーチに、この遅い時間帯にどう対処すべきかと相談された」とハルソンは言います。「それまで誰もこのような環境でのパフォーマンスの研究はしていなかった」。そこでＡＩＳの科学者はチームの選手に午前〇時にタイムトライアルを行わせ、睡眠をモニターして、最適な対処策を探りました。この実験は、選手にとって真夜中に全力で泳ぐことの感触を得るよい機会になり、この時間帯でも一定のパフォーマンスが出せるという自信を与えました。

理想は、パフォーマンスを発揮したいのと同じ時間帯に練習をすることです。「それは望みの時間帯に力を出すための訓練だ」。前述の睡眠科学者のミータ・シンは、アスリートに睡眠時間をずらして体内時計を調整し、レース本番の時間帯に覚醒した状態でいられるようにすることを推奨しています。「試合の開始時刻が毎回午後七時なのであれば、その時刻に練習するのが望ましい。試合と同じ時間帯に練習することが原則よ」

夜の競技はそれ自体で調整が難しいものですが、時差ボケが加わることでさらに問題は複雑になります。この点で有利なのはストームのような西海岸のチームです。東海岸と西海岸のNFLチームの四〇以上シーズンにわたる対戦成績を分析した研究によると、[18]西海岸のチームのほうが成績が良く、概日リズムの面で大きなメリットがあることがわかりました。ただし選手が時差にどう反応するかは生まれつきのクロノタイプ（朝型か夜型）によっても異なります。ベンダーによれば、夜型は概日リズムが二四時間以上だと考えられるため、東よりも西に移動するほうが楽になり、逆に朝型は二四時間以下だと考えられるため東に移動するほうが楽になります。

ベンダーは、時差のある地域に移動するアスリートに光を活用することを勧めています。現在の場所から時刻が遅くなる東に行くときには、夜に光り（特にブルーライト）をできる限り避けて朝に光を浴びるようにすると体内時計を調整しやすくなります。逆に現在の場所からは時刻が早くなる西に行くときは、夜は光を浴びて朝は光を避けるようにします。最近では、時差ボケ調整のアドバイスを提供してくれるアプリや「Jetlagrooster.com」などのウェブサイトもありますので、これらを利用して体内時計を調整するのもよいでしょう。

時差ボケへの最良の対処策は、試合の直前だけではなく、普段から習慣的に健康的な睡眠習慣を送る

ことです。アスリートは大会前だけ睡眠のことを考え、日常的に良く眠ることを軽視する傾向がありま
す。しかし、ベンダーはそれは間違いだと言います。アスリートも、一般人と同じく「FOMO《フォーモー》」(fear of missing out/何かを見逃すことへの恐れ)に悩まされています。ベンダーは、試合で不調だったある選手のことを覚えています。その原因は、海外のクリケットの試合結果を知るために毎晩夜中に起きてインターネットを見ていたことでした。朝までの数時間を待てなかったのです。

仮眠室を備えるチームやパフォーマンスセンターが増えているのには理由があります。睡眠が、アスリートがトレーニングから回復するための最善の方法だからです。睡眠はリカバリーのメインディッシュです。残りの方法はすべて添え物なのです。

第八章　サプリメント——効果を裏付けるエビデンスは少ない？

二〇一七年のある春の日、リカバリーに役立つものを探してサンフランシスコのパロアルトにある洒落たショッピングセンターを訪れた私は、各種のサプリメントを取り扱うGNCストアに足を踏み入れました。笑顔で迎えてくれた店長にリカバリーに役立つものはないかと尋ねると、棚から巨大なプロテインパウダーの巨大な容器を取り出しました。価格五五ドル（一回当たり四ドル弱）の「GNC Pro Performance® Amp Amplified Wheybolic Extreme 60™ Original」は、その〝アミノ・アクセラレーション・システム〟によって〝筋力を三〇パーセント増強〟すると謳っています。しかしその直後に注意を促す＊（アスタリスク）記号に続いて〝これらの内容は食品医薬品局による評価はされていません〟という免責事項が記されています。

パッケージには科学の謳い文句も書かれていました。八週間の本格的な筋力トレーニングとこのプロテインの摂取によって筋肉増強と筋力向上の目覚ましい効果が見られたという研究や、このプロテインを摂取した三〇人の健康な男性が筋力と筋持久力を最大限に向上させたという八週間の研究があることが記されています。有望な情報に思えますが、この一文だけでは消費者は研究の正当性を判断しようがありません。

店長もこの商品を知るうえではあまり頼りにはなりませんでした。店のオーナーがこの商品に惚れ込んでいるという話でしたが、ラベルに記載された研究については何も知りません。実際のところ、この商品の売り込みは、そのオーナーや一般ユーザーの成功談に頼っているように思われました。容器には「最高品質、吸収力抜群のホエイプロテイン――分離乳清および加水分解物」と記されていますが、店長は材料の製造場所や製法を知りませんでした。

家に戻り、GNCのウェブサイトでラベルに記載された研究について調べてみようとしましたが、オリジナルの情報を参照するための十分な情報は見つけられませんでした。代わりにこのウェブサイトで見つけたのは、四四種類もの大量のリカバリー製品でした。派手な売り文句が並んでいます。ある酵素ブレンドは〝身体の再生メカニズムと相乗的に作用〟、〝関節の痛みを和らげ血行を改善〟、〝筋肉と組織のリカバリーを加速〟と謳われています。ただしその直後に、外部機関による裏付けはないという免責事項が続きます。別のサプリメントには〝科学にエンジニアリングされた公式〟によって〝構築と補充のための身体のタンクの精度を特定〟という、よくわからない文面が書かれています。

私がこうしたリカバリー製品と同じくらい怪しげだと感じるのが、〝天然〟食品です。地元の健康食品店には、リカバリー製品専用の陳列棚があります――リカバリー時間の短縮や筋肉痛の軽減効果を謳う「有機リカバリーネクター」（原料は凍結乾燥ココナッツウォーター）、最適な筋肉のリカバリーや疲労と筋肉痛の軽減を謳う「スイカ風味ドリンクミックス」。

これらのサプリメントが謳うリカバリーやパフォーマンスの効果には、どれくらいの正当性があるのでしょうか？　「その宣伝通りの効能が得られることはめったにない」とサプリメント業界（とそれ以前はステロイド産業）の内部で長年働いていたアンソニー・ロバーツは言います。「既得権者が出資した研究をもとにした、不正確な情報が宣伝に使われることがある」

スポーツサプリメントの主張を検証してきた専門家も同じ意見です。栄養と食事のアカデミー、カナダ栄養士会、アメリカスポーツ医学会は二〇一六年に「パフォーマンス向上を主張するサプリメントが、それを裏付けるたしかな証拠を持つケースはほとんどない」という内容の合同声明を発表しています。また、スポーツサプリメントの効果を裏付けるとされる研究は、実験規模が小さく、想定されるアスリート層を代表するには被験者数として不十分なケースが多くあります。これは私がビールの実験で直面したのと同種の問題です。

サプリメントには本当に宣伝通りの効果がある？

栄養学者のスチュアート・フィリップスが、マクマスター大学の栄養学の入門コースで学生にマルチビタミンをとっているかと尋ねると、多くの手が上がります。学生たちは、その理由は「足りない栄養素を補うため」だと答えます。スポーツ栄養学製品、特にサプリメントのマーケティングの原動力になっているのは、この「ＦＯＭＯ《フォーモー》」（fear of missing out／何かを見逃すことへの恐れ）の感覚です。「何かが不足しているというメッセージは、強力なものになる」とフィリップスは言います。

食事全般が良好であれば、特殊なビタミンや栄養素をとる必要はありません。「しかし、たいていの人は自分は栄養が十分にとれていないと考えている」とフィリップスは言います。サプリメントのマーケティングは、この不安心理をうまく突いています。アメリカ疾病予防管理センター（CDC）によると、典型的な（健康オタクではない）アメリカ人の食事には、健康維持に必要な栄養素やビタミンが十分に含まれています(1)。

もちろん、CDCの報告書は健康のために最低限必要な栄養素に言及したものです。アスリートは単にビタミン不足を補うためではなく、超人のようになりたいがためにサプリメントをとります。身体の働きを最適にし、パフォーマンスを向上させる、合法的なドーピングのような作用を期待しているのです。

国際オリンピック委員会は、二〇一七年の報告書で「大半のサプリメントではエビデンスが不十分である」と結論づけ、サプリメント使用を促しているのは、「ライバルが使うものは逃せないという不安」だと述べています。サプリメントにこれほど人気があるのは、アスリートが製品の特別な効果を強く実感しているためではありません。私が取材したなかでも、サプリメントの錠剤や粉末によって驚異的にパフォーマンスが向上したと述べているアスリートは皆無でした（ただし、サプリメントが人生を変えたという回答はありました。それについては後述します）。彼らがサプリメントをとる理由は、周りがみんな使っているからなのです。取り残されることを望む人はいません。FOMOはとても強力なのです。

トップアスリートとサプリメントの関係

初めて会ったとき、私は一ブロックも離れた場所から近づいてくるメアリー・ベス・プロドロミデスのことがわかりました。彼女についての新聞記事を読んだことがあったので、外見は知っていました。でも、私がプロドロミデスに気づいた理由はそれだけではありません。道を颯爽と歩くその姿に、スーパーヒーローのような雰囲気があったからです。鋼のような肩やのみで彫ったような大腿四頭筋は、身長一六〇センチ弱、体重六〇キロ弱の体格を実際よりも大きく見せていました。

バーベルやウエイトを竹でできているみたいに軽々と放り投げるプロドロミデスは、「クロスフィットゲームズ」で年代別（現在は五五〜五九歳クラス）の世界チャンピオンに三度も輝いています。逞しい身体つきは、そのもの静かな仕草とは対照的です。その素顔は、とても穏やかです——少なくとも、競技が始まるまでは。肌は日焼けし、ジムのありったけのウエイトを使ったような重さでクリーン・アンド・ジャークやスクワットをするときは、長い栗色の髪をポニーテールにします。スポーツ歴は長く、以前は体操やボディビルをしていましたが、クロスフィットこそが自分にとって理想的な競技だと考えています。

クロスフィットゲームズは、いわば〝フィットネスのスポーツ〟の世界大会です。選手はオリンピックでもお馴染みのウエイトリフティングや体操のような運動、ランニングなどの有酸素運動、固定マシンでのローイングなどの運動の組み合わせを行い、その速さを競います。本大会に出場するには複雑な予選を勝ち上がらなければならず、本番では各種のエクササイズを連続で行わなければなりません（選手には多くのエクササイズの内容は直前まで知らされません）。「私は速くエクササイズをするのが得意。もし一六歳のときに〝将来、エクササイズのスピードを競う種目で世界チャンピオンになる〟と言われたら絶対に信じなかったと思う。でも、それがクロスフィットよ。怪我せずにできるだけ速く運動をすることが求められる」

クロスフィットをエクササイズとして楽しむ人は、ジムで「WOD」（ワッド／ワークアウト・オブ・ザ・デイ）と呼ばれる日替わりメニューに従ってトレーニングをします。しかしコロラド州グランドジャンクションのミドルスクールの体育教師であるプロドロミデスは、期分けされた綿密なトレーニング計画に基づき、プロコーチの指導のもとでトップアスリートのようなトレーニングをしています。クロスフィットゲームズの本番が近づくと、ジムで一日約四時間の猛練習に取り組みます。当然、リカバリーも重要になるため、自身のスポンサーの一社で、ビタミン剤やサプリメント、ドリンクパウダーなどを幅広く販売するマルチレベルマーケティング会社、アドボケア（AdvoCare）の製品を利用しています。

プロドロミデスのサプリメントの利用方法とエンドースメント契約はありふれたものです。スポーツサプリメント市場は二〇二〇年に年間一二〇億ドルに達すると予想され(2)、同業界のプロモーション費用はプロのアスリートやチーム、リーグ、スポーツ大会に費やされます。アドボケア一社だけでもNASCAR（全米自動車競争協会）やMLS（メジャーリーグサッカー）、NCAA（全米大学体育協会）、NFLのクォーターバック、ドリュー・ブリーズのような個人選手などとスポンサー契約を結んでいます。同業他社も同様です。ハーバライフはMLSのロサンゼルス・ギャラクシーやアイアンマントライアスロンレース(3)、ユサナヘルスサイエンスは女子テニス協会やアメリカのスキー、スノーボード代表チームのスポンサーです。アメリカの体操、ラグビー、ボート、五種競技、フェンシング、テコンドー、ソフトボール、サッカーチームはすべてアイダホのスポーツサプリメントメーカー、ソーンリサーチとスポンサー契約を結んでいて、オーガニックサプリメントのガーデンオブライフはアメリカ陸上代表チームの公式スポンサーです。ＳＮＳには有名選手が投稿するスポンサー企業のサプリメントの写真や称賛コメントが溢れ、このような投稿を頻繁に目にした消費者は、誰もがその製品を使っているのではないかという印象を抱きやすくなります。

初めて会ったときに、どんなサプリを使っているか現物を見せてほしいと頼んだところ、二回目の取材で喫茶店に姿を見せた彼女は、ビニール製のショッピングバッグから取り出した一二種類もの製品を小さなテーブルの上に所狭しと並べてくれました。「これらはあくまで補助的なものであり、大切なのは日頃の食事よ」。プロドロミデスは念のためにそう言いました。「サプリメントを食事の代わりにすることはできないの」

プロドロミデスはクロスフィットを開始してまもない二〇一〇年にアドボケアを使い始めました。このメーカーのサプリは一般的なドラッグストアではなく、階層的なアフィリエイトシステムを通じて販売されています。一番下のレベルはディストリビューターから商品を購入する消費者です。契約してディストリビューターになると商品を販売すると手数料が入ります。その上はアドバイザーで、配下のディストリビューターが増えるたびにボーナスが得られます。同社はアドボケアのビジネスのために懸命に働けば生活レベルが変わるほどの大金が稼げると宣伝していますが、ＥＳＰＮの記者ミナ・キメスに[4]よる二〇一六年のマルチレベルマーケティングプログラムに関する調査によれば、アドボケアの商品販売では、それなりの収入を得ている人ですらわずかしかいませんでした。キメスによれば、ディストリビューターは自分の地位を保つために自腹で商品を購入しなければならないというプレッシャーを感じていて、アドボケアのビジネスモデルを疑う者は〝夢をぶちこわす者〟というレッテルを貼られます。

当時、ジムの知り合いからアドボケアを勧められたプロドロミデスは、多くのユーザーがそうするように、まず大きな目標に向かって身体を一気に変化させることからプログラムをスタートさせる、「アドボケア二四日間チャレンジ」に取り組みました。ちょうどクロスフィットを始めたばかりで、食事も変えたところでした。加工食品や小麦は一切とらず、乳製品もごくわずかに制限します。この二四日間のチャレンジは、フレッシュなスタートになりました。

チャレンジを終えるとすぐにアドバイザーになり、一定の売上高を達成すると商品の四割が収入になる立場になりました。でも優しい話し方をする彼女は、押し売りめいたことはしません。私も何度も会って話をしましたが、一度も商品を勧められませんでした。強引な売り込みはしないという彼女の言葉には信憑性が感じられました。「興味があるという人には説明するけど、無理にディストリビューターになってもらおうとはしない」。クロスフィットゲームズで優勝した後はアドボケアと交渉して契約アスリートになり、現物支給という形で月額の報酬を得ています。同社のサプリメントを購入する必要がなくなった今もアドバイザーは続け、わずかな報酬を得ています。「せいぜい月に一〇〇ドル程度だけど、助かるわ」

プロドロミデスが摂取する毎月のサプリは、定価で買えば七三〇ドルに相当します（アドバイザリー割引でも三七二ドル）。私のためにテーブルに並べてくれた、一二種類のサプリメントを使っています。ラベルには、「Omegaplex」（フィッシュオイル）、「BioTune」、「BioCharge」（分枝鎖アミノ酸）、「Immunoguard」「Joint ProMotion」「Calcium」「V16 Energy」、「SPARK」（エネルギードリンク）、「VO2 Prime」（エネルギーバー）、「Nighttime Recovery」、「Sleep Works」、「Postworkout Recovery Shake」と表記されています。
「オメガとポストワークアウトリカバリーシェイクは欠かせない」。シェイクで好きな味は？「チョコレート！」。プロドロミデスは加工食品や穀物を避け、肉や魚、野菜、ナッツ類、植物油の食事をする「パレオダイエット」を実践しています。「でも、このシェイクのせいで厳密なパレオとは言えないわ。これは私のチートね」。このシェイクには五〇種類以上の成分が含まれています。マルトデキストリンとフルクトースといった糖分。ブロメライン、ガンマオリザノール、コリンクエン酸二水素といった化学物質。筋力向上に役立つとされる化合物クレアチンもあります。そしてビタミンやミネラル類。アドボケアによれば、このシェイクは「運動後の筋肉痛を抑え、代謝をサポートし、筋肉をすみやかに回復させ、筋肉へのエネルギー供給を維持・復元」できます。しかし同社は、これらの主張を支持する証拠を提供していません。

一方、このシェイクにも含まれている炭水化物とタンパク質がプロドロミデスのようなアスリートのハードなトレーニング後のエネルギー補給とリカバリー向上に役立つことを示す証拠はたくさんあります。このシェイクの一回分に含まれている炭水化物三六グラム、タンパク質一二グラム、二二〇カロリーと同じ栄養素は、ギリシャヨーグルト一杯とバナナ一本からも得られます。でもシェイクミックスは便利ですし、プロドロミデスは味を気に入っています。

他には、「BioTune」は運動と生活のストレスの対処に、「Immunoguard」は学校で生徒から風邪をうつされないために、「Sleep Works」は安眠に、「Nighttime Recovery」は睡眠中の身体の修復に役立つと言います。飲むべき量は体重によって変わります。それは、それだけこのシェイクに強い効き目があるということなのでしょう。「BioCharge」を飲むのは「NFLのスター、ドリュー・ブリーズも飲んでいるから」（トップアスリートも有名人の推薦には弱いのです）で、グルコサミンやカルシウムをとるのは骨や関節のためです。エネルギーバーの「VO2」は毎日は食べず、食べるときも少し齧るだけです。ビタミンやハーブの粉末を水に溶いて発泡性の飲み物をつくる「V16 Energy」は、アドボケアによればエネルギーと集中力をアップできます（ただし、FDAによる評価はされていないという免責事項付きで）。カフェインと各種のビタミンが含まれるエネルギードリンク「Spark」は刺激が強すぎて、一杯分を飲み干せないことが多いそうです。これだけたくさんのサプリメントをとっていたら、どれがどれくらい効いているのかわからなくなるのではないだろうかという疑問が浮かびました。彼女は効き目がないと思ったものはやめると説明しましたが、私はそれは質問の答えにはなっていないと思いました。

プロドロミデスのように真剣に競技に取り組むアスリートは、効果がありそうだと思ったものはすべて試さずにはいられません。そしてアドボケアは、魅惑的な主張をしています。たとえば「BioCharge®」は「抗酸化物質が豊富な植物由来の成分とビタミンB群と分岐鎖アミノ酸（BCAA）を公式に基づいて配合」することで「筋肉のパフォーマンスとリカバリーを向上」させ、BCAAが「筋肉の損傷や痛みの軽減に貢献」し、「加齢や運動・競技のストレスに対処」すると謳っています。素晴らしい効果です。でも、それは本当でしょうか？　BCAA関連の研究は多く発表されていますが、その実験範囲は限定され、ポジティブな効果もわずかしか確認されていません。多くのサプリメントの研究と同様、サンプルサイズも小規模です。私のビールの研究のように、興味深い結果を示すことはあっても、それだけでは結論は導けない類いのものなのです。

サプリメント業界の裏側

サプリメント会社が謳うパフォーマンス向上効果の裏側を誰よりも知るのが、ホセ・アントニオです。フロリダに住み、ＳＵＰ（スタンドアップパドルボード）に情熱を注ぐアントニオは、国際スポーツ栄養学会（ＩＳＳＮ）のＣＥＯ兼共同設立者で、同学会が刊行するジャーナルの編集者も務めています。以前は『マッスル・アンド・フィットネス』誌のサイエンスエディターを務め、サプリメント業界の多数の企業と関わり、サプリメント関連の本を何冊も執筆し、サプリメント界の第一人者としての名声を築きました。「スポーツ栄養学は、アカデミズムにとっての鬼っ子だ」。アントニオは言います。二〇年前、サプリメントは科学界から敬遠されていました。「スポーツ科学者からは、紛い物のように見なされていた」

しかしアントニオたちは、アカデミックなスポーツ科学界に認めてもらうために必死になる必要はないと気づきました。否定的な人たちを無理に説得するのではなく、自分たちで研究コミュニティを形成し、学術雑誌を刊行して研究結果を発表すれば、サプリメントの正当性を世の中に訴えられます。二〇〇三年、アントニオは四人のサプリメント信奉者と共にＩＳＳＮを設立します。きっかけは、その直前に共同創立者のジェフ・スタウトとアメリカスポーツ医学会（ＡＣＳＭ）の会合でセミナーを開催したことでした。聴講した同学会の会員から、そのサプリメントは科学的証拠のないいんちき商品だと批判されました。しかしアントニオは、それは聴衆の半分で、残りの半分は発表の内容を「気に入っていた」と回想します。

ＡＣＳＭの会員のほとんどは大学に所属するスポーツ科学者でしたが、アントニオたちは違いました。彼らはボディビル界の出身だったのです。「僕たちはみんな趣味や競技者としてボディビルに関わっていて、それがきっかけで科学的にサプリメントを研究しようとした。自分の身体を通じて、当時の科学がサプリメントについて語っていることが間違っているのを体験的に知っていた。医師はボディビルをするのにそんなに大量のタンパク質は不要だと言っていた。でも、実際にボディビルをしていた僕たちはそれは違うと思っていた。明らかに何かがおかしいと感じていたんだ」

ＩＳＳＮの創設者たちは、スポーツ栄養学の世界には高度な専門知識を持つ人がわずかしかいないと思っていました。そして、このテーマの興味や知識を共有できるグループをつくる必要性があると考えたのです。「僕たちは反逆者だった。既存の学会にサヨナラを言い、ＩＳＳＮを設立した」[5]。アントニオは二〇一四年のインタビューで語っています。「現実を見てほしい。ＩＳＳＮはハドソン湾を進む高速ボートで、学会はゴムボートだ」。アントニオとスタウトは、ＩＳＳＮの設立時期にサプリメント企業のＧＮＣやＭＥＴ‐Ｒｘと関わっていました。「裏切り者、怪しいセールスマン、いろんなことを言われた。でも最後に笑ったのは僕たちだった。今では、スポーツ栄養学はアカデミックな研究分野としての地位を確立している」

アントニオはＩＳＳＮがスポーツ栄養学の発展とスポーツサプリメントの普及に大きく貢献したと言います。二〇〇〇年以前は学術誌が掲載したがらなかったサプリメント研究を発表できる場を、ＩＳＳＮがつくったのだ、と。「現在、サプリメントの情報を求める需要はさらに高まっている。ＩＳＳＮ以外の学術誌も刊行されている。なぜならそれはクールで、セクシーで、楽しいからさ！」。ＩＳＳＮが高速ボートなら、アントニオはその情熱的な船長のようなものです。

アントニオは、サプリメントは初め、ボディビル界から来たために評判が悪かったと言います。「ボディビルの文化を知れば、マーケティングの主張の半分は誇張だとわかる。でも、面白いのは残りの半分が正しいことだ」。ボディビルの初期、ジョー・ウェイダーやジャック・ラレーンなどのトップビルダーは、食事だけでは不足するタンパク質を補うために、サプリメントをとっていると話していました。「科学者や医師はそれは間違いだと考えていたが、実際にはビルダーが正しかった」

その通りなのかもしれません。でも、当時の著名なボディビルダーに、サプリメントを推奨する経済的な理由があったのも事実です。ボディビルの歴史を振り返れば、サプリメントは単にジムの常連が魔法のような効果を実感して使い始めたものではないことがわかります。

ボブ・ホフマン[6]は一九五〇年代以降、三〇年以上にわたってボディビル界にその名を轟かせた人物です。長年アメリカの重量挙げチームを指導し、ニューヨークバーベル社を経営し、マスキュラー・デベロップメント誌の創設者でした。一九四六年六月、自然食品を提唱するポール・ブラッグから、食料品の販売を依頼する手紙が届きました。[7]「これは大きな収入源になります。食品事業は、運動機器事業とは違います。私が一九一三年に買ったミロバーベル社のバーベルセットは今でもまったく変わらずに使えますが、食料品はあなたが指導する数千人が消費と購入を繰り返すものです。想像もできない売上になります」。ホフマンはにわかにこの話を信じませんでした。しかし一九五一年、ストレングス&ヘルス誌にニューヨークバーベル社が独占販売する製品の半ページの広告が掲載されました。「ジョンソンの高タンパク質食品。オリンピックコーチのボブ・ホフマンが推奨」。後に、ホフマンはこの製品のブランド名と配合を変え、「ホフマンの高タンパク質」として販売するようになりました。

このような経緯を知っていただけに、私はアントニオにリカバリーのアドバイスを求めたとき、サプリメントの名前がいくつも挙げられると思っていました。しかし実際に返ってきた答えはこうでした。「まず、一番大切なのは睡眠。眠ることの重要性を示すデータはたくさんある」。さらに、トレーニング後の二〇～四〇グラムのタンパク質摂取と、持久系アスリートの場合は筋グリコーゲン補充のために炭水化物摂取も推奨しました。「この原則に従っていれば問題はない。でも、みんなこの基本ができていない。そして、〝ねえ、秘密を教えてくれよ〟と言うんだ。僕は、ハードな練習、たっぷりの睡眠、身体に良い食事。これを繰り返すこと、と答える」

これは素晴らしいアドバイスです。そしてアントニオは、科学がどんなものかを知っています。「一つの研究が明らかにするのは、全体の一部にすぎない。全体を見る視点を忘れてはいけない」

サプリメントの大半は、その効果を裏付ける科学的証拠がわずかしかありません。しかしアントニオは、それがどうした、と言います。一般的な食品の効果も、それを裏付ける証拠がない場合が多いからです。「サプリメントの否定派には、普通に食事をしていれば十分に栄養はとれると言う。特に栄養士に多い。でも、僕はいつも反論する。〝ハムサンドイッチを運動後に食べたときの効果を調べた研究はあるのか？〟〝ケチャップの安全性を証明した研究は？〟ってね」

アントニオは、サプリメントメーカーが製品の効果を主張しているのなら、公開された研究データはあるかと尋ねるといいと言います。「でも、データが提供されなかったとしても、必ずしもそのメーカーが研究をしていないとも、製品の主張が間違っているとも限らない。その効果の正当性を精査するための時間をとれていないということもある。でも、僕はサプリメントメーカーはそれをすべきだと思う。科学以上のマーケティングはないからね」

科学以上のマーケティングはない――これはサプリメント研究にとっての問題の原因でもあります。研究は科学的な真理の探究というよりも、製品を売ることを目的にしたマーケティングの一環になっているからです。

これと同じ批判は、製薬会社が出資する薬剤研究にも向けられてきました。そのため製薬業界は、プロセスを透明にするために厳格なルールに従うことが義務付けられました。現在、アメリカで薬物研究を実施するには、アメリカ国立公衆衛生研究所などが管理するデータベース（ClinicalTrials.gov）に研究の計画と手順を事前に申請し、良い結果だけではなく、すべての結果を報告しなければなりません。[8]これによって、規制当局や国民は製薬会社にとって都合のいいものだけではないすべての研究結果を知ることができるので、全体的な状況を把握しやすくなります。このシステムも完璧ではなく、偽陽性の結果をすべて見分けることはできません。それでも二〇一五年の分析の結果、[9]二〇〇〇年のデータベースの開設以来、薬剤に肯定的な結果を示す研究の割合は急落しました。たとえば、二〇〇〇年以前にはアメリカ国立心臓・肺・血液研究所が助成した大規模な無作為化対照試験のうち五七パーセントが肯定的な結果を示していましたが、それ以降は八パーセントに低下しています。

しかし、このような厳格なルールや規則は栄養学の研究には適用されていないため、サプリメント会社や研究者は製品を魅力的なものにできる肯定的な結果が得られるまで研究を続けられます。否定的な結果（サプリメントの効能を示すめぼしい結果が得られない）は引き出しにしまわれてしまいます。ただし、この〝お蔵入り問題〟と呼ばれる現象は、必ずしも研究者のモラルが低いから起こるとも限りません。学術誌に否定的なものよりも肯定的な研究結果や新発見を好む傾向があるため、これらの研究が掲載されやすくなることも関連しているのです。結局、その理由がメーカーの都合であれ学術誌の性質であれ、肯定的な結果が多く掲載されることになります。

通常、学術誌は掲載する論文に対して専門家による査読を実施します。しかし、一流学術誌は競争が激しく、論文を掲載するのは簡単ではありません。そこで、料金を支払えば査読なしで論文を掲載してくれる学術誌の存在に目が向くようになります。査読や厳密な科学的基準を適用せず、金をもらえばどんな論文でも掲載してしまうこうした学術誌は〝捕食出版〟と呼ばれ、近年数が増えています（「Get Me Off Your Fucking Mailing List」（その忌々しいメーリングリストから私を外せ」と題した、この七単語が一〇ページにわたって延々と繰り返される、とても論文とは呼べない代物を掲載した学術誌もあります）。

理想の世界では、科学は真実を追究し、必ずエビデンスが存在します。しかし実際には、研究はメーカーの主張を裏付けるためのマーケティングの道具として使われることもあります。望ましい結果が出やすいように実験を設計し、その通りの結果が出たら、〝科学的に証明された〟という根拠に用いられるのです。金を払えば掲載してくれる学術誌があるので、査読に合格する必要もありません。望んだ通りの結果がでなければ、闇に葬ってしまえばいいのです。

コロラド大学の司書ジェフリー・ビルは、二〇一七年にそれまで五年にわたり捕食出版社のリストを掲載していたブログを閉鎖し、その内容を紙媒体で出版しました。[10]「捕食出版社は異端審問以来、科学にとっての最大の脅威だ」とビルは書いています。「本物の科学と偽の科学の境界線を曖昧にし、補完医療や代替医療などを本物の科学として扱い、利益を得るために科学を利用しようとする者の論文を刊行することで科学を脅かしている」。科学とマーケティングを区別することは、インターネットでフェイクニュースに騙されないように気をつけるのと似ています。たしかな裏付けのある正当な情報源を見つけるのは難しくありませんが、そのすぐ隣に玉石混淆の膨大な情報が広がっているのです。

ドーピングにつながる危険性――サプリメントに潜む罠

サプリメントの常用者はおそらく、その効果は過剰に宣伝されている部分があると考えているはずです。私が取材をしたアスリートも、「その魔法のように謳われているメリットが半分でもあればいいのに」「少なくともなんらかの効き目があれば」「ひょっとしたら何の効果もないものに大金を費やしているのかもしれない」といった言葉をよく口にしていました。

同じような考えを持っていたトライアスリートのローレン・バーネットのところに、あるとき一件の通知が届きました。二〇一六年に優勝したウィスコンシン州ラシーンでのハーフ・アイアンマントライアスロン大会直後の薬物検査が、陽性だったというのです。オスタリンという禁止薬物が検出されたということでしたが、バーネットは聞いたこともありません。「どう発音するかも知らなかった」。バーネットは意図的にドーピングをしたことはなく、どんな経緯でこの物質が体内に入り込んだのかもわかりませんでした。レース前に身体に入れたあらゆるものを検査した結果（費用は自腹を切りました）、犯人がわかりました。ウィスコンシン州の七月の暑さに対処できるようにと、レース前に摂取した電解質タブレット（彼女が電解質が朝食に含まれている普通の塩と同じものだと気づいているといいのですが）に、この物質が含まれていたのです。アンチドーピング当局はこのタブレットを独自に購入し、オスタリンが含まれていることを確認したため、バーネットは軽減された六カ月の出場停止処分を受けるに留まりました。

禁止物質入りサプリメントを摂取してドーピング検査で陽性が出たアスリートはバーネットが初めてではありません。バーネットの一件を担当した弁護士のハワード・ジェイコブスは、同じ問題に直面した（あるいは、私のコロラド大学時代のサイクリングチーム仲間であるタイラー・ハミルトンのように、ドーピングの発覚時には無実を主張し、後に不正行為を認めた）[11]アスリートをこれまでに何人も弁護してきました。二〇〇三年に無害だと信じていたマルチビタミンに禁止薬物のステロイド前駆体が含まれていたことで陽性反応が出た競泳選手のキッカー・ベンシルの弁護も担当しました。ベンシルは二年間の出場禁止処分を下されたことで二〇〇四年のオリンピックを逃し、件のビタミンを製造したアルティメットニュートリションを相手取って訴訟を起こし、約六〇万ドルの和解金を手にしました。[12]「この一件は同種の問題を世に知らしめた」とジェイコブスは述べています。

ジェイコブスは、オリンピック予選のドーピング検査で喘息薬に用いられるクレンブテロール（筋肉増強効果がある）の陽性が発覚して二〇〇八年夏季オリンピックを逃した競泳選手のジェシカ・ハーディも弁護しました。外部の研究機関がハーディが摂取していた各種のサプリメントを検査したところ、「アルギニンエクストリーム」と呼ばれる製品に禁止薬物が含まれていたことが判明しました。このサプリメントを製造していたのは、あのクロスフィットのチャンピオン、プロドロミデスがスポンサー契約を結んでいるアドボケア社でした。同社は過失を否定しましたが、[13]ハーディが聴聞会で提示した証拠によって、世界アンチドーピング機構は彼女が誤って禁止薬物入りサプリメントを摂取したと判断し、通常の二年間ではなく、一年間の出場禁止処分を下しました(14)（それでも、世界記録保持者であるハーディは二〇〇八年のオリンピックを逃してしまうことになりました）。

クロスフィットゲームズも薬物検査をしていますが、プロドロミデスは心配していません。アドボケアがアンチドーピングの対象となる禁止薬物が製品に含まれていないかどうかを検査するプログラム「インフォームドチョイス」に参加しているからです。「商品ラベルには含有成分が表記されている。だから薬物検査は怖くないわ」。プロドロミデスは言います。

しかし私はジェイコブスを含む数人の専門家から、アスリートがこのようなプログラムの保証に賭けるのは愚かだと聞かされました。「アスリートが、〝自分はちゃんと調べた。だからこのサプリメントには絶対に禁止物質は入っていない〟と考えるのは危険なことだ」。サプリメントの品質を確保するためのプログラムはいくつも存在します。「でも、だからといって保証はされていない。万一、安全だと見なしたサプリメントに禁止薬物が含まれていて、そのせいでアスリートが薬物検査で陽性になっても、これらのプログラムの実施元が保証金を出すわけではないからだ」。ジェイコブスは、自社のすべてのサプリメントに禁止物質がまったく含まれていないことを保証できるメーカーはないと言います。

こうして考えると、サプリメントがドーピングの便利な隠れ蓑になりそうな気もします。禁止薬物が含まれていることが疑われるサプリメントを知らずに摂取していたと言えば、ドーピング追求の矛先を逸らせるかもしれないからです。実際、この手は使われています。二〇一二年、サンフランシスコ・ジャイアンツのスター、マイキー・カブレラ(15)は、五〇試合の出場停止処分を受けたテストステロン検査の陽性反応結果が故意ではなかったと嘘をつくために、架空のサプリメント販売会社と偽のサプリメントを捏造し、このサプリメント摂取が陽性反応の原因だと主張しました。カブレラは一万ドルを払って偽のサプリメント販売ウェブサイトをつくりましたが、結局すぐにすべてがバレてしまいました。

　薬物検査で陽性になったアスリートは、それを単にサプリメントのせいにはできない、と米国アンチドーピング機構（ＵＳＡＤＡ）で薬やサプリメントに関する特別顧問を務めるエイミー・アイヒナーは言います。アスリートが次々と登場するサプリメントを使い始める前に、同機構が禁止薬物が含まれていないかをすべて確認するのは至難の業です。同機構は、サプリメントをとることでラベルには表示されていないステロイドや興奮剤などの禁止物質を摂取してしまう危険があることを、長年アスリートに訴えてきました。サプリメント市場が二〇二〇年には一二〇〇億ドルに成長することが予測される状況のなかで、この危険性はますます高まっています。[16]

　この緊急の問題に対処するため、ＵＳＡＤＡはアスリートに禁止薬物などを誤って摂取することの危険性を警告する「サプリメント４１１」[17]というプログラムを開始しました。サプリメントが安全であると保証できませんが、ＵＳＡＤＡは危険な物質が含まれているサプリメント製品のリストをつくっています。「検査したサプリメントから禁止物質が見つかるのは日常茶飯事だ」アイヒナーは言います。これは新しい問題ではありません。ＩＯＣの医事委員会[18]はすでに一九九七年に、サプリメントのリスクをアスリートに警告しています。アイヒナーとタイガートは、未申告の興奮剤やタンパク同化男性化ステロイド（筋肉増強剤）、調剤が含まれるサプリメントは、数千種類もあると見積もっています。

　なぜサプリメントには未申告の成分が含まれているのでしょう？　二つのシナリオが考えられます。

一つは、その成分がサプリメントが何らかの（おそらくは製品の目的の達成を促す）作用を起こすために意図的に入れられているケース。他のサプリメントと同じく処方薬の成分が含まれていないはずの勃起不全（ＥＤ）向けのサプリメントにバイアグラが混入されいることが多いのも、減量向けの丸薬に未申告の興奮剤が含まれていることが多いのもそのためです。ＦＤＡが警告しているスポーツサプリメントの多くはアナボリックステロイドが含有されている派手な名前のものですが、プロテインパウダーのように一見すると無害なサプリメントにも未申告の成分が含まれていることがあります。

二〇一〇年のコンシューマー・レポート誌の調査によれば、[19] 一部のプロテインパウダーやプロテイン飲料には三回分の摂取で米国薬局方（ＵＳＰ）が定めた一日の摂取量を超える量のヒ素、カドミウム、鉛が含まれていました。ＮＦＬのランニングバック、マイケル・クラウドとオリンピックのボブスレー選手、パヴレ・ヨバノビッチなど、[20] プロテインの摂取のために薬物検査でステロイド前駆体の陽性反応が発覚した選手もいます（二人はメーカーを訴え、示談で解決しました）。

サプリメント企業は商品の安全性をアピールしますが、ＵＳＡＤＡはアスリートに同機構はサプリメントの安全性や純度を保証できないと伝えています。たしかに「インフォームドチョイス」のようなプログラムで認定された商品はそうでないものに比べて禁止物質が混在している可能性は低いと言えます。それでも、買い手には用心が必要です。

なぜ私たちはそれでもサプリメントがやめられないのか

禁止物質入りのサプリメントが問題になるのは、薬物検査で失格するトップアスリートだけではありません。これらのサプリメントをとることで、一般のユーザーの健康にも悪影響が生じます。ニューイングランド・ジャーナル・オブ・メディスン誌に掲載された研究[21]によれば、アメリカでは栄養補助食品が原因で緊急治療室で処置を受ける患者が年間二三〇〇〇人にも達します。二〇一一年には兵士二人がアンフェタミンに似た興奮剤「メチルヘキサナミン」（ＤＭＡＡ）を含有するサプリメントを服用して死亡し、米国防総省は軍事基地でのこのサプリメントの販売を禁止しました。[22]二〇一三年、米国食品医薬品局（ＦＤＡ）はＤＭＡＡを含有するサプリメントは危険であり、米国薬局方（ＵＳＰ）の研究所が製造する「ＪＡＣＫ３Ｄ」は心拍数と血圧を急上昇させ、心臓発作につながる可能性があると警告しました。[23]ＦＤＡはメーカーに成分の安全性を証明する証拠を提供するよう求めましたが、その間も商品は売られていました。二〇一三年七月、ＦＤＡが消費者への警告を続けるなか、ＵＳＰはダラス施設にある当該サプリメントの在庫を自主的に破棄しました。[24]

各メーカーが製造するサプリメントは独自のものに見えるかもしれませんが、原材料が同じであることは多く、それらは海外、特に中国で製造されているケースが大半です。自分が飲んでいるプロテインパウダーに使われているアミノ酸がどこでつくられているのかという問いの答えは、幸運な場合にしか見つからない、と元サプリメント業界のインサイダーで、現在はそのテーマで本を執筆中のアンソニー・ロバーツは述べています。サプリメントの成分は畜産副産物からつくられていることが多いが、成分の原材料を突き止めるのは難しい、とロバーツは言います。

メーカーはサプリメントをパッケージングして販売するだけでは十分ではなく、原材料の品質も保証しなければなりません。しかし、それが常に信頼できるわけではありません。[25]ＦＤＡは毎週のように、サプリメントに未申告の医薬品が含まれ、健康被害が生じていると発表していますが、こうした発表や警告書が出されたからといって、商品の販売が停止されるとは限りません。警告書を受け取っても危険な商品を販売し続ける企業もあります。[26]

FDAがサプリメントの安全性や純度を発売前に確認しないのは、法律がそれを阻んでいるからです。[27]一九九四年の栄養補助食品健康教育法（DSHEA）によって、FDAはサプリメントメーカーに自社製品の安全性や有効性を実証することを要求できなくなりました。商品の安全性を確保するのはサプリメントメーカーの役割で、FDAはそれが有害だと証明された場合にリコールを要求できるだけです。FDAの元副コミッショナー、ジョシュア・シャーフスタインは、このルールのためにFDAが市場から危険な商品を取り除くことは非常に困難になっていると言います。「適切な監督下でなければ、私はサプリメントを常用するのは危険だと考える」。FDAは、薬剤を含有するサプリメントを約八〇〇種類も特定していますが、リコール対象になっているのはごく一部に過ぎません。FDAが問題を特定した場合でも、有効な対処策を講じるまでに何年もかかることがあります。たとえば、エネルギーを高める効果があると主張されているエフェドリンを服用したことでボルティモア・オリオールズの投手スティーブ・ベックラーーを含む一〇〇人以上が命を落としましたが、FDAがそれを禁止するまでに一〇年かかりました。

消費者を守るためにFDAの権限を強めようとする試みは、ロビー活動に二〇一四年だけで四〇〇万ドルを費やし、[28]政治家や団体に一一〇万ドルを寄付する栄養・サプリメント業界によって阻まれています。栄養補助食品健康教育法の下ではFDAは販売前のサプリメントの安全性をチェックする責任を負わず、他の政府機関にもその義務はありません。店の陳列棚にもっともらしく並べられた商品を見れば、然るべき機関の検査がなされているはずだと思うかもしれません。しかし実際には、どんな商品が販売されているかを把握する手段のないFDAが、その商品の存在すら知らないこともあります。

ロバーツは二〇〇九年のブログ記事[29]で、ファドジア・アグレスティス（もともと動物実験で使われていたものだと考えられています）という新しいハーブを安全性試験や臨床研究なしでサプリメント市場に導入したときの過程を描いています。「私がしたのは、そのハーブでテストステロンが増えることを示唆する論文を読み、グーグル検索をして、このハーブがナイジェリアで何十年も勃起不全を治療する民間療法で用いられていたのを知っただけだった。それで十分だった。ナイジェリアで何十年も使われていたのなら、サプリに混ぜても誰も死にはしないだろう。何より、仮に商品に問題があって販売できなくなるとしても、それはFDAがそれが危険であることを証明したときだけだ。私にはそれが安全であると証明する必要はなかった」。インターネットのサプリメント小売業者に、「MyoGenX」と名付けたこの商品を広告掲載と引き替えに販売手数料五割で委託すると、たちまちベストセラーになりました。「残念ながら、販売開始から数カ月後、私が設定した一日分の分量一五〇〇ミリグラムが危険であることを示す論文が発表された」

その時点で、MyoGenXは在庫がなく市場には出回っていませんでしたが、他のメーカーはサプリに含まれるこのハーブの分量を明らかにしない〝独自ブレンド〟という方法で模倣品をつくっていました。このルールはもともと、知的財産を保護するためのものです。「しかし、これによってメーカーは商品に十分な成分を使っていないのに、そうであるかのようにラベルに表示できるようになった」。

ロバーツは、他のメーカーがつくった模倣品にはこのハーブが大量に含まれていることはないだろうと考えています。しかし、それを確認する手段はありません。

魔法を求めるアスリート心理

サプリメントがそれほど怪しく安全性も証明されていないのだとしたら、なぜアスリートはそれをとり続けるのでしょう？　それは「魔法を信じたいから」だと、ビタミンの歴史とサプリメント業界の裏側を描いた書籍『Vitamania』の著者キャサリン・プライスは言います。「サプリメント業界は巧妙な手段で、私たちがその魔法を信じるように仕向けている」。ＦＤＡの歴史に詳しいジョン・スワンは、サプリメントの普及は、人々が健康を自分で管理しようとし始めた時期と一致していると考察しています。サプリメントを飲むと、健康やフィットネスを自分自身でコントロールしているという感覚が生まれます。それは健康のために簡単にできる行為であり、特に身体に良いと言われているものは何でも試さずにはいられないアスリートにとって、サプリの誘惑に抗うのは簡単ではありません。〝運動をすると特別な栄養が必要になる〟という説は、人間の身体がもともと動くようにできていることを考えればおかしなものに思えます（身体を動かさない状態の方が不自然なのであり、その場合にとるべき栄養に狂いが生じるのです）。それなのに、私たちは運動をした身体には特別な栄養を与えてやるべきだと何度も何度も聞かされます。

しかしなんといっても、サプリメントがアスリートに人気なのはサプリメント業界がスポーツ文化にうまく入り込んできたからです。サプリメントメーカーは組織やコーチ、トレーナー、チーム、選手に儲かる仕組みを示し、その過程で実際に多くの人がお金を手にするようになりました。トレーナーが選手にサプリメントを売るのは珍しいことではありません。ジムやスポーツ用品店も同様です。サプリメントを売れば、安定した収入が得られるからです。ポール・ブラッグが一九四〇年代に指摘したように、アスリートを説得して錠剤や粉を購入させられれば、それは大きな収入源になります。

国際オリンピック委員会の報告によれば、選手がサプリメントを使っていると言及する理由は「それが身体にどう作用するかについての明確な理解ではなく、根拠のない信念に基づいていることが多く、その分野の専門家ではなく、影響力のある人間に勧められたことが動機になっていることが多い」。すなわち選手は、サプリメントの広告に関わっている、あるいは既得権益を持つ人たちの影響を受けているということです。USADAはアスリートの片耳に対して、サプリメントを服用するとドーピングテストで陽性になる危険があると囁きかけています。しかしそのリスクの高い商品をつくっている当のメーカーが、選手のもう一方の耳に、スポンサー契約の報酬と商品の無料提供という甘い言葉を囁き続けているのです。その一方で、チームやリーグ、スポーツ連盟もサプリメント会社から金を受け取っています。それはこれらの商品に正当性を与え、FOMOサイクルを強化することにつながります。取材をしたUSADAの人たちははっきりとは口にしませんでしたが、私にはその言葉の節々から彼らが不満を抱えているのを感じました。サプリメントの使用に警鐘を鳴らすそのメッセージは、マーケティングやスポンサーシップのメッセージでかき消されてしまいます。彼らは、ある種の負け戦を戦っているのです。

二〇一七年の研究[30]は、アスリートが栄養補助食品関連の情報を主にコーチやトレーナー、友人、家族から得ていることを示しています。科学の専門教育を受けていないコーチやトレーナーは多く、サプリメント会社が派手に宣伝する栄養情報に簡単に引きつけられてしまいます。錠剤やシェイクを飲むという単純な行為で何かが得られるという考えは、とても魅力的です。マーケティングベースの科学がその主張にもっともらしい輝きを与え、効果が本物のように感じられます。言葉巧みな商人が何世紀にもわたって栄えてきたのには理由があります——私たちは、何かを信じたがっているのです。

第九章　オーバートレーニング症候群——真面目な選手ほど危ない？

痩せたランナー体型に、無造作に伸びた金髪。ライアン・ホールはかつて、マラソンランナーとしてアメリカ期待の星と呼ばれていました。才能に恵まれていただけではなく、競技への意欲にも満ちていました。カリフォルニア州ビッグベアー出身で、父親もマラソンやトライアスロンの選手。ミドルスクールのときは、フットボールやバスケットボールが好きでした。「もともとは、走るのは嫌いだった」。八年生のときのある日、バスケットボールの試合の会場に向かう途中で目にした近所の湖に、強く引きつけられました。「この湖の周りを走りたいと思った。まるで神の呼びかけだった」。信仰をとても重視しているホールは言います。「その瞬間、走ることへの欲求が目覚めた。神の導きとしか説明できない」。父親にそのことを話し、次の土曜日に一緒に湖を訪れ、一周約二五キロの道のりを走りました。「ゆっくりのペースで、辛く、長いランだった」。バスケットボールシューズを履いていたのも失敗でした。「足が水ぶくれだらけになった」。でも、それは問題ではありませんでした。ホールは走ることに夢中になりました。

「全力を出し切る感覚が好きだった。父に毎週の練習計画をつくってもらっていたが、いつももっとたくさん走らせてくれとせがんでいた。僕は常にもっと走りたかった」。それは初心者にありがちな態度でした。わずかな練習でこれだけ成果が出るのなら、もっと練習すればもっと大きな成果が得られるはずだ――。ハイスクールの一年目には、週に八〇マイル（約一三〇キロメートル）走るようになっていました。三年目の夏には、週間走行距離は一〇〇マイル（約一六〇キロメートル）に達しました。マラソンのトップランナーが走るような距離です。「短い距離の大会に向けた練習をしているときも、長い距離を走った」。ホールはそう言って、ランナーとしてのキャリアを通じてどれほどたくさんの距離を走っていたかを語ってくれました。練習では常に激しく追い込みました。それは、しばらくのあいだはうまくいきました。ハイスクールのトラック競技とクロスカントリーの大会で何度も優勝し、一六〇〇メートル走のカリフォルニア州新記録を出しました。ハイスクールのトップレベルの選手が集う「２０００フットロッカークロスカントリー選手権」でも三位になりました。スタンフォード大学では怪我に悩まされましたが、二〇〇三年のＮＣＡＡクロスカントリー選手権で二位になり、二〇〇五年のＮＣＡＡ屋外トラック競技では五〇〇〇メートルで優勝しました。

大学卒業後は、次々と記録を塗り替えました。二〇〇七年にはヒューストンでのアメリカハーフマラソン選手権でアメリカ人として初めてハーフマラソン一時間切りを達成。記録は五九分四三秒で、拳を突き上げなら一位でフィニッシュラインを越えました。通常はトラックからフルマラソンへの移行には時間がかかるものですが、ホールは最初からこの距離を目標に見据えていました。同年の後半にはロンドンマラソンで、アメリカの初マラソン記録を更新。タイムは二時間〇八分二四秒（順位は七位）。しかし、それはベストパフォーマンスではありませんでした。「大会前の練習で少し走り込みすぎたという感じがあって、身体に力がなかった」。この疲労感は、その後に来るべき何かを暗示するものでした。それでもホールはかまわず、当時のマラソン界をリードしていたケニアやエチオピアのランナーに挑みたいという思いに駆られて猛練習を続けました。「マラソンこそが天命だという感覚があった。僕は運命を信じていた」。ホールにとって初（そして唯一）のマラソンレースでの優勝は二〇〇八年のオリンピック予選。北京オリンピックの本番では二時一二分三三秒で一〇位に終わりました。

ホールを代表するレースは、二〇一一年の伝説的なボストンマラソン。アメリカ新記録となる二時間〇四分五八秒で四位に食い込みました[2]。アメリカから世界のトップ争いができるランナーが登場したのはこの三〇年で初めてのことでした。ビル・ロジャースやフランク・ショーターといった過去のアメリカの偉大なランナーに匹敵する偉業と見なされ、世間の目が注がれるようになりました。

ボストンでの画期的なレースの後、秋のシカゴマラソンでは二時間〇八分〇四秒で五位。アメリカ歴代十傑に入る好タイムでした。しかしその後、低迷が始まります。二〇一二年のオリンピックのマラソン予選は二位でフィニッシュしましたが、ロンドンオリンピック本番では中間地点の前で棄権。その年に予定していたニューヨークシティマラソンも疲労を理由に出走しませんでした[3]。翌年もボストンマラソンとニューヨークシティマラソンを怪我のため見送り、結局、次にフルマラソンを完走したのは二〇一四年のボストンマラソン。二〇一一年の同レースのタイムより約九分遅く、二〇位に終わりました。翌年、復活を期して望んだロサンゼルスマラソンでは序盤に先頭に立つなど意欲を見せましたが、再び長年悩まされた疲労感のために中間地点の手前で途中棄権。

ホールは、〝屈辱の歩き〟と呼んでいた悪循環に陥っていました。ランニングシューズを履いて外を走り始めても、ものの一五分もしないうちに、電池が切れたみたいに足が止まってしまうのです。それ以上走ることができず、きびすを返して歩いて家に戻ります。「走ることにアレルギーを感じているような、地面に溶けてしまうような感覚だった」。ホールは底なしの疲労の沼に嵌まり、そこから逃れられなくなっていました。「僕の身体は叫んでいた。〝できることはすべてやった。もうこれ以上は何もできない〟」

二〇一六年一月に三三歳で引退を決断したときは、燃え尽きたような気持ちでした。目の前の道は二手に分かれていました。「走れば走るほど調子が悪くなるような状況のなかで、あと二年、三年、さらに四年とランニングを続けるか。それとも、自分の人生に戻るか」。走ることから身を引くと決めたときは、大きな安堵感に包まれました。

トレーニングの量よりも、リカバリーが不十分であることのほうが問題

ホールには何が起こったのでしょうか？　アメリカのトップマラソンランナーから、何日経っても日付が変わらない不思議な状況に陥った映画『恋はデジャ・ブ』の主人公のように、〝屈辱の歩き〟を繰り返す日々に閉じ込められてしまったのです。疲労感はありましたが、病気だとは診断されませんでした。「血液検査の結果にも食事内容の評価にも、ここを直せば改善するといった点は見当たらなかった」。ホールは、一般的に「オーバートレーニング症候群」と呼ばれる、パフォーマンスの低下が続くサイクルにはまり込んでいたのです。

現在、オーバートレーニング症候群は、〝トレーニングの負荷が適応を誘発しなくなる、疲労が長期化した状態〟だと考えられています。ホールは猛練習をしていましたが、強く、速くなる代わりに、疲労が蓄積し、以前のレベルのパフォーマンスに戻れなくなっていきました。いくらトレーニングしても適応は起こらず、身体は「もうダメだ！」と叫んでいたのです。

オーバートレーニング症候群に陥っているアスリートは見ればわかります。「練習と休息を繰り返すことでパフォーマンスが上がる〝魔法〟のサイクルから外れているからだ」。ウィスコンシン大学ラクロス校ヒューマンパフォーマンス研究所ディレクターで、二〇一三年のヨーロッパスポーツ科学学会とアメリカスポーツ医学会によるオーバートレーニング症候群に関する合同声明(4)の著者であるカール・フォスターは述べています。この症候群は単なる疲労とは違います。「数日から一週間休ませても、魔法は回復しない」。パフォーマンスは出ず、それでいて具体的な問題点もわかりません。「医者に診せても、病気ではないし、どこも故障していないと言われる。でも、間違いなく調子は悪い」

オーバートレーニング症候群の特徴的な症状だと考えられているのは、〝パフォーマンスの原因不明の低下〟であり、この定義は長年、変わっていません。数十年も研究されていますが、この症候群を特定するための決定的な基準や検査もまだ存在していません。実際には、他の疾患の可能性を消去法でつぶした後に、最後にこの症候群だと診断されるケースがほとんどです。ホールの場合も、貧血や甲状腺機能低下症などの疾患や状態ではないと診断された結果、オーバートレーニング症候群である可能性がもっとも高いと見なされるようになりました。ホールのテストステロン値は低いですが、本人はそれは生まれつきだと言います。引退後も低いままですし、体重を増やす、筋力トレーニングをするなど、通常はテストステロン値を上げると思われていることをしても変化がないからです。

この症候群が厄介なのは、その症状が筋肉痛や極度の疲労、睡眠障害、気分障害（主に抑うつや怒り）など、ハードトレーニングによって生じるものと酷似していることです。たとえば、強化合宿ではアスリートにこれらの症状が起こりやすくなりますが、通常、それはトレーニングが意図した効果を生んでいる兆候です。一定期間のハードトレーニングでは、適応を促すために現在の能力を超える負荷を身体に与える「オーバーリーチング」の状態への到達を目指します。アスリートは激しいトレーニングをすることでオーバーリーチングに達し、その実感を得ます。このハードトレーニングの期間は疲労のために最高のパフォーマンスは出せません。しかし通常は、休養をとることで以前より高い状態で回復します。

オーバーリーチングとオーバートレーニングを区別する方法は、しばらく後に、それがどれだけ続いたかを基準にして判断するしかありません。「機能的オーバーリーチング」と呼ばれる状態になると、疲労感はしばらく持続しますが、数日から数週間の休養期間の後、パフォーマンスは以前よりも良い状態に高まります。ランナーは速くなり、ストレングス系アスリートの筋力は向上します。しかしオーバートレーニング症候群では、パフォーマンスはそれ以前の状態に戻りません。研究によれば、元の状態に戻るまでに半年以上もかかります。「それは元の状態に戻れたら、の話だ。そのまま回復できずに競技を引退する人もいる」とフォスターは述べています。

この症候群の原因はトレーニングの強度や量だけでは説明できません。なぜなら同じチームでまったく同じ練習メニューに従っているのに、この症候群になる選手とそうでない選手がいるからです。〝オーバートレーニング〟(過剰なトレーニング)と名付けられてはいますが、現在ではこの症候群はむしろトレーニングではなくリカバリーの失敗が原因だと考えられるようになっています。何らかの理由で、トレーニングの負荷に身体が適応できなくなってしまうのです。フォスターも「我々専門家はこの症候群の原因がトレーニングだけではないと確信している。おそらくそれは、トータルなライフストレスの問題だ」と述べています。

「オーバートレーニングという状態はなく、リカバリーが不十分な状態があるだけだ、という考えがある」。オーストラリア国立スポーツ研究所の生理学者ショーナ・ハルソンは言います。「よく寝て、よく食べ、ストレスを最小限に抑えていると、理論上、トレーニング負荷はどこまでも高められる」。でもそれが不可能なのは、リカバリーがボトルネックになるからです。この点を強調するために、イギリスの一部の研究者は、「オーバートレーニング症候群」の名称を「UUPS／unexplained underperformance syndrome」(原因不明のパフォーマンス不振症候群)と変えるべきだと主張しています(「Up」の複数形の「アップス」と発音します)。そうすることで、トレーニングではなく、リカバリーを妨げる要因に注意を向けやすくなるからです。

リカバリーはさまざまな要因で妨げられます。睡眠不足、練習間隔の短さ、栄養不足、風邪ウイルス、さらには心理的ストレス。ハルソンは、その原因がハードな運動であれ、試合であれ、失恋であれ、期末試験への不安(学生の場合は)であれ、身体にとってストレスはストレスだと言います。

努力を厭わない選手が危ない

ライアン・ホールは、単にリカバリーが不十分だったのでしょうか？　ホールは、リカバリーは苦手だったとあっさりと認めました。頑張って練習するのが好きで、休養すると不安になりました。「休むのは嫌いだった。大きな目標を目指して努力することに慣れていると、リラックスするのはとても難しくなるんだ」

ホールは、メブ・ケフレジギやディーナ・カスターといった名選手を育てたことでも知られるテレンス・マホンの指導の下でマラソンのトレーニングを始めました。「選手が頑張りすぎないようにするのは、コーチの重要な仕事だ」とホールは言いますが、選手としてはその教えに従えませんでした。マホンからは、マラソンのレース後は二週間は完全休養をとるように指示されていました。「でもそれだけ長く休むと、練習を再開したときにゼロから始めるような感覚があった」。二〇〇七年のロンドンマラソンの後、ホールはレース後も休まず練習を続けることを決意します。休んでしまうことで、せっかく猛練習で培った体力が落ちてしまうかもしれないと恐れたからです。「夏になる頃には、体調が優れず、走るペースもどんどん遅くなった」。このままではオリンピック予選のレースをまともに走ることができないという状況に追い込まれ、本来ならレースに向けたトレーニングの一番大切な時期に、一週間の休養を余儀なくされました。

引退した今は、コーチの言う通りに休養をとればよかったと考えるようになりました。やり直せるのなら「必ず強制的に二週間完全に休む。太り、体力が落ちても構わない。実際、今にして思えば休んだときのほうが調子が良くなっていた。あの休養期間があったらからこそ、速く走れていたんだ」

長引く疲労のために二〇一〇年のシカゴマラソンの出場を取りやめた後、ホールはマオンと袂を分かち、コーチを立てずに神の導きに従って一人で練習をするようになりました。「僕はそれを信仰ベースのトレーニング、と呼んでいた」。ドーピング検査の記入フォームの「コーチ」欄に、「神」と書いたこともあります。

ホールは神の力だけを頼りにしていたのではありません。二〇一一年のボストンマラソンに向けて、意外な分野の人物に指導を仰ぎました。それは、持久力スポーツ界で〝リカバリーコーチ〟の異名をとっていたトライアスロンコーチのマット・ディクソンでした。ディクソンはロンドン郊外で育ち、一九九二年に競泳の奨学金を得てアメリカのシンシナティ大学に進学し、卒業後はプロのトライアスリートになりました。それは、〝激しい、長時間の練習〟が良いとされた時代でした。「私は、成績に比べて練習の量が多すぎた。トライアスロンをものすごくハードなスポーツだと考えていたので、それに見合ったハードな練習をしなければならないと考えていたんだ」。選手としては、ハワイアイアンマンレースにプロとして出場を果たすなど、それなりの成功を収めました。トレーニングの善し悪しが練習時間の長さで判断される文化のなかで、ひたすら練習に打ち込みました。「結局、慢性的な疲労に悩まされ、持てる能力を発揮できないままプロとしてのキャリアは終わってしまった」。この経験は、引退後にコーチとして第二のキャリアを歩み始めたときに、過剰な練習量は控えるというポリシーを持つことにつながりました。「馬鹿げていると思っていた。みんな、リカバリーは重要だと言う。でもそれは口先だけだ。そして、練習、練習、練習、練習、練習、軽めの練習。そして再び練習、練習、練習――そんなふうに練習ばかりしている。私はもっと合理的な方法でトレーニングをすべきだと思っていた」

ディクソンの答えは、考えを根本から変えることでした。「口先だけで重要だと言うのではなく、リカバリーをプログラムに組み込んだ」。選手にも意識改革を求めました。「栄養と睡眠は、スイム、バイク、ランと同じプログラムの一部だと考える。トレーニングセッションと同じように真剣に扱わなければならない」

ホールにディクソンを紹介したのはプロトライアスリートのクリス・リエットでした。リエットはディクソンの指導の下、練習時間をそれまでの三分の一に減らし、睡眠と栄養を重視するトレーニングプログラムに切り替え、二〇〇九年のハワイアイアンマンで二位という大躍進を果たしていました。

「初めて私のところに来たライアンは、疲れ、やつれていた」。ディクソンは言います。「ランニングを語るその言葉は、心が疲弊していることを物語っていた。走ることが好きなのも、練習が好きなのもすぐにわかった。でも、ろうそくの炎は消えかけていた。自信もなくなっていた」。ディクソンは、トレーニング負荷を減らすこと、軽めの練習をする日には必ず十分に軽くするようにと指導をした。「心拍数モニターをつけて、一定以上心拍を上げてはいけないとディクソンに注意されながら練習をした」。ホールは言う。「僕みたいに頑張り過ぎる選手にとって、これは無理をしないための良い方法だと思う」

ディクソンは、ホールが体重管理に苦しんでいたのも見ていました。「ランナーにはよくあることだ。必ずしも摂食障害ではなかったが、具体的な目標体重を維持するために細かな神経を使っていた」。ホールが目標にしていた体重は、身体を健康にするのではなく、弱らせるものでした。「ディクソンは、〝十分に食事をとっている持久力アスリートに会ったことがない〟と言っていた。ランニングでは、ケニア人選手のように細く、痩せていることが大きな利点になる。でもディクソンは、〝トレーニングには燃料が必要だ〟と口を酸っぱくして言っていた」。ディクソンは、運動の前後にしっかりと食事をして、十分なエネルギーを補充するようにと指示していました。「燃料補給はパフォーマンスを大きく高める」とホールは言います。「振り返ると、最悪のレースを走ったのは、一番体重が軽かったときだった」。ディクソンは、ボストンマラソンで二時間〇四分という魔法のようなタイムを叩き出したときのホールとの、レース前の会話を回想します。「ホールは自分の理想的なレース体重を一三四ポンド（約六〇・八キロ）だと考えていて、〝一三七ポンド（約六二・一キロ）だから心配だ〟と言っていた。でも私は、一三八ポンド（約六二・六キロ）にすべきだと言ったんだ」

ボストンマラソンで目覚ましい走りをするまでの数カ月間、ディクソンの指導の下でトレーニングをしたことは、疲労のために二〇一〇年のシカゴマラソンを欠場し、初めての挫折を味わっていたホールにとって、一年ぶりに本調子を取り戻す転機になったと思われました。「私はホールの考え方やランニング哲学を変えた。それはうまくいっていた」とディクソンは言います。「だが、ホールがその後のキャリアもそれを維持できたかと言えば、残念ながらそうではないようだ」

ディクソンの下を離れたホールは、人気のイタリア人コーチ、レナート・カノーバの指導を受けることにしました。「カノーバは世界最速の選手をコーチしている」。当時のホールは、興奮を抑えきれない様子でそう語っています。[5]「超一流の選手をこれほど育てているカノーバは、どんな指導をしているんだろう?」。カノーバのプログラムは、ホールがそれまでに体験したことがないほどハードなものでした。ホールは次第に、限界を超えるようなきついトレーニングに再び引かれるようになっていくのを感じました。カノーバが指導していたマラソンの世界チャンピオン、ケニア人ランナーのアベル・キルイなどがそのハードな練習メニューをこなしているのを見て、覚悟を決めました。「世界のトップレベルで戦うなら、これだけハードな練習が必要なんだ」。ホールはプログラムをこなすことに苦しみましたが、それをカノーバのせいにはしませんでした。二人は対面ではなく、それぞれ別の都市に住みながらコーチと選手の関係を続けていました。ホールは顔を合わせずに練習をしていたことで、自分のつらい状態がカノーバには伝わりにくくなっていたと言います。

振り返ると、ホールがリカバリーを重視したトレーニングによってボストンで自己最高の走りをした直後に、以前と同じく身体を壊すようなハードなトレーニングプログラムに舞い戻ってしまったのは不可解にも思えます。しかしホールは、過去の成功に満足するような人間ではありませんでした。ランナーになったときから、世界一になる運命にあると信じ、それを実現するまでは努力をやめようとしなかったのです。

フォスターは、休むべきときに猛練習をしてオーバートレーニング症候群に陥ってしまうアスリートは多いと言います。「疲れが溜まっていて、パフォーマンスが落ち始めている。すると、選手もコーチも、練習量を増やすことでこの問題に対処しようとする。本当に必要なのは休養をとることなのに」。走ることへの強い意欲に駆られていたホールが、このパターンに陥ったのは驚くべきことではありません。「ホールの最大の強みは、凄まじい努力ができることだった」と『The Science of Running ランニングの科学』の著者で『PEAK PERFORMANCE 最強の成長術』の共著者であるスティーブ・マグネスは述べています。「トップアスリートだけではなく、分野を問わず何かに優れた能力を持つ人間に当てはまるのは、その対象に取り憑かれてしまいやすいことだ。のめり込んでしまい、続けることよりも休むことのほうが難しくなる。ホールも、まさにその典型だ」。ホールの最大の強みは、最大の弱点でもあったのです。

思い切って休み、オーバートレーニング症候群を克服

ホールは結局、最後まで復活を遂げられませんでしたが、オーバートレーニング症候群を克服した選手もいます。トライアスロンのアメリカチャンピオン、ジャロッド・シューメーカーは、冬の合宿中に歯磨き粉を歯ブラシではなく自分の指につけてしまったとき、何かがおかしいと感じました。「僕はそれくらい疲れていた」。それは二〇一二年一二月で、二〇〇八年の北京オリンピックにも出場したシューメーカーは、新しいコーチの下での、初めてのシーズンを過ごしていました。「一二月にこんなに激しいトレーニングをしたことはなかった」。コーチからはそれまでに体験したことのないようなトレーニングを課されました。他の選手と一緒のトレーニングもそのうちの一つでした。しかしこの集団練習は、シューメーカーの意欲を高めるものではなく、むしろ元気が失われていきました。「突然、トレーニングは食うか食われるかの場所になった。どの練習でも他の選手と競わされた。神経をすり減らしてしまい、試合に向けて気持ちを蓄えられなかった」

普段は良く眠れるほうですが、夜中に寝苦しさを覚えるようになりました。「寝ながら走っているような気分になることがあって、それでよく目を覚ました。一日中身体が火照っていて、夜になっても収まらなかった」。分岐点になったのは、オーストリア、キッツビュールでの二〇一三年ＩＴＵ世界トライアスロンでした。「はっきりと覚えている。スタートラインに立ったときに、どうでもいいや、とい

う気がしたんだ。レースがスタートして、水に入り泳ぎ始めた。それでも〝どうでもいい。必死になってレースをしたくはない〟と思っていた」。レースを終えるとフロリダに戻り、今後についてゆっくりと考えることにしました。

しばらくして、元プロトライアスリートで何人もの持久系オリンピック選手を指導していたコーチのニール・ヘンダーソンと巡り合いました。その時点で数カ月も練習をしていませんでしたが、ヘンダーソンは心身が完全に回復するまで、練習を再開させてくれませんでした。練習を始めたときも、まずはエネルギーを回復させるために、練習時間を大幅に減らし、動作やフォームの確認が中心のプログラムを組まれました。「最初の半年は、極端に練習の強度が低かった」。楽にできるときに無理をしようとすると、ヘンダーソンに厳しく制止されました。時間はかかりましたが、シューメーカーは次第に調子を取り戻していきました。そして二〇一四年、オーストラリアで燃え尽きを感じてからわずか一年強で、世界選手権で自己ベストを更新したのです。

シューメーカーと話をしていると、同じオーバートレーニング症候群を体験したホールとの大きな違いに驚かされます。慢性的な疲労状態に陥ったとき、ホールはさらなる練習と努力でそれを乗り越えようとしましたが、シューメーカーは思い切って休みました。カギは、そこにあります。ホールのようにキャリアの終盤に疲労のサイクルにはまってしまったアスリートにとって、唯一の解決策は長い休養をとることだ、とウィスコンシン大学ラクロス校ヒューマンパフォーマンス研究所ディレクターのカール・フォスターは言います。「アスリートは〝そんなに長く休んだら、試合を逃してしまうし、体力も落ちてしまう〟と言う。その通りだ。だけど、それでも休まなければならない。同じことを続けても、どうしようもない状態に陥っているのだから」。シューメーカーはこの現実を受け入れ、十分にリカバリーできるまでトレーニングを止めました。一方ホールは、最後まで休むことへの不安に耐えられず、頑張り続けてしまったのです。

日常生活のストレスにも要注意

オーバートレーニング症候群になりやすいのは、ホールやシューメーカーなど、長時間のトレーニングが常態化しているプロスポーツ選手だけではありません。ヘンダーソンは、中高年のアスリートも、この症候群に陥りやすいと指摘しています。リカバリーの時間が少なく、日常生活でスポーツ以外のことも多く抱えているからです。

クリスティーナ・キトルソンはコロラド高原マウンテンバイクトレイル協会の元ディレクターで、コロラド州西部の女性サイクリンググループの設立者です。マウンテンバイカーとしての腕前も素晴らしく、他の人が恐れをなして自転車を担いで歩くような峡谷の険しい岩のあいだも、巧みにすり抜けていきます。一緒にライディングに出かけると、もっと遠くに行ってみようとか、新しいルートを試してみようとか、積極的に提案してきます。

でも、ある秋の日、クレスティド・ビュートでのマウンテンバイクライドで一緒になったキトルソンには、覇気が感じられませんでした。黄金に輝くポプラの木のあいだをゆっくりペダルを漕ぐ私たちについてはきましたが、普段の元気がありません。いつもとは違って楽しそうな雰囲気はなく、つまらなそうにしています。この夏をどんなふうに過ごしたかを尋ねたとき、私には何が起こったかがわかり始めました。「あんまり良くはなかったわ」と彼女は言いました。キトルソンはこの冬と春を、地元トレイルでのマウンテンバイクの大きな大会に向けたトレーニングをして過ごしてきました。マウンテンバイクには頻繁に乗ってきましたが、めったにレースには出ません。ところが一年前にふと気まぐれで出たこのレースで、見事に優勝。意外な勝利を体験し、自分の可能性を試してみたくなりました。そこで今年は、去年優勝したレースよりも一〇マイル長い距離のカテゴリーのレースにエントリーしたのです。

真剣に競技に取り組むべく、友人の勧めもあり、自転車のコーチングサービスを提供するウェブサイトで、五〇マイルレース向けのトレーニングプログラムを購入しました。コーチから実際に顔を合わせて指導を受けるわけではありませんが、それは彼女の年代のレーサーに合わせたトレーニング計画になっていました。本格的なプログラムだと思えたので、これに従って練習することにしました。

正式なトレーニング計画に従うことで、自転車との付き合い方にも大きな変化が生じました。「それまでは、好きなペースと距離で走っていた。インターバルにも気を配らなかった。ただライディングを楽しんでいたわ」。計画に従っても走行距離は増えませんでした。「自転車に乗る量は減ったように感じた。距離は短く、インターバル練習が多かったから」。トレーニングでは高強度の練習が重視されていました。計画通りに走ることにはストレスを覚えました。内容がハードだっただけではなく、ライディングのスタイルも変えなければならなかったからです。一緒に自転車を楽しんでいた夫は、レースにはほとんど関心がありません。「一緒に出かけても、私は計画通りに練習をしなければならないし、夫はただ好きに自転車に乗りたがった。それはストレスだった」

レースに本気で挑むと決意し、それを周りに語るうちに、トレーニングをすることが重荷になっていきました。「私は、レースで活躍するはずの地元の人といった立場になっていた。自分自身に大きなプレッシャーをかけていた」。最初に異変を感じたのは、レースコースの一部をライディングしたときでした。その日は山でシングルトラックを走った後、ロードで一〇マイルのヒルクライムをするというメニューでした。「シングルトラックまでは調子が良かった。でも、ロードに出たとたんにもう駄目だった。エネルギーが切れて最後まで走れなかった。最初は疲れが溜まっているのか、生理になったのかと思った」。でも、疲労感は長引きました。「トレーニングが多すぎるのか少ないのかはわからなかった。でも、何かがおかしいということだけははっきりとわかった」。気分が落ち込み、ライディングが楽しくなくなり、パフォーマンスも伸びなくなりました。トレーニングへの意欲は失せ、ペダルを漕ぐ足が重たく感じました。眠りが浅くなり、気分はますます落ち込み、パフォーマンスも急降下していきました。

話を聞きながら、私はキトルソンにとって、その日の気分に合わせて自由に自転車に乗ることと、トレーニング計画に厳密に従うことは、両極端なものだったのではないかと思わずにいられませんでした。そして、トレーニング計画を採用したことで、単にその内容がハードだったというだけでなく、自分の感覚を無視して定められた通りに練習しなければならなかったために、調子を崩してしまうような一線を越えたのではないかと尋ねました。身体の声に耳を傾けるのをやめず、体調に合わせてトレーニング計画の内容を調整していたら、もっとうまくいっていたのではないか、と。キトルソンはそのことは少し考えたし、そうすることも可能だったと思うと答えました。でも、前回とは違った方法であっても、もう一度あのトレーニング計画に従った練習をしたいとは思わないとも言いました。

オーバートレーニング症候群やUUPSは、トレーニングだけではなく、日常生活のストレスの問題でもあります。私はもしキトルソンがサイクリングを楽しんでいたら、トレーニング計画にもう少し耐えられたのではないかと思いました。以前、自転車に乗ることは彼女にとって喜びやリラクゼーションの源でした。それがレースに出ると決めたとたんに仕事のようなものになり、ストレスの源になってしまったのです。ウェストバージニア大学スポーツ科学研究者で、多数の持久力トップアスリートや中高年アスリートを指導してきたクリステン・ディーフェンバッハも、私の考えに同意してくれました。「本当に興味深いパラドックスね。多くの研究が、運動がストレスを減らし、気分やエネルギーを高めると示しているのに」。しかしキトルソンのケースのように、それまで趣味として楽しみ、リラクゼーションの源だったスポーツが、突然、心身のリカバリーを必要とする新たなストレス要因になることがあるのです。「私はそんなとき、他のエクササイズを楽しむことを勧める」とディーフェンバッハは言います。「大切なのはバランスを取り戻すこと。散歩をしたり、家族と軽いサイクリングに出かけたり。でも、記録装置は使わないし、トレーニング目的にはしない。このバランスと楽しさを再び味わうまでは、本当のリカバリーはできない」。キトルソンは結局、その冬は本格的なトレーニングをやめました。この休養と、レースという目標を持たない期間を過ごしたことで、自転車を楽しむ気持ちが次第に蘇ってきました。そして、パフォーマンスも上がり始めたのです。

ウイルス感染時に無理をすることがオーバートレーニング症候群を長期化させる?

一緒にマウンテンバイクに乗った日、他にも気になったキトルソンの言葉がありました。初めて違和感を覚えたというトレーニングライドのとき、ウイルスに感染していたというのです。寝込むほどひどいものではなかったのですが、体調は良くありませんでした。それから数日休み、再び激しいトレーニングを始めたということです。私は、そのウイルスが事態を悪化させたのではないかという疑問を持ちました。

運動免疫学者のデイビッド・ニーマンは、その通りだと言います。アパラチア州立大学ヒューマンパフォーマンスラボのディレクターで、運動と免疫系の関係を長年研究しているニューマンは、長く激しい運動で身体の免疫系の働きが弱まり、ウイルスに感染しやすくなると言います。この〝脆弱な期間〟は三時間から七二時間続き、睡眠不足やストレス、体重の減少、栄養不足などの要因は問題を悪化させます。

そして、ここが重要な部分です。アスリートがこの期間に病気になり、身体がうまくそれを治癒できずに苦しんでいるときに症状を無視してトレーニングを続けると、ウイルスを完全に身体から排除できなくなる可能性があるのです。「無症状のパフォーマンス低下が続く、長期的なゾーンに入る」(ニーマン)。この状態を〝ウイルス感染後疲労症候群〟と呼ぶべきだと考える研究者もいます。オーストラリアにいるニーマンの同僚の研究によれば、二〜三年以上もリカバリーできないほど深刻な疲労を抱えた少数のアスリートのうち、八五パーセントがウイルスに長いあいだ悩まされていました[6]。これはまだ予備的なエビデンスではありますが、とても興味深いものだと言えます。

ニーマンは、初マラソンのために一年間練習を続け、レース前夜に風邪で発熱しながら、無理をして完走した友人のことを覚えています。「友人はゾーンに入ってしまった。何もまともにできなくなった。

手は関節炎を患っているみたいだった。よく眠れず、目覚めも悪く、元気が沸いてこない。もう以前のようなランナーには戻れなくなった」

ニーマンは現時点ではこのウイルス感染後疲労症候群は仮説段階であり、さらなる検証が必要だと述べていますが、重要な教訓を示しているとも考えています――「病気になったら頑張ってはいけない。そうしないと、一線を越えてしまう」

その一線を越えてしまうと、戻るのがとても難しくなります。おそらくオーバートレーニング症候群に関する研究が明らかにしたもっとも重要な教訓は、いったんこの症状に陥ってしまうと、確実な治療法がないことです。リカバリーすることを望むなら、休むしか方法はありません。このため現在のオーバートレーニング症候群の研究では予防に重点が置かれています。それはすなわち、リカバリーを測定する方法を探し、アスリートのトレーニング負荷が身体の回復力を上回らないように気をつけることなのです。

第一〇章　データ——数えられるものが重要なわけではなく、重要なものが数えられるとも限らない？

どれだけ練習して、どれだけ休めばいいのか——これは、あらゆるレベルのアスリートが直面している根本的な問題です。身体がトレーニングに適応して強く、速く、健康になっているのはどうすればわかるのでしょう？　練習量が多すぎるのか少なすぎるのかを見分ける手段は？　その疲労が意味しているのは、適切なトレーニングをしているという証拠？　それとももっと休めというサイン？

これらはとても難しい問題です。なぜなら、あらゆる状況に当てはまる普遍的なルールがないからです。「〝幸福の家庭はどれも似ているが、不幸な家庭はそれぞれ違う〟というトルストイの名言をこんなふうに真似するのは申し訳ないのだが、アスリートがリカバリーに成功する方法はどれも似ていて、失敗する方法はそれぞれ違う」とアメリカスキー＆スノーボード協会のスポーツ生理学者ウィリアム・サンズは言います。数十年にわたりオーバートレーニングを研究してきたサンズは、コロラドスプリングスのアメリカオリンピックトレーニングセンターで世界初のリカバリーセンターの責任者を務めてきました。ドットマトリックスプリンターの時代から、指導する体操選手のトレーニングとリカバリーを管理するためにコンピュータープログラムを開発しました(1)。選手は毎日、体重、睡眠時間、練習前の気分、体調、その日に行った動作や回数などの二一項目のアンケート用紙に記入します。このデータをパンチカードに置換してコンピューターに読み込ませると、プログラムが異常値を特定し、サンズに選手に何か問題があるかもしれないことを警告してくれるのです。

二五年の観察を通じて、サンズは体操選手が「特徴的だが、人それぞれ異なる」方法で過剰なストレスに対処していることに気づきました。アスリートの身体はストレスに無数の方法で反応しますが、その組み合わせは一人ひとり違います。眠れない、体重が増減する、気分が落ち込む、喉が痛む、風邪でダウンする、といったその人独自の方法で毎回同じようにストレスに対処・反応していて、全員に当てはまる方法はないというのです。

サンズの話を聞きながら、私は自分にも同じような現象があることを思い出しました。朝起きて喉に痛みがあるときは、それは私にとって身体がストレスを感じていて、練習を休むべきサインなのです。このことに気づくのに、一〇年もかかってしまいました——もっと若いうちからわかっていたらよかったのですが。

私にとっての喉の痛みが、他人にとっての気分の落ち込みや頭痛、身体の他の部位の痛みなどに相当します。リカバリーを定量化し、オーバートレーニングを予測できる(さらには予防に役立つ)〝魔法の指標〟は長年研究されていますが、少なくとも現時点ではまだ見つかっていません。「万人に共通する何かを探そうとすると混乱してしまう。たとえばストレス反応を心拍数の面から把握しようとしても、一〇人いればそれぞれ反応の仕方は違う」とサンズは言います。「個人差がありすぎるので、一つや二つの指標ですべてを理解しようとすることには抵抗を覚える」

このような難しい挑戦であるにもかかわらず、世界中の企業が魔法の指標を探し求めていて、アスリートが求めるデータを提示するために多額の資金を費やしています。アイルランド人の元中距離ランナー、ブライアン・ムーアはトレーニングへの身体の適応度合いを把握するために血液中や他の身体組織のバイオマーカー（生体指標）を調べるサービスを提供するスタートアップ企業、オレコ社（Orreco）の経営者です。同社は〝データによってリカバリーの厄介な問題を解決できる〟という希望のもとに設立されています。〝バイオメトリックデータを用いれば、トレーニングとリカバリーを管理するための情報をそれぞれのアスリートに合わせた形で個別に提供できる〟という考えのもとで生まれた企業は他にも多くあります。オレコはIBMの人工知能プログラム「ワトソン」を活用し、客観的なデータを元にして、最高のパフォーマンスのために何が必要なのかをアスリートやコーチに提供しようとしています。「AIがなぜその答えを導いたのかは我々にはわからない」とムーアは言います。「ともかく当社の商品は、ユーザーに与える示唆的な情報だ」。その主張は〝すべてを変える情報を提供する〟と謳うハイテク企業のそれと似ています。しかしテクノロジーを利用することには問題もあります。それは、計算によって導かれた数字を、一番大切な問題の答えと取り違えてしまうことです。この二つは同じものに見えますが、実際にそうであることはめったにありません。

現実には、血液検査の結果それ自体は、実用的な情報を示してはくれません。「血液検査が必ず有意義な情報を与えてくれるという保証はない」。オレコのチーフ科学アドバイザー、チャールズ・ペドラーも認めています。「アスリートが必要としている対象が測定されているとは限らないし、間隔の空いた定期的な血液検査だけでは問題が浮き彫りにならないこともある」

でも、血液検査で簡単にわかるものもあります。それは鉄分の状態です。持久力アスリート（特に生理中の女性や高地で練習している人）は鉄分を失いやすく、ランニングのような激しい衝撃を伴う種目では運動性血球破壊と呼ばれるプロセスによって赤血球が破壊されることもあります（ただし、これが問題になるほど血液細胞を破壊するのかどうかはまだよくわかっていません）。貧血と診断される前には疲労感を覚えることがあります。これは単純なフェリチン血液検査で調べられます。

しかし、他の指標はこのように単純にできるものではないので、何度も血液検査を受けなければ、有意義な情報は得られません。ペドラーは、免疫機能を例に挙げます。疲労が蓄積すると、免疫機能が低下することは知られています。しかし、それを血液検査で把握するのは簡単ではありません。白血球数などの免疫に関連するマーカーは、さまざまな理由で急激に変化することがあるからです。白血球数の変化は、軽い感染の影響かもしれませんし、健康状態が上がることで自然に減少しているのかもしれません。このように一度の結果から何らかの解釈をすることはほぼ不可能であるため、定期的な血液検査を長期間続けなければなりません。そして、結果を大きな文脈に置いてみなければ、有意義な情報は得られないのです。

こうした問題があるにもかかわらず、多くの企業は、アスリートに有償の血液検査を提供しています。オレコはエリートチームのみを対象にしていますが、インサイドトラッカー社やブループリント・フォア・アスリート社のように、あらゆるレベルのアスリートを対象にしている企業もあります。インサイドトラッカーは、このサービスによって〝身体の内側のセルフィーがとれる〟とアピールしています。血液検査をすれば、アスリートはそれ以外では知ることのできない方法で、身体の内側で何が起こっているかを示唆する重要な情報を把握できるようになるというのです。

いかにも最先端なサービスといった響きがします。でも私は取材を通して、こうした企業はアスリートが直面している問題の解決よりも、既存のテクノジーを用いた新市場の開拓に主眼を置いているのではないかという印象を受けました。それは製薬会社が、ある疾患の効果的な治療法を探すことではなく、自社の薬を用いてもっとも幅広く、もっとも利益の出る方法は何かを探そうとするのと似ています。それは企業や株主にとっては意味があっても、患者のためにならないこともあります。

インサイドトラッカーの創設者で最高科学責任者のギル・ブランダーも、ほぼそれを認めています。ブランダーは当初、糖尿病などの疾患を持つ人々を助けるためのテストを開発しようとしていました。しかしその後、「こうした人々は、新手のサービスを積極的に利用しようとする層ではない」ことと、「週末にスポーツを楽しむ人たちは一万ドルの自転車を購入し、少しでもタイムを縮められるのなら喜んで大金を出す」ことに気づきました。こうして、同社の顧客は決まりました。インサイドトラッカーのユーザーには数百人のプロアスリートもいますが、同社がターゲットにしているのは主にクロスフィットやスパルタンレース、ランニング、トライアスロンなどを競技として取り組んでいるアスリート全般です。競技はしていないが、健康意識が高いアスリートにもサービスを利用してもらいたいと考えています。深刻な健康問題を抱える人の役に立ちたいと考えるようになったのは、しばらくしてからのことでした。「それでも、最初に会社をつくろうとしたときに頭にあったのは、病気に苦しむ人たちのことだった」

インサイドトラッカーの開発にあたり、ブランダーは三つの基準を満たす血液マーカーを探しました。第一に、病気ではなく健康のバイオマーカーであること。第二に、最適値に該当しない人が人口の一パーセント未満のものであること。第三に、栄養、運動、サプリメント、ライフスタイルを変えれば対処できるものであること。このプログラムは、ビタミンD、グルコース、肝酵素、鉄、血液細胞、テストステロンやコルチゾールといったホルモンなど、一九種類のバイオマーカーの検査を提供しています。

インサイドトラッカーが他のテストと違うのは、ユーザー別に結果を改善案と合わせて提供しているところです。ブランダーは、一般的な血液検査の「正常」範囲は、〝クッキー型〟みたいに誰にとっても同じに設定されていると言います。「だが我々はユーザーの年齢や活動量、飲酒量などに基づき、全員に個別の正常な範囲を設定している」。その設定には、マサチューセッツ州フラミンガムの人々を長期的に追跡した心血管疾患リスク研究のデータが使用されています。この研究では、ブランダーが言うところの「低レベルのグルコースと低い死亡率の相関関係」が明らかになりました。これはインサイドトラッカーがこのマーカーの各年代の最適値を定める根拠にもなっています。

ブランダーによれば、インサイドトラッカーが提案する最適範囲は、裏付けのある科学研究か「同じ年代や性別の健康な人のデータを提示できる二五万人分のデータベース」に基づいています。提案は年齢、性別、民族が同じ人のデータをもとにしているが、企業秘密であるため詳しくは教えられないとのこと。私には、この検査の利用者が〝ユーザーのデータがデータベースに追加され、インサイダートラッカーの私有物になること〟という小さな文字の免責事項に注意を払っていないように思えました。ブランダーは、このテストを有料で利用してデータベースに貢献した人は、結局はこのサービスの恩恵を受けると言っていますが、利用者が同社のデータベースの構築に貢献しているにもかかわらず、メリットや情報を得るために金を払わなければならないことには変わりありません。

二〇〇メートル屋内トラックでのフルマラソンの世界記録保持者であるマイク・ワーディアン[2]も、約二年間インサイドトラッカーを使っています。「一度の検査では、ほとんど何も得られない。僕がオタクのようになっているのは、この検査を繰り返し受けると見えてくる傾向についてなんだ」。アスリートに生じる問題には、肉離れや捻挫のようにすぐにはわからないものもあります。「肝機能が低下していたり、血糖値が異常だったりしても、肉眼では確認できない。でもこの検査を受ければ、こうした問題に対処しやすくなる」。菜食主義者のワーディアンは、食べ物に注意を払い、必要な栄養素はすべてとるようにしています。「食事には気をつかっている。果物や野菜をたくさん食べるし、タンパク質や鉄分も十分にとっている。でも、それを数字でチェックできる手段があることで、さらに安心していられるんだ」。インサイドトラッカーの結果は、最適範囲から外れた項目についての改善案と合わせて提供されます。ユーザーは事前に好みや制約を指定できるので、たとえばワーディアンに対する「タンパク質をもっととるように」というアドバイスは、ベジタリアン食として提案されます。ワーディアンに、インサイドトラッカーの結果に基づいてたとえばどんなことを変えたのかと尋ねると、それまでブラックベリーをたくさん食べていたのを、ラズベリーとブルーベリーに切り替えたという答えが返ってきました。本人はブラックベリーをやめるべき理由として指示された内容を正確に覚えていなかったので、ブランダーに尋ねてみたところ、おそらく「血糖値やLDL（悪玉）コレステロールなどの代謝関連の数値の改善に効果的」だという食物繊維に関するものだろうということでした。そうなのかもしれません。

しかしUSDAの栄養データベースによれば、ブラックベリーの食物繊維はブルーベリーの二倍。[3] それに私には、食べるベリーの種類を変えたからといって、身体に劇的な変化が起こるとも思えません。

ワーディアンは、一つひとつのアドバイスに特別な効果があると信じているわけではありません。「ブラックベリーをラズベリーに変えたからといって、急に速く走れるようになるとは思っていない。速くなるには、やはり練習が必要だ。でも、この小さな違いの積み重ねが大きな違いにつながるかもしれないんだ」。インサイドトラッカーのアドバイスに従って亜鉛やマグネシウムの摂取量を増やしたり、ふすまフレークから「TOTAL」シリアルに切り替えたりすることにも、合理的な理由を見いだしています。「それぞれの変化に効果があるかどうかを見分けられるかどうかはわからない。でも、自分ができる限りのことをしていると思いたいんだ」。そして、こうした血液検査にアスリートを駆り立てているのが、この不安だと言います。「特に健康に問題がなくても、人は不安に駆られて検査を受けたがる」。私が取材をした血液検査会社の創業者は言いました。健康なアスリートも、こうした検査があるために不安になり、結果を見たりアドバイスに従ったりすることで安心したいと思うようになります。こうした市場が存在するという事実は、私たちが生きているこの時代の奇妙さをよく表しているのかもしれません。

アスリート向け血液検査を体験

血液検査は単なる健康だけの問題ではありません。アスリートは誰でも、ライバルに差をつけられるチャンスなら、どんなに小さなものであれ逃したくないと考えています。逆に、周りに置き去りにされたくないという不安心理も働きます。インサイドトラッカーやブループリント・フォア・アスリートは、そこをうまく突いていると言えるでしょう。こうした検査サービスは、アスリートに〝今よりも良い完璧な自分がどこかにいて、検査を受けることでそれに少しでも近づける〟という考えを抱かせます。ブループリント・フォア・アスリートは、フォーチュン500社企業の医療検査大手クエスト・ダイアグノスティクス社の商品です。このプログラムでは、ユーザーが検査を自分の好みに合わせて注文する形式（もちろん有料）で行えます（クエスト社ではインサイドトラッカーのテストも受けられます）。

私は、スポーツイベントで何度か広告を見かけたことがあるブループリント・フォア・アスリートのサービスを試してみることにしました(4)。まず、自宅にやって来た親切な担当者に小さなチューブ三本分の採血をされ、一週間後にメールで結果を知らされました。その後で、クエスト社の元シニア臨床エデュケーターで登録管理栄養士のバニー・フォックスホベンと電話で話をしました。

検査結果の項目は赤・白血球数からグルコース、トリグリセリド、ヘモグロビン、コルチゾール、コレステロール、ビタミンDまで四三個もありました。そのうちの二つ、推算糸球体濾過率（eGFR）とクレアチニンは赤でマークされていました。eGFRは低く、クレアチニンは高く、どちらも腎臓機能と何らかの関係があると思われるとのこと。怖くなりました。

フォックスホベンは、このeGFR値は腎臓機能の低下を示唆する可能性があり、クレアチニン値も同様で、腎臓が処理できる以上のタンパク質摂取が原因かもしれないと言いました。食生活に関する質問もされました。いつもどんな朝食をとっているか、タンパク質や塩分の摂取量はどれくらいか。私は、タンパク質は卵とナッツを常食していて、肉も週に四、五回口にすると答えました。塩辛い食べ物も好きで、テーブルで料理に塩を加えることが多いのも認めました。

塩分のカットと医師への相談を勧められ、三カ月後の再検査も提案されました。「手遅れになる前に対策を講じておくべきだ」と。まだ問題があるかどうかわかっていない腎臓について、そう言われました。さらに怖かったのは、腎臓機能の九割を失うまで自覚症状がないケースもあると警告されたことでした。

かかりつけの医師に連絡したところ、「慌てる必要はない」と言われました。健康な人を検査すると、偶発的所見と呼ばれる現象が起こることがあり、これはそのケースだというのです。メイヨークリニックの医師で人間生理学者のマイケル・ジョイナーも同意見でした。正常範囲外だった私の二つの測定値は、どちらも腎機能に関連し、かつ相互に関連もありました。ジョイナーは、私のクレアチニンが高いのは筋肉量が多いからだと言いました。脱水気味である可能性もありますが、定期的に運動しているためにクレアチニン値は高くなります。筋肉損傷によって血液中にクレアチニンが放出されやすくなるからです。ジョイナーはこの見立ては間違いないと言いました。しかし、もし私がジョイナーのようにこの問題に詳しくない医師に相談をしていたら、自覚症状のない健康な人が医療検査を受けたときによく起こることですが、不安を抱えたまま何人もの医師のもとを訪れ、健康状態を少しも改善することなく、金と時間をいたずらに費やしてしまったかもしれません。

クエスト社による検査結果にも、高クレアチニン値への過度の心配は不要だと小文字で書いてありました。本格的なトレーニングをしているアスリートは、一般人に比べてクレアチニン値が高くなる傾向があるとのこと。「これはアスリートに筋肉量が多いためだと思われます。筋肉量が多いと、クレアチニンの分泌が促されます」。私はもう本格的なアスリートではありませんが、筋肉質の体型をしていますし、採決前に数時間のトレイルランを走ったばかりでした。結果には、アスリートは一般人のデータに基づいた標準値ではなく、自身の基準値を参考にすべきだというアドバイスも書かれてありました。

また、クレアチニン値の高さは、eGFR値の低さとも関連がありました。eGFR値はクレアチン値に基づいて計算されるからです。「持久力競技やチームスポーツのアスリートのeGFR値は低い傾向があることを示す研究もあります」。ブループリント・フォア・アスリートの結果はそう説明していました。またクレアチニンと同様、標準値ではなく自らの基準値を参考にすべきだというアドバイスもありました。つまり私のeGFR値が低いのは、あまり恐れるべきことではなさそうです。それでも、それを確認するために検査は継続的に受けるべきだということでした。

クエスト社のフォックスホベンに、検査結果をパフォーマンスやリカバリーの向上にどう役立てられるのかと尋ねてみました。単に、特に問題がなかったことを喜べばいいのでしょうか？　正直なところ、この検査で何か有意義な情報が得られたとは思えなかったからです。「OK、いいポイントね」と彼女は言いました。そして、筋肉や関節への負荷がオーバートレーニング気味になると、検査結果に炎症マーカーであるコルチゾールやC反応性タンパク質などのストレスホルモンのレベルが上がることがわかるので、それを把握しやすくなると教えてくれました。でも、私には疑問が残りました。本格的にスキーに取り組んでいたとき、後で振り返るとオーバートレーニングだったと思われる症状に悩み、医者の指示で血液検査を受けたことがあるのですが、そのときは何も悪い数字が示されなかったからです。オーバートレーニングで苦しんでいるときに役立たなかったのに、当時よりも健康で無理な練習もしていない今、本当に有益な何かを知ることができるのでしょうか？

「塩分を控えること」と「水分を十分にとること」という今回の結果で私に示されたアドバイスは、

映画『ア・クリスマス・ストーリー』に出てくるシーンを彷彿とさせるものでした。主人公の少年ラルフィーは、ラジオ番組「オーファン・アニー・シークレット・ソサエティ」に応募葉書を出し、同番組が視聴者にプレゼントする「暗号リング」を手に入れます。ラジオから聞こえてくる秘密の番号を必死にメモし、ワクワクしながらリングを使って解読してみると、そのメッセージは「オバルチンを忘れずに飲むこと」というなんのことはない飲料の宣伝文だったのでした。同じように、わざわざ手間暇をかけて血液検査を受け、その結果として示されるのが「もっと水を飲むこと」「もっと野菜をとること」といったありきたりのアドバイスなら、アスリートも拍子抜けしてしまうかもしれません。ブループリント・フォア・アスリートのアドバイスの内容を伝えると、ジョイナーは「それはアスリートへの世界一汎用的なアドバイスだ」と笑いました。

クエスト・ダイアグノスティクス社スポーツ&診断ソリューションのエグゼクティブディレクター、リチャード・シュウォバッチャーに、電話で「検査結果をパフォーマンスや健康の改善に役立てるにはどうすればいいのか?」と疑問をぶつけたところ、「回答が難しい質問だ。それは結果次第だからだ」という答えが返ってきました。もし私がビタミン不足といった食事やサプリメントなどの具体的な方法で対処できる結果を示されていたら、印象も違っていたはずだ、と。「良いニュースは、検査の結果あなたが健康だとわかったことだ。悪いニュースは、そのために検査の価値が薄くなってしまうことだ」

結果に問題がなかったのを、日頃から自分が健康だと感じていることの裏付けだと受け止めて安心するアスリートもいます。シュウォバッチャーは、大きな試合の直前に検査結果を受け取り、値がすべて正常範囲内であることを確認して、最適な状態でレースに挑めるという自信や心の落ち着きを得ているアスリートの例を教えてくれました。

　もちろん、人が自分の健康に関するデータを求めようとすることにはなんの問題もありません。インサイドトラッカーやブループリント・フォア・アスリートのような企業がアスリート向けに提供している検査サービスも、正当な医療検査に基づいています。しかし私のケースがそうだったように、健康な人にスクリーニング検査をすると、答えよりも多くの疑問が浮かぶという結果に終わってしまいがちです。[5] たとえば、貧血が疑われるのなら血液検査で鉄分の状態を調べるべきです。しかし、明確な目的なしに血液を検査しても、何か正常範囲から外れている項目はないかと探し回ることになってしまいます。そしてその結果として、わずかに正常範囲から外れている項目が見つかることがあります。血液検査の参考基準値は、九五パーセントの信頼区間を用いています。これは、五パーセントの健康な人がその範囲から外れることを意味します。これらの値を異常値と呼ぶことは、実質的に偽陽性と同じです。アスリート向けの血液検査サービスでは、参考基準値を狭く設定しているものもあります。つまり、偽陽性となる結果を意図的に増やそうとしているのです（当然、これはユーザーが再度検査を受けようとするインセンティブになり、企業は儲かるというわけです）。

　これらの検査は、ハイテク産業の〝イノベーター〟と医療専門家との大きな違いを明確に示している、とオレゴン健康科学大学で血液学と腫瘍学を研究するビナイ・プラサドは述べています。ハイテク業界では、基本的にデータ量が多いほど良いことだとされます。しかしプラサドは、医療実践者は情報量を知識とイコールのものとは見なしていないと言います。「大量のデータがあるからといって、それが役立つとは限らない」。これらの血液検査は、「重要なものがすべて数えられるとは限らない。数えられるものがすべて重要だとも限らない」という「マクナマラの誤謬」の完璧な例です。

バイオマーカーを〝向上〟させるためにアスリートに血液検査を奨励するのは、テストに出そうな範囲を教えるのと同じようなことになってしまいます。自分の身体の声に耳を澄ませ、疲労の度合いや休養の必要性を把握しようとするのではなく、本当に重要なのかどうかをよくわかっていない数字を良くすることだけに気を取られてしまうようになるからです。

怪我やリカバリーに心理面が及ぼしている大きな影響

現代は、データが爆発的に増加する時代です。スマートフォンやパーソナルトラッカーなどを利用でき、お金を払えば健康状態やトレーニングに関する膨大なデータを得られるようになりました。IT企業が次々と提供する機器やアプリによって、ステップ数や走行距離、標高差、心拍数、パワー出力、運動強度、睡眠、体重、栄養など、さまざまな情報を記録できます。

おそらくもっとも単純な指標は、毎朝の心拍数です。時計さえあれば、指先を手首に当てて鼓動を数えるだけで、測定ができます。健康であるほど、安静時の心拍数は低くなります。毎朝脈を測ることで、自分の正常範囲はすぐに把握できます。起床時にいつもより心拍数が高ければ、それは疲労の兆候です。これは便利な尺度ではありますが、リカバリーの測定という視点からはかなり粗いものだと言えます。リカバリーというパズル全体の一つの側面である、副交感神経系の働きを測定するだけだからです。副交感神経系はリラクゼーションを司り、呼吸や消化など無意識の活動をコントロールしています。

心拍数よりも繊細な指標が、心拍の間隔の変動値を表す「心拍変動」（ＨＲＶ＝hear rate variation）です。「安静時の心拍は、メトロノームのように規則的なリズムを打っていると思われている。だが実際には違う」と、ウェブサイト「myithlete.com」を運営するＨＲＶフィット社のディレクター、サイモン・ウェジェリフは言います。身体は常に最適なエネルギー効率を求めている複雑なシステムであり、その結果として心拍の間隔にはさまざまなバリエーションが生じているのです。「それは無作為の変化ではないし、身体の不調を意味しているわけでもない」。心拍間隔が変動しているのは、心臓が効率的に働こうとしていることの証です。通常、心拍数は息を吸い込むと速くなり、吐き出すと遅くなります。「これは小さな変化ではない。極めてフィットネスの状態が高いアスリートの場合、その割合は二対一近くになることもある。この変化を測定・定量化し、個人の基準値を設定することで、自分の身体がどの程度のストレス下にあるかを把握できる」。変動率の高さは心臓が休まり効率的に機能していることを、変動率の低さはストレスを感じていることを示唆します。これはトレーニングや精神面、睡眠不足など、ストレスの原因の特定に役立つ包括的な指標になります。

「myithlete.com」のプログラムでは、朝に外部センサーで測定したＨＲＶ値に基づき、トレーニング内容が提案されます。ＨＲＶは他のメーカーの心拍数モニターでも測定できます。携帯電話のカメラを指先にかざすことでＨＲＶを測定するスマートフォンアプリもあります。これらのアプリの多くは、さまざまなトラッキング機能も備えています。

ポラールやガーミンなどの時計メーカーが製造するスポーツウォッチでは、エクササイズの距離や時間、強度などのデータを記録し、それを独自のアルゴリズムで解析して推奨されるリカバリーを導き出します。トレーニングを終えると、スポーツウォッチに、次のトレーニングまでにどれくらい休養をとるべきかについてのアドバイスや、リカバリーのスコアやランキングが提示されるのです。私は両メーカーのスポーツウォッチを実際に一年近く試してみました（そうです。両腕に腕時計を巻くという間抜けな恰好で走っていたのです）。しかし、自分にわかっている以上の情報は得られないという印象を受けました。トレーニングを終えると、どれくらいきつかったか、どれくらい疲れているかは腕時計を見なくてもわかります。ハードな練習をした日は、明日は軽めに抑えようと思うものですが、スポーツウォッチもまさに同じことを提案してくるのです。

両社のスポーツウォッチのうち一方が特に正確という印象はなく、どちらもたいてい妥当なリカバリー案を提示してきました。しかし、時々とんでもなく的外れだと思えることもありました。そのスキーシーズンで最長のセッションよりもさらに一時間近く長い約四時間のクロスカントリースキーの練習をしたとき、ポラールはそのトレーニング効果が「中程度」で、休養日は「一日」と提案してきました。たしかにペースと強度は低かったですが、私は完全に消耗して、数日間は休みをとらなければなりませんでした。最近では、ガーミンに軽めの練習を限界に近いと評価されました。それがなぜなのかは、値を導いている独自のアルゴリズムを理解しなければわからないことです。いずれにしても私が気づいたのは、スポーツウォッチが提示する情報が興味深いと感じるのは、それが間違っていると思えるときだということです。機械と自分とが、同じ練習を異なるものと解釈しているところに面白さを感じるのだと思います。

私がこれらよりはるかに有用だと思った指標（少なくとも持久力トレーニングでは）は、トレーニングピークス社が算出する「トレーニング・ストレス・スコア」（ＴＳＳ）です。これはインターネットとアプリベースのプログラムで、スポーツウォッチやアプリから取得したトレーニングデータを同期し、解析するというものです。[6] TSSは一九八〇年代にE・W・バニスターとT・W・カルバートが開発した「TRIMP」(トレーニング・インパルス)スコアをモデルにしています。[7] TSSとTRIMPはどちらもトレーニングの時間と強度からスコアを導くことでトレーニング全体の進捗度合いや疲労度合いの把握に役立てます。このシステムは、詳細が明らかにされていない他のメーカーの独自アルゴリズムに比べると透明性があります。私はこれがエクササイズの種類にかかわらず記録ができるところが気に入っていて、スキーやランニング、サイクリングなどのさまざまなトレーニングの相加効果を追跡するために使用しています。自分のTSSスコアを目で把握することで(トレーニングピーク社は親切にもこれをグラフ化してくれています)、日単位、週間単位のワークロードがどのように推移しているかを簡単に把握できます。また、グラフの突出した部分(ワークロードが極端に多い日や期間)も見つけやすくなります。

私がしているランニング、サイクリング、クロスカントリースキーといったスポーツは、一般的に時間や距離を基準にして運動を測定します。しかし独自の基準で疲労やリカバリーを把握するスポーツもあります。たとえば肩や肘の酷使が選手生命を脅かす怪我や障害につながることが知られている野球では、投手のトレーニング負荷を記録するために投球数を基準にするのが一般的です。研究によれば、球数が多いと十分な休養をとらなければ年齢にかかわらずリスクにさらされますが、特に若い投手は投球数が多いと故障しやすくなります。

リカバリーが不十分だと腱鞘炎や肉離れ、疲労骨折などの負傷をしやすくなることにほぼ疑いの余地はありません。しかしオーストラリア国立スポーツ研究所のスポーツ科学者ミック・ドリューは、負傷の根本的な原因はもっと複雑だと言います。「トレーニング量が増えると、怪我をしやすくなるのは事実だ。だが、それは単純な量の問題ではない。一貫したトレーニングをしていると、負傷しにくくなることがわかっている」。カギは、最適なバランスを見つけ出すことなのです。

ドリューによれば、トレーニングの負荷や怪我の危険性に関する研究は、基本的に同じ結果を示しています。すなわち、最大のリスクは日常的なトレーニングの負荷が極端に低いときと高いときに大きくなるというのです。「負荷が低い状態でずっとトレーニングをしている人が急に負荷を上げると、怪我をする確率も急上昇する。だが、日頃からトレーニング負荷がある程度高い人は、トレーニング負荷を高めても怪我をしにくい。ただし、それは一定の地点までで、極端に負荷が高い状態でトレーニングをしていると、やはり怪我につながりやすい」。ドリューは、重要なのは一貫性だと言います。

ドリューは、「オーバーユース傷害」と呼ばれているものは、正確には「トレーニング負荷エラー」と見なすべきだと言います。トレーニング負荷は、アスリートの身体にかかるトレーニングストレスだと言えます[8]。病気や軽傷で練習を休み、復帰するとき、徐々に負荷を上げるのではなく、いきなりそれまでと同じトレーニング負荷から再開しようとするアスリートがいます（遅れを取り戻そうと、普段よりもさらに負荷を上げる人もいます）。ドリューは、この病気や怪我による中断と復帰直後の高負荷トレーニングのサイクルに嵌まったアスリートは、疾患や怪我に何度も悩まされる傾向があると言います。「私たちはアスリートに、負荷を一貫したレベルに保つように指導している。重要なのはどの指標を使うかではなく、その指標が語りかけているものを理解することだ」。怪我から身を守るための最善の方法は、対応できる負荷でのみ練習し、怪我から復帰したときにも段階的に負荷を上げるなど、トレーニング負荷の一貫性を維持することです。徐々に上げていく場合、トレーニング負荷の高さ自体が必ずしも怪我を招くわけではありません。しかし急に負荷を上げると、怪我のリスクも同じように上がるのです。(9)

この問題への明らかな対処策は、トレーニング負荷を細かく管理することだと思うかもしれません。しかし、この問題がそれほど単純ではないことがわかっています。なぜなら、一番重要なのは、客観的に把握できる負荷（走行距離やスプリント数など）ではないからです。重要なのはアスリートがその負荷をどう体感しているかだ、とUEFAチャンピオンズリーグなどに出場するサッカーのトップクラブの所属選手を対象にしてスポーツ障害の研究を続けているスポーツ医師ジャン・エスクトランドは述べています。同じアスリートでも、睡眠や筋肉痛、疲労、日常生活でのストレスなど、そのときの状態によって、まったく同じトレーニング負荷をどれくらいきつく感じるかは変わります。

エスクトランドの研究グループは年に一度、各チームのチームドクターへの経過報告時に、怪我とその予防にとってもっとも重要な要因だと思われるものは何かを尋ねます。チームドクターの答えは、四つに大別できます。それは、エスクトランドにとって想定外のものでした。第一の要因は、マネージャーやコーチの指導力。すなわち、チーム運営の適切さです。第二は、運動の負荷。すなわち、選手がどれくらいの試合に出場し、どれくらいの練習量をこなしているかです。第三は、チーム内のコミュニケーション。すなわち、チームに話せる人はいるか、リーダーのメッセージがチーム全員にすみやかに届く仕組みがあるか、です。第四は、選手の全般的な心身の健全さ。すなわち、プライベートで問題を抱えていないか、友人がいて良好な関係を持っているか、です。

エクストランドにとって、これは「まったくの驚き」でした。「通常、怪我の予防とは、たとえば筋力トレーニングをして筋力を強くするようなことだと考えられている」。しかしチームドクターが怪我の原因として挙げたストレス要因は、どの職場にも当てはまるものでした。人は職場や私生活で不満を感じていると、仕事のパフォーマンスが低下します。同じように、ストレスは怪我を起こしやすくするのです。「我々は視野を広げなければならない。エクササイズだけに注目するのではなく、アスリートが置かれている人生の状況全体を見なければならないのだ」

エクストランドはその例として、UEFAチャンピオンズリーグに出場するチームの、欧州以外の国から来た選手の扱いの違いを挙げました。「この点で非常に優れているクラブもある。外国人選手の家族に住宅の世話をし、子供の学校の手配をし、外国語を教え、妻に友人になれるような人を紹介する」。家族は、クラブが新しい文化に馴染むために手厚くサポートをしてくれていると感じます。しかし、このような家族へのサポートを提供しないクラブもあります。「このようなクラブは、〝多額の報酬を払っているのだから、外国人選手はこのクラブでプレーできるのを幸せに感じているはずだ〟と考えている。だがその選手が家に帰れば、妻は言葉もわからず友達もいない外国暮らしを辛く感じていて、ホームシックになっている」。後者の選手は、ピッチ上では周りのサポートを得ているかもしれません。しかし家庭ではストレスを感じ、幸福度も低い状況に置かれているのです。家庭での心理的ストレスはリカバリーを妨げ、フィールド上でのパフォーマンスにも悪影響を及ぼします。

エクストランドのグループはこれらの要因を考慮し、「RPE」（主観的運動強度／ratings of perceived exertion）と呼ばれる指標を用いて選手のトレーニング負荷を分析し始めました。RPEとは、「その運動をどれくらいきつく感じるか」をアスリートが数字で答えたものです。

「気分」の驚くべき重要性

長いあいだ、オーバートレーニングは主に生理学の手法や視点、マインドセットに基づいて研究されてきました。「心理学がオーバートレーニングの研究に役立つという考えは、一笑に付されてきた」一九八〇年代に大学院生としてオーバートレーニングの研究を始めた心理学者のジャック・ラグリンは言います。しかし、その考えはラグリンの師であるウィリアム・モーガンとの出会いによって変わりました。モーガンは一九八七年、競泳選手の気分を一〇年にわたって追跡調査したデータを発表しました。(10) モーガンらウィスコンシン大学マディソン校スポーツ心理学研究室の研究者は一〇シーズンにわたり競泳選手の気分の状態を記録し、気分障害（緊張、抑うつ、怒りなど）が、トレーニング量が増えるに従い用量依存的に上昇し、トレーニング量が減るに従い基準値に戻っていくことを明らかにしました。モーガンらが作成した気分に関する質問票によって、選手の気分とリカバリーの状態に、ほとんど足並みを揃えるかのような相関関係があることが示されました。リカバリーが良くないときは、心の状態も良くなく、リカバリーが良好なときは、心の状態も良好なのです。

「この論文は、人々の目を大きく開かせるものになった」。この研究に参加した、執筆者の一人でもあるラグリンは言います。それまで生理学者は、リカバリーの状態を探るためにテストステロンやコルチゾール、乳酸などの生理学的マーカーに注目してきました。「だがそれらから真に有益な情報が得られたとは言い難い」。しかし気分は、リカバリーの状態をほぼそのまま表していると思えるほど相関が高かったのです。

ラグリンはサッカー選手向けに、毎朝記入するための気分尺度の質問票を開発しました。「これは有効だった。だけど、選手にその効果と重要性を理解してもらい、このシステムを定着させるのに数カ月もかかった」。アスリートは献血をしたり、心拍数などの生理的測定をしたりすることよりも、気分に関する質問票への記入に抵抗を示しました。「リカバリーを心身全体からとらえるという考えは、スポーツ界ではまだ十分に認識も理解もされていない」。身体的なパフォーマンスを高めるために心理的な測定をするという考えをアスリートに納得してもらうのは、簡単ではないのです。

スウェーデンの複数の代表チームやオリンピックチームと関わってきたスポーツ心理学者のヨーラン・キャンタは、選手のトレーニングへの反応を調べるために、ラグリンとモーガンが開発したPOMS（気分プロフィール検査）を使用しています。キャンタは、POMSの結果が疲労の蓄積を示していた、カヤックチームの女子選手のことを覚えています。世界選手権に向けた本格的なトレーニングキャンプの直前、この選手とPOMSスコアについて話をしました。「スコアから見て、彼女のトレーニング負荷を減らす必要があった」。キャンタは言います。しかし、彼女は抵抗しました。練習を休めば、トレーニングで培ってきたものが失われてしまうかもしれないと恐れていたのです。休養すればパフォーマンスが向上すると約束してほしいと言われ、キャンタは首を縦に振りました。それだけ、POMSテストに自信を持っていたのです。合宿が始まり、チームの他のメンバーが限界に挑むようなトレーニングをしているなか、この選手は練習を休み、リカバリーに専念しました。その結果、彼女は休養明けの状態で臨んだ世界選手権で見事に銅メダルを獲得したのです。

ボストンのIT起業家ジェフ・ハントは、トライアスロンを始めたとき、この競技には、トレーニング時間にばかり気を取られ、リカバリーを軽んじる風潮があることにショックを受けました。「みんな、何かに取り憑かれたみたいに練習時間のことで頭をいっぱいにしていた。僕は思った。〝何のためにトレーニングしているんだ?〟ってね」。理想的なトレーニング反応を得るためなのか、それとも練習日誌に書き込むトレーニング時間を増やしたいだけなのか。リカバリーに優先度を置くための方法をつくる必要性があると考えたハントは、ノルディックスキーヤーの友人と共に、「Restwise」というサービスを立ち上げました。これはリカバリーを心身両面から追跡するための、アプリケーションを用いたプログラムです。

「Restwise」の目標はリカバリーの状態についての素早く、シンプルで、誤差の少ない指標をアスリートに提供することです。トレーニングだけではなく、リカバリーを促す、あるいは阻害する要因も考慮に入れます。プログラムでは、睡眠、気分、昨日のパフォーマンスの質と強度、健康状態、筋肉痛、水分補給、エネルギーレベルなど、一〇以上の項目で情報を収集します。当初は血液中の酸素飽和度を測定する器具も用いていましたが、「ほとんど役立たない」ことにすぐに気づきました。また、HRV(心拍変動)も対象にしていたときがありましたが、「HRVが示しているものと、アスリートが常識的に判断できることが大きく乖離しているケースが多かった。たとえば僕はフルマラソンを三度走ったのだけど、毎回、HRVは翌日も普通にトレーニングするようにという指示を出していた」という問題があったため、項目から外しました。もっとも有効だと思われる項目は、昨日のトレーニングの質、気分、睡眠、エネルギーレベルなどでした。プログラムは、ユーザーによる入力を受け取り、独自アルゴリズムを用いてリカバリースコアを算出します。

「Ｒｅｓｔｗｉｓｅ」のユーザーには、トライアスロン選手のジェシー・トーマスや、複数競技のチャンピオンであるマイク・クロッサー、サイクリストのレベッカ・ラッシュなどの持久系アスリートや、多数のクロスフィット選手、フィールドホッケーアメリカ代表チーム、このプログラムを用いて二〇一一年にライアン・ホールの目覚ましいボストンマラソンでの走りを導いたトライアスロンコーチのマット・ディクソンなどがいます。

「このプログラムの真の価値は、人々に学びを与えることだ」。ハントは言います。「これはリカバリーへの意識を高めるのに役立つ。しかも、ただリカバリーに注意を向けるのではなく、正しいものに目を向けられるようになる。このプログラムを使っていると、自分自身の状態をチェックし、感情に目を向けることが日常になる。自分のスコアも予測できるようになる。ここまで到達すれば、プログラムの目的は果たされたも同然だ。それは、人々をオーバートレーニングから救うことだ」

一般的に、客観的尺度は主観的尺度よりも科学的で信頼性が高いと考えられています。たとえば車の速度を知るには、ドライバーの主観に頼るより、スピードメーターを見るほうが正確です。しかし、リカバリーは速度よりもはるかに複雑な現象です。それは身体が今この瞬間にしている何かではなく、将来のパフォーマンスに対してどれだけの準備ができているかを予測することだからです

私たちは、客観的に測定された数字を最高のデータだと考えたがります。しかしリカバリーの測定では、客観的な測定値に主観的な感覚が勝ることがあります。二〇一五年、オーストラリアのスポーツ科

学者アンナ・ソーらは、トレーニング負荷とその反応に関する、ホルモンレベルから炎症マーカー、赤血球数、免疫系マーカー、心拍数など多岐にわたるテーマの研究論文を集めて解析し、主観的な自己申告の値が、客観的な測定値よりも正確だったことを明らかにしました。[11] 客観的尺度での多くでは、日や週による値の違いがリカバリーやトレーニング反応による意味のある違いなのか、単なる通常の変動値の範囲なのかを判断するのが困難でした。「この結果が意味するものは驚くほど大きい」。ソーは言います。「私は客観的尺度の値にこれほど一貫性がなく、主観的尺度の値がこれほど信頼できるとは思ってもいなかった」

データにこだわりすぎることの危険性

ウェストバージニア大学のスポーツ科学者クリステン・ディーフェンバッハは、指導するエリート／年代別の持久系アスリートに話をするとき、よく予算の比喩を使います。選手が持つ肉体的、心理的なエネルギーの総量が手持ちの資金です。「まずは、どれくらいの予算があるかを考える。次に、どこにどれだけ使う予定になっていて、残りはどの程度かを計算する」。この資金は、現実的に使わなければなりません。ディーフェンバッハは、トレーニングに心身のすべてのエネルギーを投じることは、月の予算をすべて靴代に注ぎ込んで、生活費がまったくなくなってしまうようなものだと言います。

数年前、ディーフェンバッハはヨーラン・キャンタとの共同研究で、エリートアスリートを対象に、どのように休養やリカバリーの重要性を受け入れるようになったかをインタビューで尋ねました。ほぼ全員が、競技を始めたころはリカバリーは何もしなくても得られるものだと考えていました。休養の重要性は経験を通じて学ばなければならないものでした。誰かに相談する程度では不十分で、心の底から信じるようになるまで、その重要性には気づけませんでした。「多くのアスリートが、〝若い頃にうまくリカバリーをしていたら、もっと速くなれたのに〟と過去を振り返っていた」（ディーフェンバッハ）。

しかし、「全力を尽くせ、嫌ならやめろ」といった風潮があるスポーツの世界に、「Strava」や「MapMyRun」などのＳＮＳアプリが登場したことで、誰もが練習内容を比べ合うようになったとディーフェンバッハは言います。「これはトレーニングの競争だわ。だけどこうしたアプリには、一日の行動をすべて記録することはできない。他の人にどれだけ予算、すなわち心身のエネルギーの余力があり、宝くじに当たったみたいに生まれつき遺伝的に何かに恵まれているかどうかもわからない。人によって、必要な睡眠の量も違う。こうした違いは、アプリで練習内容を比較するだけではわからない」

数字にフォーカスしすぎると、逆効果になることがあります。「こうした〝いかにも科学的〟なデータを管理するとき、心理面の影響を考慮しているアスリートは非常に少ない」。ランニングコーチで『ピーク・パフォーマンス』の著者であるスティーブ・マグネスは言います。「測定をすればするほど、選手は脆くなる。世界的な舞台で戦うトップアスリートにもこの現象は見られる。彼らは数字に依存していた。ＨＲＶやオメガ波が〝準備が不十分だ〟と示すと、その通りに信じてしまう」

データを管理し、分析することを魅力的にしているものは、それを危険にもしています。それは、まだスポーツ科学が到達できていないレベルの確実性を提供するという印象を与えてしまうからです。「データを用いることでトレーニングや休養のタイミングを判断できる」という考えには、身体のストレスとリカバリーへの対処や、個々のアスリートにトレーニングへの影響という複雑なメカニズムを解明できていることが前提になっています。しかし実際には、科学はまだこれらのプロセスを初歩的なレベルでしか理解できていません。「第一に、適応が実際にどう機能しているかという適切なモデルを確立できていません。マグネスは述べています。「第二に、そもそもトレーニング負荷を定量化する方法すら、科学者によって意見が異なる」

データにこだわるアスリートを見ると、トライアスロンコーチのマット・ディクソンは不安になります。選手にはフィードバックの手段としてのデータ活用は奨励していますが、過剰に依存するのは好みません。「エンジニアやデータマニアは文句を言うだろうが、パフォーマンスは単純な計算ではない。体内時計や主観的運動強度を無視していると、アスリートとして真に進化することできない」とディクソンはその著書『The Well-Built Triathlete』に書いています[12]。

「年代別競技の選手に〝何時間くらい練習をすればいいか？〟と尋ねられたとき、私の答えは〝わからない〟だ」。ディクソンは言います。そのアスリートのことを詳しく知るまでは（競技歴、日常生活のストレス、各種のトレーニングへの反応など）、適切なトレーニング量やリカバリー量は判断できないからです。ディクソンは選手に、成功したいのなら、トレーニングにどのように身体が反応しているかを認識し、リカバリーに不可欠な良い習慣（十分な睡眠、良好な栄養、適切なトレーニング量）を身につける必要があると指導しています。

アスリートにとって極めて重要な能力は、身体の声に自信を持って耳を傾けられること、自分のトレーニング計画を信じられることです。成功への唯一の道のようなものはありません。これは、「Strava」などのＳＮＳアプリでトレーニング内容を絶えず他人と比較することの中毒になりかけている現代のアスリートにとって、とても大切な教訓です。ディクソンは、二〇一六年に「アイアンマン70・3」レースで世界チャンピオンになったティム・リードを指導していたときのことを覚えています。リードは他のチャンピオンのトレーニングの話をしたがりました。「〝クレイグ・アレクサンダーはこんな練習をしている、キャメロン・ブラウンはこんな方法に取り組んでいる〟という感じだった」。ディクソンは言います。「私は言ったんだ。〝ティム、世界チャンピオンになりたいのなら、自分自身の方法でトレーニングをしなければだめだ。他の選手を参考にするのはいい。でも結局は、偉大なチャンピオンはみな、自分に合った独自の練習をしているんだ〟」

選手がトレーニングに反応する方法は、生理的な要素のみで決定されるのではありません。日常生活で感じているストレスも影響を受けます。ディクソンは指導していたトライアスリート二人を例に挙げました。二人はどちらもハワイでのアイアンマントライアスロンレースの年代別世界チャンピオンになりました。「二人は同じ年代で、年も二歳ほどしか離れていなかった」。一人はリッチ・ヴィオラで、週に約二二〜二五時間のトレーニングをしていました。時間に余裕があり、仕事でも要職についていましたがストレスは多くありませんでした。もう一人のサミ・インキネンはスタートアップのCEOで、週に約一二時間しかトレーニング時間はありませんでした。インキネンはヴィオラの半分の練習時間がないにもかかわらず、年代別の世界チャンピオンになりました。[13]「これは、一二時間が誰にとっても適切なトレーニング負荷だという意味ではない。もし私が週に一六〜一八時間のトレーニングを課していたら、インキネンは失敗していただろう。なぜなら彼はスタートアップのIT企業を経営していて忙しく、時間が非常に限られていたからだ」

フィンランド人のインキネンは二〇〇三年にカリフォルニア州パロアルトに移住し、二〇〇四年にトライアスロンを始めました。「不治のデータオタク」を自称し、トレーニングやパフォーマンスについて徹底的に考え抜くことに知的な興奮を覚えています。二〇〇五年に不動産関連のウェブサイト「Trulia」を共同設立者として立ち上げたことで、練習時間がごくわずかしかなくなりました。「だから私は考え始めた。最小の時間で最大のトレーニング効果を得るにはどうすればいいか?」。もちろんコーチのディクソンの指導も役立ちましたが、自分でも科学文献を漁りました。「持久系のパフォーマンスと相関する心血管マーカーの多くは、時間のかからない高強度トレーニングで効果的に開発できることに気づいた」

数字人間として、インキネンは論文を読むだけではなく自分自身の身体がトレーニングにどう反応したかを知りたがりました。「自分が超回復をしていて、毎週パフォーマンスが伸びていることを示す客観的なデータが必要だった」。自分自身に関するあらゆる種類のデータを数年にわたって分析した結果、インキネンはこれらのすべてのデータを取り込む最良のアルゴリズムは、私たち自身の脳であるという結論を導きました。「朝の気分や感情は、おそらくリカバリーのもっとも正確な予測因子だ。それは怪我やホルモンの状態、水分補給、栄養などのさまざまな要因を考慮して判断されている」。心拍数やHRV、体重などの数字は、単体ではリカバリーの一側面を表しているにすぎないとインキネンは言います。血液マーカーにも好印象を持っていません。「ある時点の単一のバイオマーカーから有意義な情報を引き出そうとするのは無意味だ。だが気分が最悪なら、それは何かを意味している。私たちが人間の脳を上回るバイオマーカーのシステムを持ち得るのは、遠い未来の話になるだろう」

身体の声に耳を澄ませる

カミラ・ヘロンはスーパーヒーローです。本当です。二〇一二年、オクラホマ州タルサで開催されたルート66マラソンでスパイダーマンの格好をして優勝し、スーパーヒーロー仮装での女子フルマラソンのギネス世界記録を樹立したのです(記録は二時間四八分五一秒。彼女がすでに達成していた二〇一二年のオリンピック参加標準記録をわずか三分弱下回るだけのものでした)。

ヘロンは科学の教育を受け(大学院での卒業論文の研究テーマはエクササイズと骨のリカバリーに関するものでした)、オクラホマ州で育った子供時代にはバスケットボールをしていて、オクラホマ州代表チームでプレーしていた父と祖父が憧れでした。しかし、ヘロンがいつまでも走り続ける能力があることに気づいたハイスクールのコーチから「君は長距離ランナーに向いている」とアドバイスされたことをきっかけに、自分の才能に目覚めました。ハイスクールでは陸上のトラック競技で州のチャンピオンに三度輝き、タルサ大学の陸上部からスカウトされました。怪我のために大学での陸上選手としてのキャリアは途中で棒に振ることになってしまいましたが、学生時代には将来の夫となる男性と出会いました。彼はプロのランナーで、二〇〇四年のマラソンのオリンピック予選に向けてトレーニングに励んでいました。大学での陸上競技を断念していたヘロンは、長い距離を走り始め、すぐに彼と一緒にマラソンを走るようになりました。

二〇〇八年にはオリンピックのマラソン予選を突破し、二〇一〇年にはダラスマラソンで優勝。その五週間後、別のマラソンレースに招待されました。リカバリーがとても順調だったので、「試しに走ってみよう」と挑戦。結局、三カ月で四度のフルマラソンを、すべてオリンピックの参加標準記録を上回るタイムで走りました。二〇一一年には、パンアメリカン競技大会のマラソンをアメリカ人トップで、その二週間後のニューヨークシティマラソンをアメリカ人三位で走ります。

その後、さらにレースを連戦で走るようになり、フルマラソン以上の距離を走ることも考え始めました。二〇一三年にはウルトラマラソンでデビュー。一年目は怪我に泣かされましたが、すぐに優勝し始めます。二〇一五年には五〇マイルの世界記録の保持者となり、五〇キロと一〇〇キロの世界チャンピオンに。二〇一七年には南アフリカのダーバンとピーターマリツブルクを結ぶ約五六マイルを走る有名なウルトラマラソン「コムラッズマラソン」でアメリカ人として二〇年ぶりに優勝。

長身で（一七五センチメートル）ひょろ長い脚をしたヘロンから溢れる自由な精神は、遠目からでもはっきりとわかります。肩まで伸びたブロンドの髪を野性的に揺らしながら、道路やトレイルを突き進みます（レースのために髪の毛をポニーテールにしたりヘアクリップで留めたりするのは一五年前にやめました）。その特徴を一言で表すなら〝感覚に従った走り〟になるでしょう。

「私にとって効果的なのは、日々のトレーニングで疲労を感じるまで追い込んでいくこと」。ヘロンは言います。通常、一日に二回練習をします。疲労が溜まって休みたくなるまで、この二部練習を六、七日続けることがあります。疲労が溜まったら、練習を休みます。「オフの日は事前に計画するのではなく、身体の感覚で直感的に決めるの」。レースでも疲労が溜まるまで連戦します。疲れたと思ったら数週間から一カ月間はレースは走らず、練習も軽めにします。

「身体の声に耳を澄ますようにしている。疲れたら休み、元気になったら走る。これまでの経験から学んだのは、紙の上ですべてを計画し、それで正しい選択をしたと考えるのではなく、身体と感覚に意識を向け続けること。それは事前に書き留めた計画よりも重要なの」

その異常に早いリカバリーにもかかわらず、ヘロンも無敵ではありません。二〇一七年、ニュージーランドでの一〇二キロメートルのタラウェアウルトラマラソンをコース新記録で優勝し、コムラッズでも優勝した後、アメリカ屈指のウルトラマラソン、ウェスタンステイツ・エンデュランスランに照準を定めました。優勝候補の本命と目されていましたが、スタート約一五マイル地点で棄権してしまいました。ハムストリングスに痛みがあり、前年の冬の記録的な積雪のために残っていた雪のセクションで滑ってしまったのです。レースを終えたエイドステーションで、「私たちは泣き、笑った。ビールを飲み、一緒に写真を撮った。雪景色で見る日の出はそれまで見たこともないような美しさだった」とヘロンはトレイルランナー誌に語り、棄権の決断には納得していると付け加えています。[14]「こうなるはずじゃなかったから、必ずしももう一度挑戦するわ」。ヘロンはサポーターの応援に感謝はしましたが、がっかりさせる結果になったことを謝りはしませんでした。誰が自分のボスかを知っているのです。ヘロンが何をするかは、外部の圧力ではなく、身体が決めるのです。

ウェスタンステイツ・エンデュランスランを棄権したことで、新たな大目標への意欲も高まりました。イリノイ州ウィーンでのトンネルヒル１００で、世界新記録で優勝すること（一〇〇マイルの公認コースで男女問わず世界最速タイムで走る）。ＩＢＭのワトソンなどのソフトウェアは、トレーニングと疲労のバランスをとるための完璧なアルゴリズムを探し続けています。しかし、ヘロンは天然の指標を完璧に使いこなしています。それは、研ぎ澄ました自分の感覚に従うことです。

第一一章　プラシーボ効果——大半のリカバリー手法の効果はプラシーボにすぎない？

私が今この文章を書いているデスクには、これまで何カ月もかけて収集したリカバリーグッズが散乱しています——発泡性のマグネシウム錠剤、筋肉ローラー、サンドベルトのような振動式の筋肉マッサージ器、「コーシャ認定」のグルテンフリーのリカバリードリンク、三〇秒ごとに足の裏を刺激してくれる機械式の靴の中敷き、酸素吸入器——などなど。この本を書くにあたり、尽きることなく市場に登場してくるこうしたグッズをさんざん試してみた結果、私はこれらを「エビデンス」という一直線の尺度の上に乗っているものだと見なすようになりました。この尺度の一方の端に位置しているのは、これまで発見されたなかで最強のリカバリーツールである「睡眠」です（そして、これはお金で買えないものです）。もう一方の端には、水素水や酸素吸入器など、ちょっとした常識があればそれが役に立たないであろうことがわかりそうな流行のリカバリーグッズが位置しています（パフォーマンスやリカバリーを制限しているのは、通常、呼吸で取り込む酸素の量ではなく、酸素を筋肉に届ける身体の能力です。ですから、酸素吸入器で大量の酸素を吸い込むのはほとんど役に立たないのです）。そして残りは、この尺度のどこかに位置しています。科学の視点で見れば見るほど、そのほとんどはエビデンスが薄く、不十分だという印象を受けます。つまり、何らかの効果はありそうだが、確証があるとは言えないのです。

これらのリカバリー手法が効果を見せるとき、その利点は通常、一つの数字で測定されます。そこには「不都合な真実」がある、とリカバリーの専門家ショナ・ハルソンは言います[1]。人気のあるリカバリー手法がもたらすパフォーマンス向上効果は、加算的に増えていくようには見えません。プラトー現象のように、ある時点を越えると止まってしまうように思えるのです。トップレベルになると、アスリートのパフォーマンスはそれ以上伸びる余地がない、生物学的な限界に近づきます。それぞれが三パーセントのリカバリーの改善をもたらす人気のリカバリー手法を三つ同時に行ったとしても、九パーセントの改善が実現されることはまずありません。このことが示唆しているのは、それぞれの手法は、その方法論は違えど、同じ有限の資源を利用しているかもしれないということです。ある共通のメカニズムを介して、そのリカバリーを達成しているように思えるのです。

デビッド・マーティンは、このメカニズムはプラシーボ効果であると疑っています。マーティンはオレゴン州在住の持久系アスリートで（ノルディックスキーには特に情熱を注いでいます）、オーストラリア国立スポーツ研究所に二〇年務めたのち、二〇一五年にフィラデルフィア・セブンティシクサーズのパフォーマンス研究と育成のディレクターに就任。オーストラリア人として初めてツール・ド・フランスで総合優勝したカデル・エヴァンスやNBAのセンター、ジョエル・エンビードなど、各種競技のトップアスリートと長年、関わってきました。数十年にわたってアスリートの習慣を観察してきた経験から、マーティンは一般的に普及しているリカバリー手法はプラシーボ効果を利用することで機能しているという結論を導くに至りました。ただし、リカバリー手法が無意味だと言っているのではありません。むしろ、積極的に活用すべきだと考えています。マーティンは、プラシーボ効果は本当に効力のあるお守りのようなものだと考え、この言葉ではなく〝期待反応〟や〝信念効果〟と呼ぶことを好みます。なぜなら、世間では〝プラシーボ〟という言葉は無効なものと同義だと考えられていますが、実際にはその効果は現実に存在するからです。薬と同じ強力な効果を発揮することもあります。本物の薬との違いは、プラシーボ効果は外部の力に頼るのではなく、身体の天然の資源を使って効果を生じさせることです。

人体に備わる天然の力は驚くほど強力です。ある研究では、偽薬を与えた口腔外科患者の痛みが三九パーセント減少しました。しかし、オピオイド受容体をブロックする薬を与えたところ、このプラシーボ（偽薬）効果はなくなりました。つまりプラシーボ効果は、身体の天然のオピオイドシステムを利用していることが示唆されたのです[2]。脳画像の分析では、プラシーボ効果にはエンドルフィンなどの神経伝達物質も貢献していることが示されています。マーティンは、偽薬を投じられた人が、何らかの効果を〝期待〟することで、現実に生理的反応が生じているのだと言います。

マーティンは、それを裏付ける科学的根拠があるかどうかは問題ではなく、アスリートがあるリカバリー手法の効果を強く信じていると、実際に効果が生じると言います。逆もまた然りです。アスリートが効果を信じていないと、そのリカバリー手法がもたらすメリットは減り、まったくなくなってしまうこともあります。

「脳と身体は連動している」。メリーランド大学で偽薬を研究するルアナ・コロカは、プラシーボ効果は単なる期待ではなく、出来事の予測をも表していると言います。その薬に対して過去に良い経験があると、知らずに与えられた偽薬でも、同じ薬だと思い込んでいると効果があると感じられます。他人がその薬を飲んで効果を得ているのを見ることでも、これと同じ期待が生じます。同様に、アスリートが、あるリカバリー手法によってライバルやチームメイトが効果を得ていると確信することで、たとえその実態が偽薬と同じようなものであっても、そのリカバリー手法には本当に効果があると感じるようになります。信念は、これほど強力なのです。

私は最近、友人からアイシングについてどう思うかと尋ねられました。「効果がないと言ったらどうする?」と聞き返すと、「絶対に信じない」と返されました。彼女は、それが自分にとって効果があるのを知っていたのです。この正直な答えこそ、私たちがまだ科学がその有効性を証明していない、あるいは有効性を否定しているリカバリー手法に固執する理由です。私たちは自分が何を信じているかを知っていて、誰になんと言われようともその考えを曲げたくないと思っているのです。

数年前、アパラチア州立大学ヒューマンパフォーマンスラボのディレクターであるデビッド・ニーマンは、カリフォルニア州のシエラネバダ山脈で開催される一〇〇マイルのウルトラマラソン「ウェスタンステイツ・エンデュランスラン」の参加者を対象にした研究を行いました。[3] ウルトラマラソンランナーのあいだでは、痛みや苦痛に対処するための抗炎症薬「イブプロフェン」は、〝ビタミンI〟と呼ばれるほど広く普及しています。ニーマンは同大会に参加予定のランナーを被験者として募集し、その半分に、レース中にイブプロフェンをとらないように依頼しました。これは、ランナーたちがとても嫌がることでした。レース終了後、イブプロフェンを飲んだランナーと飲まなかったランナーの痛みや炎症を比較したところ、その結果は驚くべきものでした。イブプロフェンは筋肉痛や痛みを軽減していませんでした。血液検査の結果、イブプロフェンを飲んだ被験者のほうが高レベルの炎症があることもわかりました。「ランナーがイブプロフェンを使う理由はどこにもない」。ニーマンは述べています。

翌年、ニーマンは同レースのランナーに、研究結果を伝えました。その後、それによってイブプロフェンをとる習慣が変わったかどうかを尋ねました。答えははっきりとした「ノー」でした。「ランナーは、本当に心からこの薬に効果があると信じていた。データがその効果を否定していても、薬を使い続けた」。私はこのニーマンの研究に関する記事を聞きました。すると、読者のランナーたちから、この研究結果を疑問視する意見がメールで寄せられました。研究結果が何を示しているかは重要ではありませんでした。読者たちは、「私はこの薬が効くのを知っている」と信じていたのです。

ニーマンの研究が二〇〇六年に発表されて以来、他の研究も、運動前のイブプロフェンや他の非ステロイド性抗炎症薬（NSAID）の使用が、組織の修復を妨げ、骨、靭帯、筋肉、腱などの怪我の治癒を遅らせる可能性があることを示してきました。(4) 炎症は、運動への筋肉の適応に必要なステップだと見なされているため、一部の研究者は、抗炎症剤の服用はトレーニング効果を鈍らせる可能性があるという理論を主張しています。このことを支持する予備的研究もあります。NSAIDの負の側面は、ニューヨーク・タイムズ紙やワシントンポスト紙など大手メディア、ランナーズワールド誌のような専門誌、アスリート向けウェブサイトなどの注目を集めました。

それでも、〝NSAIDはアスリートの痛みを減らし、パフォーマンス向上に役立つ〟という考えは依然として深く浸透しています。私がインタビューしたあるウルトラマラソンランナーは、二四時間レースで一二錠のイブプロフェン錠剤を服用したことなどが原因で深刻な横紋筋融解症（深刻な腎臓の状態）を患い、入院したことがありました。それでも、以前より服用量は減らしたとはいえ、まだこの薬を飲んでいます。「イブプロフェンは私にとって絶対に効果がある」と彼女は私に言いました。この薬が痛みや関節の炎症を軽減すると固く信じているのです。名称に「抗炎症」という単語が含まれている薬が実際には炎症を増加させるという考えは、たとえそれが研究によって示されていることであっても、多くのアスリートにとって単にありそうもないことではなく、絶対にあり得ないことなのです。

ストレッチも、広く普及しているためにその効果が疑問視されない手法の一つです。これは優れたプラシーボです。儀式化され、主体的に関わっている感覚や、何かが起こっているという感覚を得やすいからです。これらは、効果への期待を強めます。私も若い頃から体験上、そのことをよく知っています。ハイスクールのクロスカントリーとトラックの練習の前後には、ルーチンのストレッチをするのが常でした。なぜそれをするのかという説明を詳しくしてもらった記憶はありませんが、とにかくそれは、筋肉を緩め、気持ちよさを味わうために、しなければならないことでした。

アスリートにとってストレッチは身近なものですが、最近では、ニューヨークやワシントンDC、サンフランシスコ・ベイエリアなどのストレッチスタジオで、パーソナルトレーナーの指導のもとでストレッチをするのがちょっとした流行にもなっています。ストレッチは運動で堅くなった筋肉や、一日中同じ姿勢で働いているオフィスワーカーの筋肉をほぐします。柔軟性や可動域を高めるという理由でも推進されています。

しかし、残念ながらストレッチに関する科学文献のレビューは、ストレッチがリカバリーには役立たないことを示しています。二〇一一年に実施されたコクランレビューは、ストレッチをテーマにした研究一二件（被験者二〇〇〇人以上のフィールド調査も含まれています）を分析し、「無作為化研究による証拠は、運動の前、後、前後のストレッチは、健康な成人の遅延発症筋肉痛の臨床的に重要な低減を生成しない」と結論付けています。その後の別のレビューでは、静的ストレッチがランニングエコノミー（走りの効率性を表す尺度）を減らし、遅延発症筋肉痛の持続時間や強度を減らさず、怪我のリスクも減らすことが考えられると結論付けています。[5] たしかに、ストレッチをすればつま先に手で触れることができるようになったり、柔軟性を周りに見せつけたりできるようになるかもしれません。しかしだからといって、怪我のリスクが抑えられたり、痛みが和らいだりするわけではないのです。

私も数年前、いくつもの研究を調べた結果、有効性を示す科学的根拠が少なかったという理由から、ストレッチを止めました。私の経験上、ストレッチをしなくても、時間が増えたことを除けば以前と何も変わりません。たまに、トレーニングパートナーから、ストレッチをしないことに対して疑問をぶつけられたりもします。でも、私は効果を信じている人を改宗させようとすることもやめました。善意から一緒にストレッチをしようと誘ってくれる友人もいますが、私は「結構です」、と答えます。トレーニングパートナーが時間をかけてストレッチの儀式をしていても、私はそれをとめたりもしません。研究結果を示して彼らの心を変えることはできないと、ずいぶんと昔に悟ったからです。

私は、人々が自分の個人的な経験と矛盾する科学的証拠を簡単に拒絶するのを何度も目撃してきました。たとえばプラシーボを用いた研究では、「被験者は偽の何かを与えられれば、それが偽物だとすぐにわかるに違いない」と思うかもしれません。しかし、そうではありません。[6] プラシーボには、人が感覚からの入力をどう受け止めるかを変える効果もあります。この変化は、大きな違いを生むことがあります。アイシングやマッサージによって痛みや疲れが和らぐと期待していると、本当にそのように感じるのです。リカバリー手法は、この主観的または心理的な作用を利用することで、そのメリットを生み出しているのです。

セブンティシクサーズの施設では、選手は四つのリカバリーステーションから自分の好みのものを選択できます。この四つは通常、マッサージ、アイスバス、空気圧ブーツ、ホットタブ（遠征中はセラピストのサポートでのストレッチ）です。セブンティシクサーズのスポーツ科学者であるマーティンは、これらの選択肢を選手に提示する際に、慎重なアプローチを取っています。「これらのリカバリー手法の効果に関するエビデンスは決定的ではない（特に強いケースではないこともある）が、一部の人々は効果的だと感じ、実践している」と伝えるのです。

研究によって、偽薬には効果がないと相手に告げたときでも効果的な薬になるケースがあることがわかっています。(7) ハーバード大学のテッド・カプトチャックは、いわゆる〝オープンプラシーボ〟と呼ばれるものは、手品のような仕組みを採用していると言います。オープンプラシーボを使う医師は、手品師のようなものです。情報を完全に開示し、これは偽薬だと伝えるのですが、医師のことを信頼している患者はまだ半信半疑であるために、偽薬だと伝えられていてもプラシーボ効果が生じるのです。マーティンが選手にしていることも、まさにこれと同じです。マーティンの穏やかで自信のある態度や、天才的なスポーツ科学者であるという評判のために、選手からの信頼を得ているのです。

マーティンは、必ず選手がリカバリー手法を選択できるようにしています。「選手は自分で選んだものには一〇〇パーセント積極的になる。だが誰かに指示されたときはそうではない」。マーティンはオハイオ州のトレド大学の研究を例に挙げました。[8] 被験者は、複数の痛み止めの偽薬クリームのなかから実験者によって一つをあてがわれたときのほうが、自分で一つを選んだ場合に比べて、効果が低いと答えました。つまり自分で何かを決断することが、プラシーボ効果を高めるのです。

私は人気のリカバリー手法の多くは、一種のおしゃぶりのようなものではないかと思うに至りました。それ自体は何も解決しなくても、身体が自然にリカバリーをするまでのあいだに、私たちに何かすることを与えてくれるのです。多くの研究が、人間が待つことを嫌い、暇つぶしができる何かを与えられれば、それ自体が何らかの違いはもたらさなかったとしても、幸福度を高めることを示しています。ヒューストンの空港の例を挙げましょう。乗客から手荷物受取所で待つ時間が長すぎると文句を言われた空港は、荷物の輸送プロセスをスピードアップし、コンベアーベルトに荷物が到着するまでの時間を短縮しました。[9] しかし、顧客の不満は収まりませんでした。原因を探ったところ、ゲートから手荷物受取所までの距離が短すぎることが判明しました。顧客は飛行機から降りて荷物を受け取るまでの時間の九割を、コンベアーベルトの前で待って過ごしていたのです。そこで空港は、乗客の歩くルートを変え、手荷物受取所に到着するまでの距離をそれまでの六倍に増やしました。その結果、苦情はきれいさっぱりなくなりました。待ち時間自体の長さは変わっておらず、その過ごし方が変わっただけで、顧客は不満を抱かなくなったのです。つまり私たちは待つよりも、どんなものであれ何かをしているときのほうが幸せなのです。ストレッチやアイシング、フォームローラーなどのリカバリー手法では、アスリートはそれに主体的に関わっているという感覚を持ちます。研究は、これはプラシーボの〝アクティブ〟な要素だと指摘しています。「その手法を使う人が積極的に関わったり、代償を支払ったりしているとき、プラシーボの効果は大きくなると考えられている」とコロラド大学のプラシーボ研究者トーア・ウェイジャーは述べています。

実験によって、プラシーボ効果を高める他の特性も明らかになっています。〝効果が大きそうだ〟という感覚を与えるものは、何であれプラシーボを本物の薬のように見せる力があります。薬よりも注射、注射よりも手術のほうがプラシーボ効果が大きくなるのもそのためです。研究では〝アクティブ〟プラシーボと呼ばれるものが被験者に与えられることがあります（たとえば、偽薬に奇妙な味がしたり、舌がピリッとしたりするような成分を含ませる）。それ自体には生理的な変化を起こす効果はありませんが、感覚に訴える何かを与えられた被験者は〝何かが起こっているはずだ〟という期待を高めます。

私は、リカバリー手法に含まれるこれらのプラシーボ強化の要素を四つに分類しました。一番目は「快感」です。これはリカバリー手法それ自体に気持ちよさを感じるというものです。その余韻は、後に続くこともあります。手法自体に効果がなかったとしても、手法そのものが価値あるメリットをもたらしてくれると言えます。二番目は「痛み」です。たとえば、アイシングの刺すような痛みがそうです。〝これほど痛いのだから、何らかの強力な作用が働いているはずだ（だから効いているはずだ）〟という感覚をもたらします。三番目は「実感」です。これは〝アクティブ〟なプラシーボと呼ばれるもので、はっきりとした感覚や目に見える変化など、何かが起きていることを実感させます（後述するカッピングなどが該当します）。その感覚は、特に心地良くなくても、痛くなくてもかまいません。最後は「科学的権威」です。赤外線サウナのように、難解な科学用語で効用が説明されるので、効果があるように感じてしまうのです。

ただし、これらのカテゴリーは流動的です。ある人が「快感」と分類したものを、別の人が「痛み」や「実感」に分類するかもしれません。いずれにしても、最終的な効果は同じです。これらのリカバリー手法は、期待を引き起こすことでその効果を高める性質を持っているのです。

「快感」「痛み」「実感」「科学的権威」——プラシーボの四カテゴリー

ナタリー・バダウスキー・ウーはカリフォルニア州サンノゼに住むER医師のウルトラマラソンランナーです。「私たちランナーは、何もしていないのが苦痛なの。だからいつでもリカバリーの方法を探していて、効果がありそうなものを試しているわ」。彼女は、ウルトラマラソンのレース会場にリカバリーグッズが溢れていることに気づいています。マッサージ、アイスバス、空気圧機器などは一般的で、むしろランナーのほうがそれを要求しているくらいだと言います。「グッズのメーカーが自分たちで実験をして、それなりのエビデンスが見つかりました、と主張しているケースはあるわ」。しかしバダウスキー・ウーは、ランナーにも当てはまる確固としたエビデンスを求めていました。「研究のなかには、ウエイトトレーニングでのマックス重量の違いを調べていた。でも、私はランニングにとってどんな効果があるかが知りたかった」

「無作為化対照試験」は医学における黄金のスタンダードです。バダウスキー・ウーと同僚ら（サクラメントVAメディカルセンターの研究者で水和反応のガイドラインを執筆したマーティン・ホフマンなど）は、このアプローチをリカバリー手法にも適用できると考え、二〇一五年に「ウェスタンステイツ・エンデュランスラン」[10]（このレースには、この大会の参加者に科学実験の被験者になることを奨励し、研究に出資するというユニークな特徴があります）のランナーを対象にし、マッサージと空気圧機器を用いた無作為化対照試験を実施しました。ランナーはランダムに、レース後に「マッサージをする」「空気圧機器を使う」「何もしない」という三つのグループに分けられました。

その結果、マッサージと空気圧機器のグループのランナーは施術直後に筋肉痛が軽減したと答えましたが、そのメリットは短期間でなくなりました。対照群と両群には、筋肉痛と全体的な疲労の違いはありませんでした。また、被験者には四〇〇メートルのタイムトライアルをレース前とレース後、さらにレースの三日後と五日後に行わせましたが、このタイムにも群間に違いは見いだせませんでした。

バダウスキー・ウーは、施術直後に見られた被験者の感想の違いは、期待効果によるものではないかと考えました。「これらの介入を被験者にわからないように行うことはできない。マッサージを受けていたり、空気圧パンツを身につけていたりすれば、被験者にはそれがわかる。そして、何かが行われているから、何か効果があるのではないかと考えてしまう」。圧縮パンツを割り当てられた被験者は明らかに楽しそうで、何も割り当てられなかった対照群の被験者は明らかにがっかりしていた、と彼女は言います。「対照群の何人かは落胆していた。このバイアスが被験者のスコアに影響したのか、それとも心のなかだけの出来事だったのか、リカバリー手法に対する効果への何らかの思い込みを生むものになったのか、それが気になった」。彼女たちは、これらの疑問を探求するためのフォローアップ研究を計画しているということでした。

バダウスキー・ウーに、彼女自身がリカバリーのために何をしているかを尋ねてみました。セントルイスのワシントン大学で陸上競技をしていたときはアイスバスを取り入れていたが、この手法には大会で四〇〇メートル走を同じ日に数時間後に走るような場合には効果があるが、長期的には筋肉の修復に悪影響を生じさせるという研究結果を知って止めたということです。今はフォームローラーを熱心に実践していて、しばらく前に空気圧パンツを買ったそうです。「効果があるかどうかはわからないけど、気持ちがいいし、きっとメリットがあるはずだと考えているの」

見落としてはいけないのは、リカバリー手法の儀礼的な側面です。南デンマーク大学のジョナス・ブロック・ソールンドは、最近の論説記事で、それが本質的にプラシーボと同じものだということを示す有力な証拠があるにもかかわらず、半月板裂傷の関節鏡視下手術が依然として人気がある理由を分析しています。[11] ソールンドは、この手術にはシャーマンが行うような儀式的活動が含まれ、それが患者の期待を促しているのではないかと指摘しています。癒やしの場所（病院）へと旅し、浄化液を塗られ（手術前の皮膚消毒）、マスクをしたヒーラー（医師）と出会う――。私はこの記事を読んで、これはいくつかのリカバリーセンターを訪問した自分の体験にも少しだけ当てはまると思いました。どの施設でも親切な人が出迎えてくれ、さまざまな準備と待機が必要な儀式の手順を丁寧に説明してくれました。私はヒーラーに信頼を寄せ、儀式に参加するというシンプルな行為に、どれほど大きな力が秘められているかを知り驚きました。

その好例が、カッピング（吸い玉療法）です。これは中国の伝統的な療法で、ガラス製の吸盤を皮膚に当てて吸引する（円形のあざができます）というものです。スティーブ・マグネスはこう説明しています。「それは新奇かつエキゾチックで、古代からある秘術で、そして〝何か〟が起きていることを象徴するマークを残す[12]」

ワールドカップ史上二番目の若さで総合優勝を果たしたオリンピック・スキーヤーのミカエラ・シフリンもカッピングの信奉者です。筋肉の「調子を整える」のに役立つこの療法を、背中に張りを覚えたときにするのが好きだと言います。「強くつねられているような感じがする」。シフリンはこれを、ディープマッサージのようなものだとも述べています。ただし、カッピングは筋肉を押し込むのではなく、シフリン曰く、引き上げた筋膜をマッサージとは違う形で解放するとのことです。「フィジカルトレーナーは、腸脛靱帯にカップを五つ並べて置くの。その部分の感覚は不愉快だけど、筋肉がリラックスして、気分も落ち着く」。彼女にとって、カッピングは「痛み」のカテゴリーに属するリカバリー手法のようです。

私もカッピングを試してみて、迷わずこれを「実感」に分類しました。それは痛くも気持ち良くもなく、奇妙な感じがしました。何かが起きている感触はありましたが、それが良いものだという確信は持てませんでした。そのセッションでは身体に赤い斑点がいくつかと小さなあざが一つ残りました。私はカッピングには、あざを残すことで、もともと感じていた痛みを忘れさせるような効果があるのではないかとも思いました。

オリンピックの金メダリストの競泳選手マイケル・フェルプスがリオ・オリンピックのプールに肩と背中をカッピングの紫のあざだらけにして姿を現した後、アトランティック誌のライターで医師でもあるジェームズ・ハンブリンが「お願いマイケル・フェルプス、カッピングをやめて」という見出しの嘆願するような内容の記事を書きました。(13) カッピングには血行を良くするという主張がありますが、ハンブリンは「あざは血液が凝固していることの証しであり、血行を良くすることとは反対」であり、カッピングのメリットについて考えられていることは「想像力の産物でしかなく、科学的な見地からは、想像力による効果しかない」と指摘しました。ハンブリンは、この療法の効果を調べた厳密な研究が存在しないとも書いています。多くのリカバリー手法と同様、被験者には自分がこの療法を施術されているかどうかがすぐにわかるため、盲検法で調べることはほぼ不可能なのです。

ただし私には、カッピングなどの療法をするアスリートが本当に科学的根拠を気にしているとは限らないと考えています。こうした期待を高めてくれるツールに手を出すのは、身体的というよりも心理的な効果を求めてのことだと思うからです。アスリートは、パフォーマンスを上げるために積極的に何かをして、そのことで自信を深めたいと思っています。彼らが何より求めているのは自信です。自分の身体をケアし、リカバリーを促すために、できることはすべてしているという感覚を持ちたがっているのです。

リカバリーの儀式がストレスの源になる

〝科学的な響きでメリットを謳うリカバリー手法を使うアスリートは、パフォーマンスの面でも有利なはずだ〟と考える向きもあるかもしれません。しかし、必ずしもそうとは限りません。二〇〇八年の北京オリンピックを控え、オリンピック・トレーニングセンターに宿泊しながらトレーニングに励む選手たちは、リカバリーセンターにほぼ無制限でアクセスできました。パフォーマンステクノロジストのビル・サンズは、どの選手がどれくらいの頻度でマッサージを利用していたかを記録していました。オリンピックの後、サンズは選手のリカバリーセンターの利用状況とオリンピックでのパフォーマンスを比較し、メダルを獲得しなかった選手が、メダルを獲得した選手の約二倍、リカバリーセンターのマッサージサービスを利用していたことを明らかにしました。サンズにとって、これは優れた成績を収めたアスリートは、少なくとも調子の良いときは、リカバリーツールを必要としなかった、ということを示唆していました。「リカバリーセンターは調子の良くない選手に適しているようだ。オリンピックでメダルを獲得した選手たちは、メダルを獲得しなかった選手よりも統計的にリカバリーセンターの使用率が低かった」。サンズは、チームの一員に選ばれるための「当落線上」にいる選手が、できる限りのことをしようともがくなかで、マッサージを利用していたのではないか、と考察しています。「メンバーに選出されるかどうかの瀬戸際にいる選手は、才能がありメンバーに当確している選手よりも、さらなる努力をしなければならないと必死になるはずだ」

私は、リカバリー手法を使うために多くの時間と労力がかかるのを見てきて、リカバリーツールの重要性を過度に強調することは、逆効果になるかもしれないと考えるようになりました。家でくつろいでいるよりも、ジムやトレーニングセンターで多くの時間を費やさなければならなくなるからです。

リカバリーの儀式がストレスの源になってしまうリスクは間違いなくある、とランニングコーチのスティーブ・マグネスは言います。「一歩引いて、何のためにリカバリーをしているのかを考えてみよう。ハードに練習をして、身体全体のスイッチがオンになっている。神経は高ぶり、アドレナリンやホルモンが溢れ、身体は傷ついている。今〝リカバリーモード〟に入れば、そのスイッチをオフにできる。そんなふうに思うのではないだろうか。だが、練習が終わった直後に急いでクライオセラピーを始めたり、アイスバスに飛び込んだり（これはアドレナリンをつくり出す別の刺激である）、あるいはこれからの三〇分をストレッチとローラーのルーチンに費やさなければと心配したりしていたら、それらは意識的に関わらなければならない活動になってしまう」。そのため、スイッチをオフにしてリラックスしようという当初の意図とは裏腹に、しなければならない一日の仕事を増やすことになり、逆の結果を得るはめに陥ってしまうのです。

もちろん、リカバリープログラムが新たなストレス源になってしまうかどうかは、アスリートのとらえ方にもよります。ランナーのトッド・ストラカは、トレーニングにかけている時間を一〇〇とすれば、さらにその七五パーセントに相当する時間をリカバリーにも費やしていますが、それを重荷だとは見なしていません。ストラカは、コロラド州ボルダーにある「FixtMovement」というリカバリーセンターの会員です。会員はいつでもこのリカバリーセンターに立ち寄り、ノーマテック社の空気圧ブーツや赤外線サウナなどの多種多様なリカバリーツールを利用できます（小型のビールクーラーで地ビールも提供されています）。

ストラカがランナーとして満足のいく走りができるようになるまでには、一五年から二〇年の年月がかかりました。高校や大学時代には走っておらず、一九九三年に二六歳でボルダーに移住したことをきっかけにランニングに取り憑かれました。四〇歳を超えたとき、年代別の大会でそれなりの成功を収め始め、五〇の誕生日が近づくなかで、一マイルの年代別のアメリカ記録も視野に入ってきました（二〇一七年の夏には、記録まであと一・五秒以内に迫りました）。コーチのリック・ロハスからは、記録更新のためにスピード強化中心の中距離に特化したトレーニングプランを勧められました。ストラカは以前はマラソンやハーフマラソンも走っていましたが、一マイルレースに向けたトレーニングに切り替えために走行距離は落ち（週三五～四〇マイル）、トレーニングの強度が上がるにつれてリカバリーの必要性も増してきました。

ストラカの「FixtMovement」でのルーチンは、まずノーマテックの空気圧ブーツを三〇分。次に逆さぶら下がり器を少し。それから彼が「バックラック」と呼ぶもの（ヒスイのローラー付きのテーブルで、背中を温め、マッサージしてくれる）で一五分ほどを過ごします。「とても気持ちがいいんだ」。ごく最近に使い始めた赤外線サウナも、普通のサウナに比べて乾燥や激しい熱さを感じないところが気に入っています。まだ使い始めたばかりでこのサウナの効果はよくわかっていませんが、「温めることは常にいいものさ」とストラカは言います。

プラシーボにはアスリートの自信を深める効果がある

私はさまざまなリカバリー手法が、少数の同じリカバリーアプローチのバリエーションではないかと考えるようになりました――筋肉と身体を落ち着かせ、良い感覚を味わうこと（実際には生理的な意味での変化が起きていない場合でも）、自分の身体をケアしているという自主的感覚や自己効力感が得られる儀式になること（アスリートの多くはそれを積極的な行動だと考えます）、他のすべてを止めて休むことに集中できる定番の方法になること。

おそらく、リカバリー手法を実践する最大のメリットは、リカバリーについて熟考する手段が得られることです。サイクリストのテイラー・フィニーが二〇〇八年に自身初となるオリンピックに男子四〇〇〇メートル個人パーシュートの選手として出場したとき（フィニーが初めて屋内自転車競技場で自転車に乗ったのは、そのわずか一ヶ月前のことでした）、コーチのニール・ヘンダーソンは、フィニーの行動に目を光らせていなければなりませんでした。アメリカ人の有名サイクリストを両親に持つフィジーは当時まだ一八歳の少年で、競技外のことに気が散る年頃だったからです。[14] オリンピック村でのフィニーの部屋は、アメリカ女子体操チームの下に位置していました。フィニーは（ESPNマガジンに告白しているように）、女子体操選手のショーン・ジョンソンに「完全な一目惚れ」をしてしまい、ショーンの部屋にスニッカーズのチョコレートバーを投げ入れたり、少なからぬ時間を彼女を追いかけることに費やしたりするようになりました。[15] コーチのヘンダーソンはフィニーを競技に集中させるため、圧縮ブーツを義務づけました。「ノーマテックのブーツはそのときの私たちにうってつけだった。私はテイラーがブーツを穿いてじっとしているあいだは、どこで何をしているかを心配しなくてよかった。それは、そのときのテイラーにとって、一日の一定の時間を過ごすための良い方法だった」

フィニーのように恋愛に夢中な一〇代の少年であれ、次に紹介するローレン・フレッシュマンのように猛烈に忙しく働く女性CEOであれ、ヘンダーソンは、圧縮ブーツやマッサージのようなツールの重要な利点は、強制的に休憩の時間が取れることだと述べています。「これらの手法は、わずかの時間日常生活のすべてを止めるための手段になる」

五〇〇〇メートル走の五度のNCAA（全米大学競技会）チャンピオン、元アメリカチャンピオンのローレン・フレッシュマンも、このことに気づいています。「たった一五分間から二〇分間、じっと座っているだけで、多くのものが得られるの」。二〇一六年、三四歳のときにプロのレースから引退したフレッシュマンは現在、エリートランナーを指導するコーチとなり、また二〇一〇年に自らが設立したエネルギーバー会社「ピッキーバーズ」のCEOを務めています。今でも定期的にランニングはしていて、時々オレゴン州ベンドにあるリカバリージム「リチャージスポーツ」を訪れます。このジムでは、マッサージ療法や温冷交代浴などのさまざまなリカバリーツールを提供しています。「ここにはリクライニングチェアとノーマテック社製空気圧ブーツの大きなセクションがあって、みんな順番を待つ列をつくっているわ」。フレッシュマンが好きなのは温冷交代浴や圧縮ブーツで、毎週のマッサージもしています。「自分の身体の状態を把握してくれる施術者を持つことはとても有益よ。私のマッサージ師は細かなことに気づいてくれるの。ここの筋肉が硬くなっているとか、左側がいつになく疲れているとか」。マッサージは、彼女の身体に何が起こっているかを確認するための良い方法です。そして正直に言えば、「単に一時間、たとえ三〇分でもじっと横になっているのはとても気持ちが良いものよ」

優れたアスリートは儀式をうまくとりいれています。それだけに、科学的なマインドを持ったアスリートでも、傍目から見ると迷信のように思えることを重んじる傾向があります。私は科学オタクですが、このことを問題だとは思っていません。試合当日、選手にとって一番必要なのは自信です。プラシーボの儀式が自信を高めてくれるのなら（それが害を生じさせないと仮定する限りにおいて）、それを否定する意味はありません。この本を通じて私がリカバリーについて学んだ最大のことは、こうした主観的な感覚こそが、アスリートにとって極めて重要だということです。

結論　身体の声に耳を澄ます

ノルディックスキー競技に本格的に打ち込んでいた八年間、私は毎年のように同じパターンにはまり込んでいました。シーズン前にハードなトレーニングをして、シーズン序盤のレースでは好調を維持します。でもすぐに、筋肉をひねったり、体調を崩したり、風邪にかかったりしてしまうのです。大きな目標を達成しようとしたところで、いつもシーズンは終わりを迎えました。当時は、運が悪いのだと思っていました。ピークに達しようとすると、なぜか怪我をしたり病気になったりしてしまう、と。しかし次第に、自分はフィットネスを速く高めやすいが、オーバートレーニングになりやすい傾向もあると気づきました。私は体質的に、他のアスリートよりも少ないトレーニング量でピークコンディショニングに到達し、それをシーズンを通して保てたはずでした。でも、休養とリカバリーが必要だということを十分に認識していなかったのです。

もし昔に戻って若い頃の自分に何か一つアドバイスを伝えられるとしたら、それは「身体の声に耳を澄ませ、それが語りかけようとしているものに注意を向けること」です。怪我やオーバートレーニングに陥りやすいところは、私の優《すぐ》れた有酸素能力や長い手足、トレーニングへの極めて速い反応といった特徴と同じく、自分の可能性を制限するものになっていました。私の脆さは、運の問題で片付けられるものではありませんでした。それはアスリートとして能力を発揮するために、対処しなければならないものだったのです。それでも私は休みを求める身体の叫びを無視して、大丈夫だと自分に言い聞かせていました。長引く疲労を感じたり、タイミング悪く再発するハムストリングの刺すような痛みを覚えたりしても、両手で耳をふさぎ、「私には聞こえない！」という態度を取り続けていたのです。心の底では、「本当は、身体は休養を必要としているんだ」とわかっていました。でも、それを受け入れたくなかったのです。練習をしない期間が長くなると、不安で落ち着かなくなるからです。しかし、リカバリーの必要性を否定するのは、墓穴を掘るのと同じことでした。そしてようやく、私は身体の叫びに答えるには、頑張るのではなく、休む技術をマスターしなければならないと気づいたのです。

真剣に競技に打ち込んでいた日々はもう過ぎ去りました。私は今、フィットネスや楽しみのためにトレーニングをしてします。もう、昔みたいに一番になることを目指してはいません。好きなことができる健康や体力を維持するために、トレーニングをしています――高山で長距離のトレイルランニングをしたり、マウンテンバイクを存分に満喫したり、たっぷりクロスカントリースキーをしたり。四〇代に入り、長くハードなトレーニングの後は、休養が多く必要になりました。それは私だけの問題ではありません。年齢を重ねるにつれてリカバリーの必要性が増していくのは、科学も裏付けています。たとえば高年齢のアスリートは、遅延発症筋肉痛の回復に時間がかかります。オーストラリア、セントラル・クイーンズランド大学のトーマス・M・ドエリング（現在はボンド大学に移籍）のトライアスリートを対象にした小規模実験によれば、筋肉タンパク質合成の速度は二〇代よりも五〇代のほうが遅くなります[1]。この研究は、高年齢のアスリートの身体でタンパク質に対する「同化作用への抵抗」が起こり、タンパク質の筋肉への変換が難しくなることが、エクササイズが誘発する筋損傷の修復に長い時間がかかる理由ではないかと示唆しています（これは加齢と共にタンパク質を多く摂取すべきだという考えの論拠にもなります）。

私は以前、若い頃よりリカバリーに時間がかかるようになったことを嘆いていました。でも、時間の経過とともにそれを受け入れるようになりました。今でも必要なときはハードな運動をします。でも、新たに発見したいくつものリラクゼーション方法も楽しんでいます。私は〝喜びとストレス解消のために運動をする〟という楽しみを発見しました。日によっては、長い犬の散歩だけでも十分だと感じます。心拍数を上げるような運動をするのは現在でも好きですし、たまには全力を出します。でも、もう毎回の運動が、プログラムに従ったトレーニングではなくてもよくなったのです。

二〇一八年五月の時点で、マイク・ファネッリがこれまでの人生で記録したランニングの走行距離は一〇万九一二六マイル（一七万五六二二キロ）に達しました。「一九七〇年一〇月から毎日走り続けてきた」と彼は言います。つまり、半世紀近くも走り続けてきたことになります。しかも、ただ走っていたのではありません。「私はトレーニングをしている。競争するために、だ。どのトレーニングにも、明確な目的を立てている」。もう、以前のようには速くは走れません。一九八〇年には二時間二五分でマラソンを完走、二〇〇六年、五〇歳のときに一マイルを四分五六秒で走りました。それでも、まだ競争力は失われていません。サンフランシスコ北部に住むファネッリは、フィラデルフィアでのハイスクールの一年生のときに走り始めました。最初はハーフマイルレースから始め、やがてマラソンも走るようになりました（サンフランシスコ・リム・マラソンで二度優勝しています）。一〇〇マイルレースの出場歴もあります。しかしここ数年は、八〇〇メートルと一五〇〇メートルのトラック種目に集中しています。「ほぼすべての距離のレースを走ったよ」

毎朝ベッドから出る前に、リカバリーのために上半身を捻り、軽めのストレッチをし、足の運動をした後で、特殊なインソールが敷かれた靴を履きます。次は自ら定めた健康の法則に従って栄養剤を身体に入れます。コラーゲンのサプリメントや、炎症軽減のためにウコン九〇〇ミリグラムも一日三、四回（夜中に用を足すタイミングでも）とります。一九七八年以来毎週マッサージをしていて、筋膜リリース、ロルフィング（マッサージの一種）、アクティブリリース療法もしています。トラックでの高強度トレーニングの後はクライオセラピーをしたり、ノーマテックの圧縮ブーツを使ったりします。痛む箇所には一〇パーセントのイブプロフェン局所用溶液を直接塗り込みます（イギリスの薬局にチューブ一〇～一二本をまとめて注文しています）。ファネッリは、一九七〇年代以来ハードトレーニングやレースの度に服用している「スティムＯスタム」というリン酸緩衝サプリメントは筋肉痛を大幅に減少させると言います。大量のビタミンサプリメントもとっていて、「私の尿はソノマカウンティでもっとも高価だ」と笑います。「ビタミンサプリは紛い物なのか？　それとも本当に効果があるのか？　私は少なくとも、他よりも優れているサプリはあると考えている」。これに加えて、毎晩二〇分、猛烈に熱いというエプソムソルト浴（約一・四～二・一キログラムの塩を湯に溶かします）に、ご褒美のグラスワインを楽しみながら入ります。

最近では週に四〇マイル（約六四キロ）ほど走っていますが、リカバリーにはトレーニングの三倍の時間を費やしています。時間はかかりますが、サンフランシスコで不動産業を営んでいるファネッリには時間の融通が利きます。「フィットネスはリカバリー期間中に高まると信じている」ので、リカバリーは徹底的に行います。「これ以上ないくらいにケアするんだ」

これほど身体に気を配っているのなら、さぞかし健康体で怪我とは無縁なのでは、と尋ねると、ファネッリは「とんでもない！」と笑いました。「足は壊れていて、両足とも手術をする予定だ。たえず気を配っているよ。右足は昔みたいには曲がらない」。もう九年間もこんな状態が続いているそうです。「足の上に真っ赤な火かき棒が突き刺さっているような痛みを感じるんだ。もう一方の足は脂肪の部分がすり減っていて骨に響く。いつもどこかに悪い部分を抱えている。膝と腰は大丈夫だが、足が磨耗してしまっているんだ」

走り続けるために、なぜこれほどまでの努力をするのか。私もランナーです。その理由は聞かなくてもわかりました。「自分と同じようなことをするのを、他人には絶対に勧めないね」とファネッリは言いますが、この方法は彼には合っているようです。そして、傍目ほどランニングに取り憑かれているわけではないと言います。「本当さ。私には充実した人生がある。素晴しい妻がいるし、可愛い愛犬のビズスラもいる。とっても速く走る犬なんだ」

カミラ・ヘロンは、初めて走った一〇〇マイルレースで世界新記録を樹立しました。二〇〇七年一一月、三五歳のヘロンは、イリノイ州南部で開催されたトンネルヒル一〇〇で最初にフィニッシュラインを越えました。タイムは一二時間四二分三九秒（一マイル七分三八秒ペース）。認定の一〇〇レースでの（男女合わせた）世界新記録でした。

ヘロンはリカバリーに関しては、綿密な計画に従うのではなく、直感を重んじています。〝感覚〟でリカバリーをしているのです。「私は身体とうまく調和しているの。何を感じているかに注意を向けているわ。フルマラソンやウルトラマラソンのあとは、カロリーをできるだけ多くとるようにしている。難しいのは良質のタンパク質をたくさんとることね。無性に食べたくなって、チーズバーガーに手を出すこともある」。ヘロンはカロリーだけに気をつけていれば完璧なリカバリー食がとれるとは考えていません。手の届く範囲の食べ物のなかから、一番気をそそられたものを食べるのです。あるウルトラマラソンを終えたときには、空港でシーフード料理レストランを見つけ、ソフトシェルクラブやフレンチフライ、ビールの食事をとりました。「すごく美味しかった」。長いレースを走り終えた後は、逆テーパーリングをして、強い疲労感を覚えない範囲で耐えられる練習量でトレーニングを再開します。

ヘロンのリカバリーについての考えを一言で表すなら、それは「シンプルに考え、細かいことは気にしない」です。ヘロンは全体を見ることを意識しています。全体的なストレスレベルや、トレーニングをしていてどれくらい元気や疲労を感じるか。膀胱の問題のために血液検査をした結果、ストレスホルモンのレベルが上がっているのを知ったときは、これを警告だと受け止めました。「走ることに対する気持ちの持ち方を変えなければいけないと気づいたの」。いつのまにか、ランニングはストレスの源になっていました。そこで、GPSウォッチやStrava、他のハイテクトラッカーを捨て、手書きのトレーニング記録に戻りました。「走ることの喜びをもう一度味わいたかった」。それができるようになったとき、ここ数年で最高のトレーニングサイクルに入ることができた」。彼女を変えたのは、空気圧ブーツでもスペシャルドリンクでもありませんでした（たまにこれらを使うことはあります）。身体の声に耳を傾け、不要なストレス源をなくしていくことこそが、ヘロンのリカバリーと健康のカギを握っていたのです。ハードなランニングの後には、ビールを楽しむこともあります。ときには、レース中に飲むことも（一〇〇マイルレースで世界記録を出したときも、八〇マイル地点でビールを口にしました）。大切なのがビールそのものなのかそれに伴う儀式やリラクゼーションなのかは、たいして重要な問題ではありません。ビールはヘロンをリラックスさせます。そして、それが彼女にとって大切なことなのです。

ファネッリとヘロンは、リカバリーに対して正反対のアプローチをとる、極めて優れた二人のアスリートです。正しいのはどちらなのでしょう？　私には、正しい答えがあるかどうかはわかりません。私は加齢とリカバリーの関係は、ヒューストン空港の手荷物受取所で、荷物を待つようなものだと考えています。年とともにリカバリーに時間がかかるようになるのは変えられません。変えられるのは、それまでのあいだに何をして過ごすかです。ストレッチをするか、イブプロフェンをとるか、「うんざりだ」と文句を言うかは、その人の好みによります。フェネッリのように新手のリカバリー手法を次々と試し、できる限りのことをしたという自信を深めるか、ヘロンのようにシンプルに考え、適度で注意深いアプローチをとるかは、あなた次第です。

私は、フェネッリの徹底したアプローチも理解できますし、リカバリーをそれほど重視するその姿勢も尊敬します。それでも、私はヘロンの側に立ちます。朝の散歩、瞑想やフローティング、ベッドでの遅めに目覚める朝、ときどきのマッサージ――。そして毎日を美しい夕日と一杯のワインで締めくくれたら、私にとってそれが最高なのです。

謝辞

マット・ウェイランドから運動のリカバリーに関する本の執筆の打診を受けたとき、私は数百ページもの分量を満たすだけの興味深い材料を見つけられるだろうか、としばらく躊躇しました。しかし一年後には、自分が調査や取材で知り得た膨大な量のネタを、どうしたら一冊の書物に収められるだろうかと悩んでいました。

この本を書くにあたりお世話になった人たち全員の名前を挙げるのは簡単ではなく、スペースも足りません。まず、取材をした二三人に感謝を。リカバリーについての私の考えの大部分は、コロラドメサ大学のエクササイズ研究所で生まれました。ギグレッド・ベター、ジェリー・スミス、マイケル・リーダー、ブレント・アルムバーは、調査の序盤で特に支援してくれました。誰よりもリカバリーに詳しいショナ・ハルソンは、私のために時間を割いて質問に答えてくれました。デビッド・マーティン、クリステン・ディーフェンバッハ、デビッド・ニーマン、スチュアート・フィリップス、マット・ディクソン、ニール・ヘンダーソンの特別なサポートにも感謝を。

デビッド・エプスタインとアレックス・ハッチンソンは、本の執筆に伴うさまざまな段階の不安を側で支えてくれた仲間でした。彼らやアンビー・バーフット、マイク・ジョイナー、スティーブ・マグネス、ブラッド・スタルバーグ、ジョナサン・ウェイ、さらには偉大な故テリー・ラフリンとのスポーツ科学について洞察に満ちた議論に感謝します。

アリス・マーテルより勤勉で、有能で、支援的なエージェントを想像できません。彼女の電話には何度も励まされました。彼女が私に期待してくれているような優れた書き手になれるように、もっと成長したいです。

マット・ウェイランドと仕事をすることは私のキャリアのなかでも最大の幸運であり喜びでした。思慮深い敏腕編集者であるだけではなく、書き手が正気を保ち、支援されているという気分にさせる特別な能力を持っています。マットとノートン社のスタッフは、本書の執筆という大きな旅における私の最高のパートナーでした。レミー・カーレイはマットの赤字の入った原稿がスケジュール通りに私の自宅の玄関口に届くように何度も手配をし、ザリナ・パトワは本がフィニッシュラインを越えるのを手伝ってくれました。コピーエディターのゲイリー・フォン・ユアーとマネージング・エディターのレベッカ・ホミスキーにも感謝を。ウィル・スカーレットはこの本の読者を見つけ、スティーブ・アタードはブックカバーの完璧なデザインのために最後の一マイルを頑張ってくれました。

私は本書の第一稿を、大親友であり私にとっての創造の女神であるローズマリー・ワトーラ・トロマーの川沿いのスタジオで仕上げました。彼女はこのスタジオを〝納屋〟と呼んでいますが、私はずっと作家用の温泉のように感じていました。パオロ・バチガルピとの友情は、私のライター人生の心の支えです。この本の書き出しに苦労しているとき、彼は助け船を出してくれました。ヘレン・フィールドも、友好的な提案をしてくれました。彼女が描いてくれた、「作家のエリザベスカラー」をつけて執筆する私の額入りのスケッチは、執筆期間中にずっと私の机の上に置いてありました。原稿に目を通してくれた妹のジル・フリーセンは、忙しい仕事を抱えながらでも困難なタスクをすることは可能だという実例を示してくれました。

アンナ・バリー・ジェスターは毎日のように私に自信を与え、とりとめのない話を聞いてくれました。多彩な才能を持つ彼女は、私の著者近影用の写真も撮ってくれました。最初からこの本の熱いサポーターだったチャド・マトリンの、本は単に「アイデアを運ぶ道具」だという考えは、プロジェクトの初期にとても役立ちました。ネイト・シルバーは執筆に関する有益な助言をしてくれ、ブライス・テレルは原稿を仕上げるための最後の一押しが必要なときに息抜きを与えてくれました。マギー・コアース・ベーカーとFiveThirtyEightのスタッフとの仕事は、あらゆる面で私を良い方向に導いてくれました。

ローラ・ヘルムートは不安になりがちな私に正しい軌道を進んでいると安心させてくれました。ファライ・チデヤは本の執筆と日常生活を両立させる方法についての有益なアドバイスを、アン・フィンクベイナーとリチャード・パネックは本の執筆についての素晴らしいアドバイスを、エリック・バンスはプラシーボに関する有用なアイデアを提供してくれました。

アンビー・バーフット、シリ・カーペンター、デビッド・エプスタイン、アレックス・ハッチンソンは章の選択に関するフィードバックを、ジョナサン・ドゥガス、ショーナ・ハルソン、マイク・ジョイナー、キャサリン・プライス、クリスティン・サイナニ、デレク・バン・ウェストラムは原稿の校正を、ドゥーミル・メータは雑誌記事検索の重要な手助けを、メラル・アギッシュは調査の手伝いを、レキシー・パンデルはファクトチェックをしてくれました。それでも本書に何らかの過ちが残っているとすれば、それはすべて私の責任です。

ベン・カッセルマンは、ユーチューブで「リング・オブ・ファイア」のゼリードーナツのエピソードを見つけるのを助けてくれました。クラーク・シーハンは、ライダーアレックス・スティイーダの連絡先を突き止めてくれました。

最後に、心からの感謝を夫のデイブに。彼は私にリラックスし、寛ぐ方法を教えてくれました。毎朝目覚める度に、彼が私たちのためにつくってくれた、美しい聖域のような静かな農場で暮らしていることに感謝の気持ちを覚えます。本を書く人は配偶者にさんざん迷惑をかけるものですが、デイブは不満一つ漏らすことなく、執筆が佳境を迎えたときに放置していた家事をすすんでしてくれました。これ以上は不可能なほどの愛を。

訳者あとがき

本書は、元プロアスリートでもある気鋭の科学ジャーナリストが、最新の科学的知見に基づき、スポーツリカバリー界のさまざまな定説を覆す、驚きの新事実を次々と解き明かしていくという内容です。原書（原題『Good to Go: What the Athlete in All of Us Can Learn from the Strange Science of Recovery』）は、二〇一九年二月にアメリカで発売されるとたちまちAmazon.comの総合一〇〇位入りを果たすベストセラーになりました。

本書が大きな注目を集めているのには、もっともな理由があります。スポーツに関わる人々はもちろん、健康的な生活を送りたいと考えているあらゆる人々にとって有益な情報が詰まっているからです。

近年の健康意識の高まりとともに、若者はもちろん、中高年にも日常的にスポーツで身体を動かす人が大幅に増えました。また、忙しい毎日を送る私たち現代人にとって、「どうすれば疲労回復を早められるか」という問題は大きな関心事になっています。もちろん、本格的に競技に打ち込むアスリートにとっても、「疲労回復」や「リカバリー」はパフォーマンスを高め、ライバルに少しでも差をつけるために検討すべき重要なテーマです。

当然のように、それを促すことを目的にしたリカバリーグッズが市場に溢れ、科学的な情報も入手できるようになりました。しかし、それと同時に、私たちにはいったい何をすべきなのかが見えにくくなっています。

著者のクリスティー・アシュワンデンは、大学で生物学を専攻したサイエンスライター。若い頃からスポーツに親しみ、プロのクロスカントリースキーヤーとして活躍した経験もあり、四〇代になった現在も、自然豊かなコロラド州で、トレイルランニングやサイクリングなどを積極的に楽しんでいます。そんな彼女は、加齢とともに自らにとっても切実な問題になってきた「疲労回復」と「リカバリー」のテーマに切り込むことを決意します。自称「科学オタク」の本領を発揮し、「疑うこと」を忘れない科学的な視点を貫き、これまでのリカバリーの常識や最新グッズに潜むウソを暴いていきます。

たとえば私たちは、「激しい運動をしたあとは、炎症を抑えるためにアイシングをすべき」だと教えられてきました。しかし最近科学では、炎症は身体にとって重要な「治癒プロセス」であり、アイシングは実はそれを遅らせてしまうことが指摘されるようになっています。また筋力トレーニングの直後の「ゴールデンタイム」にタンパク質を摂取しなければならないと、慌ててジムの待合室でプロテインを飲む人たちも多いですが、実際にはそのような魔法の時間帯を科学は認めていません。

著者は科学論文を渉猟し、大勢の科学者やアスリート、スポーツ関係者への取材を通じて、このような目から鱗の新事実を次々と明らかにしていきます。また自ら実験台となり、流行のリカバリーグッズや手法を体験。ユーモアたっぷりにその様子を報告してくれます。

本書が私たちに示してくれるのは、リカバリーに関する最新の科学情報だけではありません。著者は、スポーツ科学の背後に潜むメカニズム（グッズを売りたいメーカーの思惑が影響を与えていることなど）や、私たちがなぜ新手の製品やリカバリー手法に手を出してしまうのかという人間心理（サプリメントを飲むのは効果を実感しているからというよりも、ライバルに遅れを取りたくないからという気持ちが大きいことなど）、さらには心理的ストレスがリカバリーと大きく関わっていることや、人間の身体には驚愕レベルの高度なセンサーが備わっていて、「身体の声に耳を傾ける」ことが私たちの想像を遥かに上回るメリットをもたらしてくれることなど、私たちが健康やスポーツに関わり、より良く生きていくうえでとても重要な、基本となる考え方を伝えようとしているのです。

著者も指摘しているように、通説や誤った情報に踊らされ、不適切なリカバリー方法を続けていると、怪我や心身の不調につながります。せっかく健康のために始めたスポーツが、生活の質を落とす原因になってしまうのは残念なことです。それだけに、将来のある若いアスリートはもちろん、日常的に身体を動かしている老若男女にとって、本書が与えてくれる情報や考え方がもたらす価値は計り知れません。

原題の「Good to Go」とは、〝準備が整った〟という場面で用いられる慣用句です。巷に溢れる科学情報やリカバリーグッズに惑わされず、運動後はしっかりと栄養をとり、ぐっすりと眠り、無理せずに身体を十分にやすめ、「準備万端」という心の声に従い、晴れやかな気持ちで再びスポーツを楽しむ。読者のみなさんにとって、そんな健全な日常を送るために本書が役立つものになることを、心から願っています。

翻訳にあたっては、青土社の福島舞氏、篠原一平氏に細やかな配慮と温かいサポートをいただきました。特に、姉の和可菜さんとともに現役のトレイルランナーとしても大活躍中の福島氏から、優れた編集者としてだけではなく、トップアスリートの視点から的確なご指示をいただけたことは、とても大きな力になりました。心よりお礼申し上げます。

追伸。刊行直前、福島舞氏はこの本の内容に従った調整で臨んだ二〇一九年の東京マラソンで、見事二時間五四分五九秒という驚異的なタイムでパーソナルベストを更新されました！　彼女曰く「練習中から身体の声に耳を傾け、無理せずストレスを溜めず、疲れた時は遠慮無く練習も休み、我慢せずにビールも飲み、〝前日眠れなくても一週間トータルで睡眠時間を考えればいい〟というフレーズを心の支えにしていました。本番では給水箇所での水分補給は一切取らず、ポケットに入れたゼリーだけで後半のラップタイムを落とす事もなくゴールできました。信じる力を身をもって実感し、大満足の結果になりました」とのこと、「Good to Go」の効果を実証してくださいました。

児島　修

二〇一九年三月四日

注

この本の執筆のための調査に当たり、私は数百本の研究論文を読み、二〇〇件以上のインタビューを実施した。特に記載のない限り、本文中の直接の引用はこれらのインタビューからのものである。ここでの引用は、本文中で直接言及されている研究や論文、インタビューを反映しているが、直接引用している箇所は通常、私に有益なヒントを与えてくれた複数の情報源からのものである。

ボストンで開催された二〇一六年アメリカスポーツ医学会会議での廊下や会議室、二〇一五年、二〇一六年、二〇一七年のMITスローンスポーツアナリスト会議で交わされた、洞察に富んだ議論も役立った。

はじめに

1　スタウドマイヤーはこのセルフィーを二〇一四年一〇月一五日に投稿した。https://www.instagram.com/p/uLZKs5qA9_/

2　Andy Hall, "Alipour's Stoudemire SportsCenter Sit-Down Spills Over," February 12, 2015, ESPN.com, https://www.espnfrontrow.com/2015/02/alipours-stoudemire-sportscenter-sit-down-spills-over/

3　スタウドマイヤーのインスタグラムの写真（https://www.instagram.com/p/uLZKs5qA9_/）、ESPN のサム・アリプールによるインタビュー（http://www.espnfrontrow.com/2015/02/alipours-stoudemire-sportscenter-sit-down-spills-over/）

第一章

1　Ben Crair and Andrew Kehfeb, "German Olympians Drink a Lot of (Nonalcoholic) Beer, and Win a Lot of Gold Medals," Feb. 19, 2018, New York Times, accessed February 24, 2018, https://www.nytimes.com/2018/02/19/sports/olympics/germany-olympics-beer.html.

2　Martin Pochmuller, Lukas Schwingshackl, Paolo C. Colombani, and Georg Hoffmann, "A Systematic Review and Meta-Analysis of Carbohydrate Benefits Associated with Randomized Controlled Competition-Based Performance Trials," Journal of the International Society of Sports Nutrition 14 (2016): 1. 12, https://doi.10.1186/s12970-016-0139-6.

3　リチャード・ファインマンは、一九七四年のカリフォルニア工科大学の卒業式で、人がいかに簡単に自分を欺くかについての有名なスピーチをした。

4　John P. A. Ioannidis, "Why Most Discovered True Associations Are Inflated," Epidemiology 19, no. 5 (2008): 640. 48, https://doi.10.1097/EDE.0b013e31818131e7.

5　Marjan Bakker, Annette van Dijk, and Jelte M. Wicherts, "The Rules of the Game Called Psychological Science," Perspectives on Psychological Science 7, no. 6 (2008): 543. 54, https://doi.10.1177/1745691612459060.

6　Evelyn B. Parr, Donny M. Camera, Jose L. Areta, Louise M. Burke, Stuart M. Phillips, John A. Hawley, Vernon G. Coffey, et al., "Alcohol Ingestion Impairs Maximal Post-Exercise Rates of Myofibrillar Protein Synthesis Following a Single Bout of Concurrent Training," ed. Stephen E. Always, PLoS ONE 9, no. 2 (2014), Public Library of Science: e88384, https://doi.10.1371/journal.pone.0088384.

7　Matthew J. Barnes, Toby Mundel, and Stephen R. Stannard, "A Low Dose of Alcohol Does Not Impact Skeletal Muscle Performance after Exercise-Induced Muscle Damage," European Journal of Applied Physiology 111, no. 4 (2011): 725. 29, https://doi.10.1007/

s00421-010-1655-8; Matthew J. Barnes, "Alcohol: Impact on Sports Performance and Recovery in Male Athletes," Sports Medicine 44, no. 7 (2014): 909. 19, https://doi.10.1007/s40279-014-0192-8.

第二章

1 「Be Like Mike」のゲータレードのCM（オリジナル）はYouTubeで視聴できる（二〇〇六年一〇月二三日に投稿、https://www.youtube.com/watch?v=b0AGiq9j_Ak.）。

2 ゲータレードの開発のきっかけとなる研究を導いたのが、誰によるどの問題提起だったのかについては意見が分かれている。「Cade Museum of Creativity & Implementation」のウェブサイトに公開された公式の歴史は、次のように述べている。「ゲータレードは、一九六五年にフロリダ大学の元ラインバッカーのドウェイン・ダグラスが、J・ロバート・ケード医師に〝なぜフットボール選手は、試合中に排尿をしないのか？〟と尋ねたことがきっかけで生まれた（二〇一八年五月一三日時点でのアクセス、https://www.cademuseum.org/history.html）」。二〇一七年に同社のウェブサイトに掲載されたゲータレードの歴史によると、「一九六五年の初夏、フロリダ大学のアシスタントコーチが、同大学の医師チームと話をしていたときに、なぜこれほど多くの選手が暑さや暑さ由来の病気に影響を受けているのか説明を求めた」ことがきっかけだったとされている。どちらの情報源にも、ゲータレードの開発に関わった医師はロバート・ケード、ダナ・シレス、ジェームズ・フリー、アレジャンドロ・デ・クエサダだったと記載されている。ゲータレードの公式ヒストリーのアーカイブ先（https://web.archive.org/web/20170116204425/http://www.gatorade.com/company/heritage.）。

3 Darren Rovell, First in Thirst: How Gatorade Turned the Science of Sweat Into a Cultural Phenomenon (New York: AMACOM, 2006).

4 Rovell, First in Thirst.

5 オーストラリア、グリフィス大学のスポーツ栄養士ベン・デスブローは、ひらめきを得た。人は他の飲料に比べて、ビールを大量に飲む。もしこの飲みやすく人気の飲料にリカバリーに欠かせない成分を含ませれば、人はビールをたっぷり飲むついでに栄養や水分の補給ができるはずだ、と考えたのだ。デスブローは市販のビールをベースにして研究を始めた。初期の実験では、ビールにナトリウムを加えた。「不味かった。釣りをしていて、飲もうとしたビールを船の外にこぼしてしまい、三秒ルールを適用して海からすくい上げて飲み直したみたいな味だった」。それ以来、もっと美味しい味になるよう成分を微調整した。とはいえこの取り組みは最初から的外れだとも言えた。そもそも人は、塩分量の多いつまみを食べながらビールを飲むことが多いからだ。

6 Nadia Campagnolo, Elizaveta Iudakhina, Christopher Irwin, Matthew Schubert, Gregory R. Cox, Michael Leveritt, and Ben Desbrow, "Fluid, Energy and Nutrient Recovery via Ad Libitum Intake of Different Fluids and Food," Physiology & Behavior 171 (2017): 228. 35, https://doi.10.1016/j.physbeh.2017.01.009.

7 Rovell, First in Thirst.

8 Bob Murray, "Preventing Dehydration: Sports Drinks or Water," May 20, 2005, accessed January 13, 2018, https://www.iahsaa.org/Sports_Medicine_Wellness/Heat/GSSI-Preventing_Dehydration_Sports_Drinks_or_Water.pdf.

9 Timothy David Noakes and Dale B. Speedy, "Lobbyists for the Sportsdrink Industry: An Example of the Rise of 'contrarianism' in Modern Scientific Debate," British Journal of Sports Medicine 41, no.

2 (2017): 107. 9.
10 Noakes and Speedy, "Lobbyists for the Sportsdrink Industry," 107. 9
11 V. A. Convertino, L. E. Armstrong, E. F. Coyle, G. W. Mack, M. N. Sawka, L. C. Senay, and W. M. Sherman, "American College of Sports Medicine Position Stand. Exercise and Fluid Replacement," Medicine and Science in Sports and Exercise 28, no. 1 (1996): i. vii, http://www.ncbi.nlm.nih.gov/pubmed/9303999.
12 Carl Heneghan, Carl and David Nunan, "Forty Years of Sports Performance Research and Little Insight Gained: Sports Drinks," BMJ 345 (2012), https://doi.10.1136/bmj.e4797.
13 臨床試験を評価する他の研究者たちと同様、ヘネガンのグループも各グループの被験者が一〇〇人未満の研究を「小規模」と定義している。
14 Deborah Cohen, "The Truth about Sports Drinks," BMJ 345 (2012): 20. 25, https://doi.10.1136/bmj.e4737.
15 アンビー・バーフットは、この体験を私によるインタビューで回想した。バーフットはまた、Timothy Noakes の著書の序文でもこのことについて書いている。Waterlogged: The Serious Problem of Overhydration in Endurance Sports (Champaign, IL: Human Kinetics, 2012), loc. 2456. 2458, Kindle.
16 David L. Costill, Walter Kammer, and Ann Fisher, "Fluid Ingestion During Distance Running," Archives of Environmental Health 21, no. 4 (1970): 520. 25, http://www.tandfonline.com/doi/abs/10.1080/00039896.1970.10667282.
17 Michael N. Sawka, Louise M. Burke, E. Randy Eichner, Ronald J. Maughan, Scott J. Montain, and Nina S. Stachenfeld, "Exercise and Fluid Replacement," Medicine and Science in Sports and Exercise 39, no. 2 (2007): 377. 90, https://doi.10.1249/mss.0b013e31802ca597.
18 Yannis Pitsiladis and Lukas Beis, "To Drink or Not to Drink to Drink Recommendations: The Evidence," BMJ (Clinical Research Ed.) 345 (2012): e4868, https://doi.10.1136/bmj.e4868.
19 ノークスはおそらく、運動と疲労に関する理論でもっとも有名であり、従来の科学的定説に反対意見を述べることでキャリアを築いてきた。それはノークスに不利益も招いた、と言う人もいる。二〇一七年、南アフリカ保健専門職会議は、職業上の不適切行為のためにノークスを除名した。これは栄養士協会が提起したもので、ノークスはツイッターで、母親に対して赤ん坊に高脂肪、低炭水化物食（ノークスの最新のテーマ）を勧めていたことが問題視された。
20 T. D. Noakes and D. B. Speedy, "Case Proven: Exercise Associated Hyponatraemia Is Due to Overdrinking. So Why Did It Take 20 Years before the Original Evidence Was Accepted?" British Journal of Sports Medicine 40, no. 7 (2006): 567. 72, https://doi.10.1136/bjsm.2005.020354.
21 T. D. Noakes, N. Goodwin, B. L. Rayner, T. Branken, and R. K. Taylor, "Water Intoxication: A Possible Complication during Endurance Exercise," Medicine and Science in Sports and Exercise 17, no. 3 (1985): 370. 75.
22 Noakes, Waterlogged.
23 Tyler Frizzell, "Hyponatremia and Ultramarathon Running," JAMA : The Journal of the American Medical Association 255, no. 6 (1986): 772. 74.
24 Noakes and Speedy, "Case Proven: Exercise Associated Hyponatraemia."
25 Eric Zorn, "Runner's Demise Sheds Light on Deadly Myth,"

Chicago Tribune, October 11, 1999.

26 Christopher S. D. Almond, Andrew Y. Shin, Elizabeth B. Fortescue, Rebekah C. Mannix, et al., "Hyponatremia among Runners in the Boston Marathon," New England Journal of Medicine 352, no. 15 (2005): 1550. 56, https://doi.10.1056/NEJMoa043901.

27 Matthias Danz, Klaus Pottgen, Philip Tonjes, Jochen Hinkelbein, and Stefan Braunecker, "Hyponatremia among Triathletes in the Ironman European Championship," New England Journal of Medicine 374, no. 10 (2016), https://doi.10.1056/NEJMc1514211.

28 M. H. Rosner and J. Kirven, "Exercise-Associated Hyponatremia," Clinical Journal of the American Society of Nephrology 2, no. 1 (2006): 151. 61, https://doi.10.2215/CJN.02730806.

29 William O. Roberts, "Exertional Heat Stroke during a Cool Weather Marathon," Medicine & Science in Sports & Exercise 38, no. 7 (2006): 1197. 1203, https://doi.10.1249/01.mss.0000227302.80783.0f.

30 Tamara Hew-Butler, Valentina Loi, Antonello Pani, and Mitchell H. Rosner, "Exercise-Associated Hyponatremia: 2017 Update," Frontiers in Medicine 4 (2017), https://doi.10.3389/fmed.2017.00021;Tamara Hew-Butler, Mitchell H. Rosner, Sandra Fowkes-Godek, Jonathan P. Dugas, et al., "Statement of the Third International Exercise-Associated Hyponatremia Consensus Development Conference, Carlsbad, California, 2015," Clinical Journal of Sport Medicine 25, no. 4 (2015): 303. 20, https://doi.10.1097/JSM.0000000000000221.

31 C. Heneghan, P. Gill, B. O'Neill, D. Lasserson, M. Thake, M. Thompson, and J. Howick, "Mythbusting Sports and Exercise Products," BMJ 345 (2012), https://doi.10.1136/bmj.e4848.

32 Ronald J. Maughan, Susan M. Shirreffs, and John B. Leiper, "Errors in the Estimation of Hydration Status from Changes in Body Mass," Journal of Sports Sciences 25, no. 7 (2007): 797. 804, https://doi.10.1080/02640410600875143.

33 Martin D. Hoffman, "The Basics of Proper Hydration during Prolonged Exercise," posted on the Ultra Sports Foundation website, 2017, accessed January 2018, http://ultrasportsscience.us/wp-content/uploads/2017/07/The-Basics-of-Proper-Hydration.pdf.

34 Hayden Bird, "Medical Experts Offer Response to "TB12 Method" Claim about Avoiding Sunburn through Hydration," September 29, 2017, Boston.com, accessed August 7, 2018, https://www.boston.com/sports/new-england-patriots/2017/09/29/tb12-method-sunburn-prevention-hydration-claim-doctor-response; Vivian Manning-Schaffel, "Tom Brady Says This Trick Prevents Sunburns. Science Says Otherwise." September 27, 2017, NBC, accessed August 7, 2018 https://www.nbcnews.com/better/health/tom-brady-s-drinking-water-prevents-sunburn-claim-fake-news-ncna805116

第三章

1 ゼリードーナツのシーンは、一九八七年にＰＢＳで放送された六部構成のテレビシリーズ『Ring of Fire』の第二話（「チェンジ」）に登場する。番組のホストは、世界初の原爆実験を実施した「マンハッタン計画」の科学者として知られるフィリップ・モリソン。後に軍縮を提唱するようになったモリソンは、二〇〇五年四月に八九歳で他界した。二〇一八年二月一五日現在、このエピソードはYouTubeで公開されている（https://www.youtube.com/watch?v=Nk8CQNThbc0）。

2 カナダ、バンクーバー出身のアレックス・スティイーダは一九八六年、北米のサイクリストとして初めて、ツール・ド・

フランスでその時点の獲得ポイント首位の選手が身に纏うイエロージャージ（マイヨジョーヌ）を着て走った。

3　一九九八年一一月九日に公開されたプレスリリースは、アメリカスポーツ医学会ミッドアトランティック会議で発表された、マイケル・ウィリアムズ、ジョン・アイビー、ピーター・レイブンらの医師による研究をアピールしている。

4　TK reference.

5　John Ivy and Robert Portman, Nutrient Timing: The Future of Sports Nutrition (Laguna Beach, CA: Basic Health Publications, 2004).

6　Pacific Health Labs の Web サイトに記載されている来歴によれば、ロバート・ポートマンは一九七四年にM.E.D.Communicationsを共同設立し、「同社はアメリカ最大級の医療機関に成長した」。一九九三年には「売上一億ドル超の消費者／医療エージェンシー」C & M Advertisingを設立。また、スポーツパフォーマンス、食欲、糖尿病をターゲットとした栄養介入に関する特許を一二件所有している（http://www.pacifichealthlabs.com/investor-center-directors/）。

7　Michael Goodwin, "Blood-Doping Unethical, U.S. Olympic Official Says," New York Times, January 13, 1985, http://www.nytimes.com/1985/01/13/sports/blood-doping-unethical-us-olympic-official-says.html.

8　Paul Roberts, "Ed Burke's Got a Rocket in His Pita Pocket," Outside, May 1, 2001, https://www.outsideonline.com/1888016/ed-burkes-got-rockethis-pita-pocket.

9　Alan Albert Aragon, Brad Jon Schoenfeld, C. Kerksick, T. Harvey, J. Stout, B. Campbell, C. Wilborn, et al., "Nutrient Timing Revisited: Is There a Post-Exercise Anabolic Window?" Journal of the International Society of Sports Nutrition 10, no. 1 (2013): 5, https://doi.10.1186/1550-2783-10-5.

10　Brad Joe Schoenfeld, Alan Aragon, Colin Wilborn, Stacie L. Urbina, Sara E. Hayward, and James Krieger, "Pre-versus Post-Exercise Protein Intake Has Similar Effects on Muscular Adaptations," PeerJ 5 (2017): e2825, https://doi.10.7717/peerj.2825.

11　ショーンフェルドらは、筋肉適応におけるタンパク質摂取のタイミングの研究に関するメタ分析の結果を発表し、タンパク質摂取のタイミングに起因する筋肉形成の向上といったメリットは、おそらくタンパク質の消費量の増加によるものであると結論付けた。メタボリックウィンドウの存在を指摘した研究のなかには、同量のタンパク質を異なるタイミングで摂取した場合を比較するのではなく、タンパク質とプラセボを比較するなどの方法論的な問題があった。他の研究は有意義な答えを導くには規模が小さすぎた。Brad Jon Schoenfeld, Alan Albert Aragon, and James W. Krieger, "The Effect of Protein Timing on Muscle Strength and Hypertrophy: A Meta-Analysis," Journal of the International Society of Sports Nutrition 10, no. 1 (2013): 53, https://doi.10 .1186/1550-2783-10-53.

12　Michael J. Cramer, Charles L. Dumke, Walter S. Hailes, John S. Cuddy, and Brent C. Ruby, "Postexercise Glycogen Recovery and Exercise Performance Is Not Significantly Different between Fast Food and Sport Supplements," International Journal of Sport Nutrition and Exercise Metabolism 25, no. 5 (2015): 448. 55, https://doi.10.1123/ijsnem.2014-0230.

13　Usain Bolt, Faster than Lightning: My Autobiography (HarperSport, 2013).

14　二〇一七年一月、ボルトのチームメイトであるネスタ・カーターの保管検体に薬物検査で陽性反応が出たため、ボルトらジャマイカチームによる四百メートルリレーの二〇〇八年のオリンピック金メダルは剥奪された。

15 Baxter Holmes, "The NBA's Secret Addiction," ESPN the Magazine, March 27, 2017, http://www.espn.com/espn/feature/story/_/page/presents18931717/the-nba-secret-addiction.

16 Patrik Sorqvist, Daniel Hedblom, Mattias Holmgren, Andreas Haga, Linda Langeborg, Anatole Nostl, and Jonas Kagstrom (2013), "Who Needs Cream and Sugar When There Is Eco-Labeling? Taste and Willingness to Pay for 'Eco-Friendly' Coffee," ed. Amanda Bruce, PLoS ONE 8 (12), Public Library of Science: e80719, https://doi.10.1371/journal.pone.0080719.

17 E. Cockburn, E. Stevenson, P. R. Hayes, P. Robson-Ansley, and G. Howatson (2010), "Effect of Milk-Based Carbohydrate-Protein Supplement Timing on the Attenuation of Exercise-Induced Muscle Damage," Applied Physiology, Nutrition, and Metabolism 35 (3): 270. 77, https://doi.10.1139/H10-017; Kelly Pritchett and Robert Pritchett, "Chocolate Milk: A Post-Exercise Recovery Beverage for Endurance Sports," Medicine and Sport Science, 59 (2012): 127. 34, https://doi.10.1159/000341954; Jason R. Karp, Jeanne D. Johnston, Sandra Tecklenburg, Timothy D. Mickleborough, Alyce D. Fly, and Joel M. Stager, "Chocolate Milk as a Post-Exercise Recovery Aid," International Journal of Sport Nutrition and Exercise Metabolism 16, no. 1 (2006): 78. 91, https://doi.10.1097/00005768-200405001-00600.

18 M. P. McHugh Connolly and O. Padilla-Zakour, "Efficacy of a Tart Cherry Juice Blend in Preventing the Symptoms of Muscle Damage," British Journal of Sports Medicine 22, no. 4 (2006): 679. 83, https://doi.10.1136/bjsm.2005.025429.

19 Mayur K. Ranchordas, David Rogerson, Hora Soltani, and Joseph T Costello, "Antioxidants for Preventing and Reducing Muscle Soreness after Exercise," Cochrane Database of Systematic Reviews (December 2017), https://doi.10.1002/14651858.CD009789.pub2.

20 フラナガンは二〇〇八年北京オリンピックの一万メートルで三位に終わったが、二〇一七年八月、国際オリンピック委員会は二位だったトルコのエルバン・アベイレゲッセに薬物検査で陽性が出たため、銀メダルを剥奪した。銀メダルは繰り上げでフラナガンに与えられた。US Olympic Committee statement, "Distance Runner Shalane Flanagan Upgraded to Silver Medal in 10,000-Meter for Olympic Games Beijing 2008," accessed May 13, 2018, https://www.teamusa.org/News/2017/August/21/Distance-Runner-Shalane-Flanagan-Upgraded-To-Silver-Medal--In-10000-Meter-For-Beijing-2008.

21 Margo Mountjoy, Jorunn Sundgot-Borgen, Louise Burke, Susan Carter, Naama Constantini, Constance Lebrun, Nanna Meyer, et al., "The IOC Consensus Statement: Beyond the Female Athlete Triad. Relative Energy Deficiency in Sport (RED-S)," British Journal of Sports Medicine 48, no. 7 (2014), 491. 97, https://doi.10.1136/bjsports-2014-093502.

22 Asker E. Jeukendrup (2017), "Periodized Nutrition for Athletes," Sports Medicine 47, no. S1: S51. 63, https://doi.10.1007/s40279-017-0694-2.

第四章

1 ジェームズはこれらのアイスバスの写真を二〇一三年一〇月二日にインスタグラムに投稿している（https://www.

instagram.com/p/e_ZmReCTJJ/.)。

2 Gabe Mirkin and Marshall Hoffman, The Sports Medicine Book (Little, Brown, 1978).

3 Edward Swift Dunster, James Bradbridge Hunter, Frank Pierce Foster, Charles Euchariste de Medicis Sajous, Gregory Stragnell, Henry J. Klaunberg, and Felix Marti-Ibanez, International Record of Medicine and General Practice Clinics, Volume 83 (MD Publications, 1906).

4 Web メディア『The Inertia』は、アイスバスに入るスレーターの写真を二〇一七年一月九日に掲載している（https://www.instagram.com/p/BPDjcTQBcQs/.)。

5 Austin Scaggs, "Madonna Looks Back: The Rolling Stone Interview," Rolling Stone, October 29, 2009.

6 Gabe Mirkin, "Why Ice Delays Recovery," September 16, 2015, Dr.Mirkin. com, accessed January 2018, http://www.drmirkin.com/fitness/why-icedelays-recovery.html.

7 この博物館は二〇〇二年に閉館した。だがミネソタ科学博物館に「Questionable Medical Device」コレクションとして現在でも展示されている。"Museum of Quackery and Medical Frauds," Atlas Obscura, accessed May 10, 2018, https://www.atlasobscura.com/places/museum-quackery.

8 Motoi Yamane, Hiroyasu Teruya, Masataka Nakano, Ryuji Ogai, Norikazu Ohnishi, and Mitsuo Kosaka, "Post-Exercise Leg and Forearm Flexor Muscle Cooling in Humans Attenuates Endurance and Resistance Training Effects on Muscle Performance and on Circulatory Adaptation," European Journal of Applied Physiology 96, no. 5 (2006): 572. 80, https://doi.10.1007/s00421-005-0095-3.

9 Ching-Yu Tseng, Jo-Ping Lee, Yung-Shen Tsai, Shin-Da Lee, Chung-Lan Kao, Te-Chih Liu, Cheng-Hsiu Lai, M. Brennan Harris, and Chia-Hua Kuo, "Topical Cooling (Icing) Delays Recovery From Eccentric Exercise-Induced Muscle Damage," Journal of Strength and Conditioning Research 27, no. 5 (2013): 1354. 61, https://doi.10.1519/JSC.0b013e318267a22c.

10 Llion A. Roberts, Truls Raastad, James F. Markworth, Vandre C. Figueiredo, Ingrid M. Egner, Anthony Shield, David Cameron-Smith, Jeff S. Coombes, and Jonathan M. Peake, "Post-Exercise Cold Water Immersion Attenuates Acute Anabolic Signalling and Long-Term Adaptations in Muscle to Strength Training." The Journal of Physiology 593, no. 18 (2015): 4285. 4301. https://doi.10.1113/JP270570.

11 As every CrossFit aficionado knows, WOD stands for "workout of the day."

12 "Icing Muscles Information," YouTube video posted by Kelly Starrett on July 19, 2012, https://www.youtube.com/watch?v=0UmJVgEWZu4.

13 Kelly Starrett, "People, We've Got to Stop Icing Injuries. We Were Wrong, Sooo Wrong," Daily M/WOD (blog), accessed February 15, 2018, https://www.mobilitywod.com/propreview/people-weve-got-to-stop-icinginjuries-we-were-wrong-sooo-wrong-community-video/

14 Jeff Bercovici, "How This Fitness Entrepreneur Won Over Blake Griffin and LeBron James," Inc., April 2015.

15 二〇一八年八月時点で、ショーナ・ハルソンはオーストラリア国立スポーツ研究所を去り、オーストラリアカトリック大学行動科学・ヘルスサイエンス学部教授になっている。

16 J. Leeder, C. Gissane, K. van Someren, W. Gregson, and G. Howatson, "Cold Water Immersion and Recovery from Strenuous Exercise: A Meta-Analysis," British Journal of Sports Medicine 46 (2012): 233. 40, https://doi.10.1136/bjsports-2011-090061.

17 Francois Bieuzen, Chris M. Bleakley, and Joseph Thomas Costello, "Contrast Water Therapy and Exercise Induced Muscle Damage: A Systematic Review and Meta-Analysis," PLoS ONE 8, no. 4 (2013), https://doi.10.1371/journal.pone.0062356.

18 James R. Broatch, Aaron Petersen, and David J. Bishop, "Postexercise Cold Water Immersion Benefits Are Not Greater than the Placebo Effect," Medicine and Science in Sports and Exercise 46, no. 11 (2014): 2139. 47, https://doi.10.1249/MSS.0000000000000348.

19 山内寿馬の冷却療法に関する特許三件はここで参照できる（https://patents.justia.com/inventor/toshima-yamauchi）。

20 Darren Rovell, "Did a Mistake In New Age Ice Bath Set Back NBA Player?" CNBC, Dec. 27, 2011, https://www.cnbc.com/id/45768144.

21 Associated Press, "Justin Gatlin Dealing with Frostbite," August 11, 2011, http://www.espn.com/olympics/trackandfield/story/_/id/6890891/justin-gatlin-arrives-world-championships-frostbite.

22 Christophe Hausswirth (n.d.), "The Effects of Whole-Body Cryotherapy Exposure in Sport: Applications for Recovery and Performance," http://skinmatrix.co.uk/image/data/cryopod/WBC_The_Science.pdf.

23 "Whole Body Cryotherapy (WBC): A 'Cool' Trend that Lacks Evidence, Poses Risks," FDA Consumer Update, July 5, 2016, Accessed April 27, 2018, https://www.fda.gov/ForConsumers/ConsumerUpdates/ucm508739.htm.

24 Joseph T. Costello, Philip R. A. Baker, Geoffrey M. Minett, Francois Bieuzen, Ian B. Stewart, and Chris Bleakley, "Whole-Body Cryotherapy (Extreme Cold Air Exposure) for Preventing and Treating Muscle Soreness after Exercise in Adults," Cochrane Database of Systematic Reviews 9, no. 9 (2015): CD010789, https://doi.10.1002/14651858.CD010789.pub2.

第五章

1 Antti Mero, Jaakko Tornberg, Mari Mantykoski, and Risto Puurtinen, "Effects of Far-Infrared Sauna Bathing on Recovery from Strength and Endurance Training Sessions in Men," SpringerPlus 4 (2015): 321, https://doi.10.1186/s40064-015-1093-5.

2 US Food and Drug Administration official notice, August 6, 2015, "Class 2 Device Recall Portable FAR Infrared Sauna," accessed January 2018, https://www.accessdata.fda.gov/scripts/cdrh/cfdocs/cfRes/res.cfm.

3 ソワニエはサイクリングチーム内のメンバーで、選手へのマッサージやトレーニングのサポートなどを担う。フランス語の「soigner」（世話をする、面倒を見る）に由来する。

4 Jan Wilke, Robert Schleip, Werner Klingler, and Carla Stecco, "The Lumbodorsal Fascia as a Potential Source of Low Back Pain: A Narrative Review," BioMed Research International (2017), doi:10.1155/2017/5349620.

5 James D. Young, Alyssa-Joy Spence, and David G. Behm, "Roller Massage Decreases Spinal Excitability to the Soleus," Journal of Applied Physiology 124, no. 4 (April 2018), https://www.physiology.org/doi/pdf/10.1152/japplphysiol.00732.2017.

6 M. T. Garcia-Gutierrez, P. Guillen-Rogel, D. J. Cochrane, and P. J. Marin, "Cross Transfer Acute Effects of Foam Rolling with Vibration on Ankle Dorsiflexion Range of Motion," Journal of Musculoskeletal and Neuronal Interactions (2017), http://www.ismni.org/jmni/accepted/jmni_aa_ GUTIERREZ.pdf.

7　ベームはこの研究について、私によるインタビューのなかで言及した。Cary Groner による次の記事でも細かく述べられている。"The Mechanistic Mysteries of Foam Rolling," Lower Extremity Review (October 2015), accessed May 10, 2018, http://lermagazine.com/cover_story/the-mechanistic-mysteries-of-foamrolling.

8　フォームローラーに関するもっとも有望だと思われる研究は、少なくとも一見したところでは、フォームローラーが激しいスクワットの七二時間後に痛みを軽減したと結論付けた二〇一四年の研究だ。また、ワークアウト後に二〇分間フォームローラーを実施した一〇人の男性被験者は、対照群に比べて垂直跳びのパフォーマンスが伸び、可動域も優れていた。同じ研究者による二〇一五年の研究では、フォームローリングが遅発性筋肉痛を軽減し、パフォーマンスの測定値を向上させることが示された。ただしどちらの研究も小規模であり、不適切な統計分析手法が用いられているため、結論は疑わしいものである。Graham Z. Macdonald, Duane C. Button, Eric J. Drinkwater, and David George Behm, "Foam Rolling as a Recovery Tool after an Intense Bout of Physical Activity," Medicine and Science in Sports and Exercise 46, no. 1 (2014): 131. 42, https://doi.10.1249/MSS.0b013e3182a123db. Meanwhile, a small 2014 study found no performance benefit from foam rolling. Kellie C. Healey, Disa L. Hatfield, Peter Blanpied, Leah R. Dorfman, and Deborah Riebe, "The Effects of Myofascial Release with Foam Rolling on Performance," Journal of Strength and Conditioning Research, 20, no. 1, 2014. https://doi.10.1519/JSC.0b013e3182956569.

9　Jessica Hill, Glyn Howatson, Ken van Someren, Jonathan Leeder, and Charles Pedlar, "Compression Garments and Recovery from Exercise-Induced Muscle Damage: A Meta-Analysis," British Journal of Sports Medicine 48, no. 18 (2014): 1340. 46, https://doi.10.1136/bjsports-2013-092456.

10　Freddy Brown, Conor Gissane, and Glyn Howatson, "Compression Garments and Recovery from Exercise: A Meta-Analysis," Sports Medicine 47, no. 11 (2017): 2245. 67, https://doi.10.1007/s40279-017-0728-9.

11　Monem Jemni, William A. Sands, Francoise Friemel, and Paul Delamarche, "Effect of Active and Passive Recovery on Blood Lactate and Performance during Simulated Competition in High Level Gymnasts," Canadian Journal of Applied Physiology 28, no. 2 (2003): 240. 56, https://doi.10.1139/h03-019; Egla-Irina D. Lopez, James M. Smoliga, and Gerald S. Zavorsky, "The Effect of Passive Versus Active Recovery on Power Output Over Six Repeated Wingate Sprints," Research Quarterly for Exercise and Sport 85, no. 4 (2014): 519. 26, https://doi.10.1080/02701367.2014.961055; Gillian E. White and Greg D. Wells "The Effect of On-Hill Active Recovery Performed Between Runs on Blood Lactate Concentration and Fatigue in Alpine Ski Racers," Journal of Strength and Conditioning Research 29, no. 3 (2015): 800. 806, https://doi.10.1519/JSC.0000000000000677.

第六章

1　ヨーラン・キャンタによれば、この言葉はスウェーデンの諺である。

2　The Simpsons, "Make Room for Lisa," season 10, episode 16, directed by Matthew Nastuk, written by Brian Scully (February 28, 1999), https://www.imdb.com/title/tt0781978/, http://www.simpsonsworld.com/video/473093187636.

3 Andrew Revkin, "John C. Lilly Dies at 86; Led Study of Communication with Dolphins," New York Times, Oct. 7, 2001, http://www.nytimes.com/2001/10/07/us/john-c-lilly-dies-at-86-led-study-of-communication -with-dolphins.html.

4 Piritta S. Ruuska, Arto J. Hautala, Antti M. Kiviniemi, Timo H. Makikallio, and Mikko P. Tulppo, "Self-Rated Mental Stress and Exercise Training Response in Healthy Subjects," Frontiers in Physiology 3 (2012), https://doi.10.3389/fphys.2012.00051.

5 Bryan Mann, Kirk Bryant, Brick Johnstone, Patrick Ivey, and Stephen Sayers, "The Effect of Physical and Academic Stress on Illness and Injury in Division 1 College Football Players," Journal of Strength and Conditioning Research (May 2015): 20. 25, https://doi.10.1519/JSC.0000000000001055.

6 ライアン・ホールも出場したが、オーバートレーニングによって引退した元エリート選手はもう勝つために走っておらず、実際勝たなかった。一方のウォーディアンは死力を尽くして走った。

7 Erin Strout, "Michael Wardian Wins World Marathon Challenge in Record Time," January 29, 2017, accessed March 11, 2018, http://www.runnersworld.com/elite-runners/michael-wardian-wins-world-marathon-challenge-in-record-time.

8 Eliza Barclay, "Meditation is thriving under Trump. A former monk explains why. The Headspace App Co-Founder on Monetizing Mindfulness," July 2, 2017, accessed March 11, 2018, https://www.vox.com/science-and -health/2017/6/19/15672864/headspace-puddicombe-trump.

9 Matthew W. Driller and Christos K. Argus, "Flotation Restricted Environmental Stimulation Therapy and Napping on Mood State and Muscle Soreness in Elite Athletes: A Novel Recovery Strategy?" Performance Enhancement & Health 5, no. 2 (2016), https://doi.10.1016/j.peh.2016.08.002.

10 S. Bood, U. Sundequist, A. Kjellgren, T. Norlander, L. Nordstrom, K. Nordenstrom, et al., "Eliciting the Relaxation Response with the Help of Flotation-Rest (Restricted Environmental Stimulation Technique) in Patients with Stress-Related Ailments, International Journal of Stress Management 13, no. 2 (2006): 154.

11 エヴェリン・スティーヴンスのアワーレコードの新記録は四七・九八〇キロメートル。

第七章

1 R. Leproult and E. Van Cauter, "Effect of 1 Week of Sleep Restriction on Testosterone Levels in Young Healthy Men," JAMA 305, no. 21 (2011): 2173. 74, https://doi.10.1001/jama.2011.709.

2 子供向けの本にも見えるが、その皮肉に満ちたユーモアやブレイディの真剣さに対するまなざしからわかるように、大人に向けて書かれたものだとも言える。アンダーアーマーが出版し、イラストはジョージ・ラセラ、作者はコメディ集団のファニー・オア・ダイ（二〇一八年三月一一日時点でのアクセス、http://s7d4.scene7.com/is/content/Underarmour/V7/Special%20Landers/TB12/LP/TB12_Bedtime_Story.pdf）。

3 Anne-Marie Chang, Daniel Aeschbach, Jeanne F. Duffy, and Charles A. Czeisler, "Evening Use of Light-Emitting eReaders Negatively Affects Sleep, Circadian Timing, and next-Morning Alertness," Proceedings of the National Academy of Sciences of the United States of America 112, no. 4 (2015): 1231. 37, National Academy of Sciences, https://doi.10.1073/pnas.1418490112.

4 A. Green, M. Cohen-Zion, A. Haim, and Y. Dagan, "Evening Light Exposure to Computer Screens Disrupts Human Sleep, Biological Rhythms, and Attention Abilities," Chronobiology International (May 2017): 1. 11, https://doi.10.1080/07420528.2017.1324878.

5 Genshiro A. Sunagawa, Kenta Sumiyama, Maki Ukai-Tadenuma, Dimitri Perrin, Hiroshi Fujishima, Hideki Ukai, Osamu Nishimura, et al., "Mammalian Reverse Genetics without Crossing Reveals Nr3a as a Short-Sleeper Gene," Cell Reports 14, no. 3 (2016): 662. 77, https://doi.10.1016/j.celrep.2015.12.052.

6 Timothy Roehrs, Eleni Burduvali, Alicia Bonahoom, Christopher Drake, and Thomas Roth, "Ethanol and Sleep Loss: A 'Dose' Comparison of Impairing Effects," Sleep 26, no. 8 (2003): 981. 85.

7 Aric A. Prather, Denise Janicki-Deverts, Martica H. Hall, and Sheldon Cohen, "Behaviorally Assessed Sleep and Susceptibility to the Common Cold," Sleep 38 (2015): 1353. 59, https://doi.10.5665/sleep.4968.

8 Matthew P. Walker and Robert Stickgold, "It's Practice, with Sleep, that Makes Perfect: Implications of Sleep-Dependent Learning and Plasticity for Skill Performance," Clinics in Sports Medicine 24 (2005): 301. 17, https://doi.10.1016/j.csm.2004.11.002.

9 Pierrick J. Amal, Thomas Lapole, Megane Erblang, Mathias Guillard, Cyprien Bourrilhon, Damien Leger, Mounir Chennaoui, and Guillaume Y. Millet, "Sleep Extension before Sleep Loss: Effects on Performance and Neuromuscular Function," Medicine and Science in Sports and Exercise 48, no. 8 (2016): 1595. 1603, https://doi.10.1249/MSS.0000000000000925.

10 Kelly Glazer Baron, Sabra Abbott, Nancy Jao, Natalie Manalo, and Rebecca Mullen, "Orthosomnia: Are Some Patients Taking the Quantified Self Too Far?" Journal of Clinical Sleep Medicine 13, no. 2 (2017): 351. 54, https://doi.10.5664/jcsm.6472.

11 Christina Draganich and Kristi Erdal, "Placebo Sleep Affects Cognitive Functioning," Journal of Experimental Psychology: Learning, Memory, and Cognition 40, no. 3 (2014): 857. 64, https://doi.10.1037/a0035546.

12 Cheri D. Mah, Kenneth E. Mah, Eric J. Kezirian, and William C. Dement, "The Effects of Sleep Extension on the Athletic Performance of Collegiate Basketball Players," Sleep 34, no. 7 (2011): 943. 50, https://doi.10.5665/SLEEP.1132.

13 Howard Beck, "Bowing to Body Clocks, N.B.A. Teams Sleep In," New York Times, December 19, 2009.

14 John Meyer, "Mikaela Shiffrin Breaks another Record with a Win Saturday in Slalom," Denver Post, March 10, 2018, accessed March 11, 2018, https://www.denverpost.com/2018/03/10/mikaela-shiffrin-breaksanother-record-with-a-win-saturday-in-slalom/

15 Gordy Megro, "Lindsey Vonn Needs a Nap, but First She Is Going to Become the Best Ski Racer of All Time," Ski Magazine, December 21, 2016, accessed March 11, 2018, https://www.skimag.com/ski-performance/vonn-needs-nap.

16 Tempur Sealy International, Inc., "Tempur-PedicR Sleep Center Opens at U.S. Ski and Snowboard Association's Center Of Excellence," July 22, 2015, accessed March 11, 2018, http://www.prnewswire.com/newsreleases/tempur-pedic-sleep-center-opens-at-us-ski-and-snowboardassociations-center-of-excellence-300117381.html.

17 Jonathan Abrams, "Napping on Game Day Is Prevalent among N.B.A. Players," New York Times, March 6, 2011, accessed March 11, 2018, http://www.nytimes.com/2011/03/07/sports/

basketball/07naps.html.

18 Roger S. Smith, Bradley Efron, Cheri D. Mah, and Atul Malhotra, "The Impact of Circadian Misalignment on Athletic Performance in Professional Football Players," Sleep 36, no. 2 (2013), https://doi.10.5665/sleep.3248.

第八章

1 アメリカ疾病管理予防センターが二〇一二年、大規模なアメリカ人の血液と尿のサンプルを分析し、必須ビタミンと栄養素の摂取状況を調査した結果の報告によれば、アメリカ人の一〇人のうち九人は必要な栄養素を摂取していた。主な例外は非ヒスパニック系黒人の三一%、白人の三%に不足していたビタミンDと、女性の八%で不足していた鉄だった。鉄分不足はアスリートにとって珍しくはなく、特に出産年齢の女性には特にその傾向が高いため、異常な疲労感を覚えているなら検査をすべきである。しかし、鉄分はスポーツ補助食品としてはあまり摂取を促されていないのが現状である。Centers for Disease Control and Prevention, "The Second National Report on Biochemical Indicators of Diet and Nutrition in the U.S. Population," 2012, p. 317, Table 3.1.d.1.Serum ferritin, https://www.cdc.gov/nutritionreport/

2 Amy Eichner and Travis Tygart, "Adulterated Dietary Supplements Threaten the Health and Sporting Career of Up-and-Coming Young Athletes," Drug Testing and Analysis 8, no. 3. 4 (2016): 304. 6, https://doi.10.1002/dta.1899.

3 二〇一六年、アメリカ連邦取引委員会はハーバライフへの調査を終了した。この調査が始まったきっかけの一つは、ヘッジファンド・マネージャーのビル・アックマンが同社のビジネスの手法に疑問を呈したことだった。ハーバライフは二億ドルを支払い、規制当局に「ピラミッドスキーム」（マルチ商法）とラベル付けされないビジネスモデルに変更することに同意した。Diane Bartz and Michael Flaherty, "Herbalife Settles Pyramid Scheme Case with Regulator, in Blow to Pershing's Ackman," AP, July 15, 2016, accessed February 21, 2018, https://www.reuters.com/article/us-herbalife-probe-ftc/herbalife-settles-pyramid-scheme-casewith-regulator-in-blow-to-pershings-ackman-idUSKCN0ZV1F7

4 Mina Kimes, "Drew Brees Has a Dream He'd Like to Sell You," ESPN Magazine, March 15, 2016, accessed December 15, 2017, http://www.espn.com/espn/feature/story/_/id/14972197/questions-surround-advocare-nutrition-empire-endorsed-saints-qb-drew-brees.

5 "Questions and Answers: Interview with Jose Antonio, Ph.D.," Examine.com Research Digest, no. 1 (November 2014).

6 Conor Heffernan, "Soy, Science and Selling: Bob Hoffman's Hi-Proteen Powder," Physical Culture Study, June 15, 2016, accessed March 6, 2018, https://physicalculturestudy.com/2016/06/15/soy-science-and-selling -bob-hoffmans-hi-proteen-powder/

7 ホフマンが初期のスポーツ栄養学に受けた影響、そのプロテイン製品の起源、同分野の他の考えをどう評価しているかなどについては、次の論文に詳しい。Daniel Hall, John D. Fair, and Frank Zane, "The Pioneers of Protein," Better Nutrition 8 (May. June 2004): 23. 34, http://library.la84.org/SportsLibrary/IGH/IGH0803/IGH0803d.pdf.

8 Elaine Wong and Rebecca Williams, "ClinicalTrials.gov: Requirements and Implementation Strategies," Regulatory Focus, May 2012, accessed March 11, 2018, https://prsinfo.clinicaltrials.gov/publications/Wong-Williams-RAPS-Regulatory-Focus-8May2012.html.

9 Robert M. Kaplan and Veronica L. Irvin, "Likilihood of Null Effects

of Large NHKBI Clinical Trails Has Increased over Time," PLOS One 10, no 8(2015), http://journals.plos.org/plosone/article?id=10.1373/jornal.pone.0132382.

10　Robert M. Kaplan and Veronica L. Irvin, "Likelihood of Null Effects of Large NHLBI Clinical Trials Has Increased over Time," PLOS One 10, no. 8 (2015), http://journals.plos.org/plosone/article?id=10.1371/journal.pone.0132382.

11　初めて弁護士のハワード・ジェイコブスと話をしたのは、私がコロラド大学サイクリング部時代のチームメイト、タイラー・ハミルトンについて書いていたときのことだった。ハミルトンは二〇〇四年のアテネオリンピックで金メダルを獲得したが、薬物検査で陽性反応が出た（同年のブエルタ・ア・エスパーニャの第八ステージでの優勝後にも、二度目の陽性反応が出る）。ハミルトンは無実を主張し、ジェイコブズが弁護を担当した。Christie Aschwanden, "I Believe…," Bicycling Magazine, November 2007, https://christieaschwanden.files.wordpress.com/2010/09/believe.pdf. 二〇一二年、ハミルトンはテレビ番組の『60ミニッツ』に出演し、ドーピングを告白した（そして、ランス・アームストロングのドーピングも非難した）。私はかつての友人であるタイラーから、ドーピングをしていないと嘘をついていたことを直接謝罪されたり、認められたりしたことはない。

12　"Flash! Kicker Vencill Wins Suit against Nutrition Company, Awarded almost $600K," Swimming World, May 13, 2005, accessed February 15, 2018, https://www.swimmingworldmagazine.com/news/flash-kicker-vencill-wins-suit-against-nutrition-company-awarded-almost-600k/. 判決後、訴訟は和解した。和解の一環として、ベンシルは判決を無効にすることに同意した。「訴訟のメリットとはまったく関係がなかった。それは単に和解の条件だった」とジェイコブズは言う。「キッカー・ベンシルは和解の条件にとても満足していた」

13　二〇〇八年七月二五日公開のアドボケアのプレスリリースによると、「虚偽の誤解を招くような報道はあるが、アドボケア製品にはオリンピックやアマチュアスポーツを監視するアメリカアンチドーピング機関（USADA）または世界アンチドーピング機関（WADA）、さらにはNCAA、NFL、MLB、NBA、NHL、MLS、NASCARが禁止する成分は一切含まれていない」（二〇一八年四月二七日時点でのアクセス）。同社はハーディを名誉毀損で訴えた。ハーディの弁護士ハワード・ジェイコブズによると、彼女に対するアドボケアの訴訟は最終的に棄却されたが、同社に対する彼女の訴訟は和解に終わった。ジェイコブズは、「ジェシカはこの和解にとても満足していた」と述べている。

14　CAS 2009/A/1870 World Anti-Doping Agency (WADA) v. Jessica Hardy & United States Anti-Doping Agency (USADA), Arbitral Award Delivered by the Court of Arbitration for Sport. Accessed April 27, 2018, https://www.usada.org/wp-content/uploads/hardy_jessica_CAS_decision_supplement411.pdf.

15　Teri Thompson, Bill Madden, Christian Red, Michael O'Keeffe, and Nathaniel Vinton, "Daily News Uncovers Bizarre Plot by San Francisco Giants' Melky Cabrera to Use Fake Website and Duck Drug Suspension," New York Daily News, Sunday, August 19, 2012, accessed February 15, 2018, http://www.nydailynews.com/sports/baseball/exclusive-daily-news -uncovers-bizarre-plot-melky-cabrera-fake-website-duck-drugsuspension-article-1.1139623.

16　"Eichner and Travis Tygart, Adulterated Dietary Supplements."

17 アメリカアンチドーピング機関は、サプリメントに関する情報のライブラリを提供し、サプリメントのウェブサイトで「ハイリスク」製品の最新リストを公開している（二〇一八年二月一五日時点でのアクセス、https://www.usada.org/substance/supplement-411/）。

18 "IOC Nutritional Supplements Study Points to Need for Greater Quality Control," IOC press release, April 4, 2002, accessed 15 February, 2018, https://www.olympic.org/news/ioc-nutritional-supplements-study-points-to-need-for-greater-quality-control.

19 "Health Risks of Protein Drinks: You Don't Need the Extra Protein or the Heavy Metals our Tests Found," Consumer Reports, July 2010, accessed February 15, 2018, http://www.consumerreports.org/cro/2012/04/protein-drinks/index.htm.

20 クラウドとヨバノビッチは、ラベル不記載のナンドロロン（禁止ステロイド）の代謝物が含まれていることを示すホエイプロテイン製品のテストを提出した。テスト結果は、ブライアント・ガンベルの『HBO Inside Sports』で全米に放映された。Greenwood, Mike, Douglas S. Kalman, and Jose Antonio, Nutritional Supplements in Sports and Exercise (2008), https://doi:10.1007/978-1-59745-231-1.

21 Andrew I. Geller, Nadine Shehab, Nina J. Weidle, Maribeth C. Lovegrove, Beverly J. Wolpert, Babgaleh B. Timbo, Robert P. Mozersky, and Daniel S. Budnitz, "Emergency Department Visits for Adverse Events Related to Dietary Supplements," New England Journal of Medicine 373, no. 16 (2015): 1531. 40, https://doi.10.1056/NEJMsa1504267.

22 二〇一一年一二月七日、アメリカ国防総省はＤＭＡＡを含むあらゆる製品の軍事基地での販売を禁止した。Allied Communications Publication, ALFOODACT 036-2011 UPDATE/CORRECTION for ALFOODACT 034-2011 Dimethylamylamine (DMAA) is placed on medical hold due to possible serious adverse health effects, http://www.troopsupport.dla.mil/subs/fso/alfood/2011/alf03611.pdf, accessed March 22, 2012, https://web.archive.org/web/20130302012755/http://www.troopsupport.dla.mil/subs/fso/alfood/2011/alf03611.pdf.

23 Jack3d および他のＤＭＡＡ製品の危険性に関するＦＤＡによる警告は二〇一三年四月一一日に発行された。FDA Consumer update, "Stimulant Potentially Dangerous to Health, FDA Warns," April 11, 2013, accessed April 27, 2018, https://www.fda.gov/ForConsumers/ConsumerUpdates/ucm347270.htm.

24 ＦＤＡ（アメリカ食品医薬品局）による次の報告に基づく。"On July 2, 2013, USPlabs voluntarily destroyed its DMAA-containing products located at its facility in Dallas, Texas." https://www.fda.gov/Food/DietarySupplements/ProductsIngredients/ucm346576.htm.

25 サプリメント会社USPLabsに対する係争中の訴訟は、同社が小売業者や卸売業者に製品に天然植物抽出物を使用していると伝えていたが、実際にはそれが中国で製造された合成刺激剤だったことが争点となっている（https://www.fda.gov/newsevents/newsroom/pressannouncements/ucm473099.htm）。二〇一三年にも、USPLabsのサプリメント製品「OxyPro Elite」が五六例の急性肝不全または肝炎に関連していると見なされた。同社はこのサプリメントが筋肉増強や減量に有効だと主張していた。サプリメントの使用者複数人が肝移植手術を余儀なくされ、そのうちの一人は死亡した。

26 ハーバード大学の研究者ピーター・コーエンらは、警告状を受け取っても製品を販売し続けた企業の事例を記録している。

Peter A. Cohen, Gregory Maller, Renan DeSouza, and James Neal-Kababick, "Presence of Banned Drugs in Dietary Supplements Following FDA Recalls," Journal of the American Medical Association 312, no. 16 (2014): 1691. 93, https://doi.10.1001/jama.2014.10308.

27　ＦＤＡが危険なサプリメントから消費者を保護する役割から外された経緯の詳細については以下を参照。Catherine Price, Vitamania: How Vitamins Revolutionized the Way We Think about Food (New York: Penguin Press, 2015).

28　業界にはアメリカ栄養評議会など複数のロビー団体がある。長年の業界支持者で、ユタ州の有力者である元アメリカ上院議員オリン・ハッチも、業界を規制する動きを阻止するのを繰り返し助けている。ハッチの身内は業界で働いている。

29　Anthony Roberts, "Inside the Nutritional Supplement Industry," Anthony Roberts blog, April 28, 2009, accessed May 1, 2018, https://anthonyrobertssteroidblog.wordpress.com/2009/04/28/inside-the -nutritional-supplement-industry/

30　Bryan E. Denham, "Athlete Information Sources about Dietary Supplements: A Review of Extant Research," International Journal of Sport Nutrition and Exercise Metabolism 27, no. 4 (2017): 325. 34, https://doi.10.1123/ijsnem.2017-0050.

第九章

1　二〇〇一年、ライアン・ホールは四分〇二秒の州新記録を出し、一六〇〇メートル走でカリフォルニア州のハイスクールチャンピオンになった。しかしこれはアメリカの公式記録とは認められなかった。ＩＡＡＦ（国際陸上競技連盟）が、追い風で不公平が生じないように折り返し地点のない片道コースを記録の対象から除外していたからだ。実際、ホールが目覚ましいパフォーマンスを見せたこの日も追い風が吹いていた。スタート地点とゴール地点の高低差のあるコースも条件を満たさないことになり、下り坂の多いボストンもこの対象となる（http://running.competitor.com/2012/04/news/should-the-boston-marathon-be-record-legal_50540）。

3　その年、ニューヨークシティマラソンはハリケーンサンディのために中止された。

4　Romain Meeusen, Martine Duclos, Carl Foster, Andrew Fry, Michael Gleeson, David Nieman, John Raglin, Gerard Rietjens, Jurgen Steinacker, and Axel Urhausen, "Prevention, Diagnosis, and Treatment of the Overtraining Syndrome: Joint Consensus Statement of the European College of Sport Science and the American College of Sports Medicine," Medicine and Science in Sports and Exercise 45, no. 1 (2013): 186. 205, https://doi.10.1249/MSS.0b013e318279a10a.

5　Kevin Selby, "Ryan Hall explains his switch to coach Renato Canova," Flotrack, December 7, 2012, accessed March 11, 2018, http://www.flotrack.org/video/666842-ryan-hall-explains-his-switch-to-coach-renato -canova.

6　S. Parker, P. Brukner, and M. Rosier, "Chronic Fatigue Syndrome and the Athlete," Sports Medicine and Training Rehabilitation 6 (1996): 269. 78, https://www.researchgate.net/publication/232895979_Chronic_fatigue_ syndrome_and_the_athlete.

第一〇章

1　W. A. Sands, K. P. Henschen, and B. B. Schultz, "National Women's

"Tracking Program," Technique, accessed March 11, 2018, http://www.advancedstudyofgymnastics.com/uploads/3/1/9/3/31937121/1230.pdf.

2　マイク・ワーデンは、二〇一六年のロックンロール・マラソン（もちろん、ラスベガスで開催されるレースだ）で優勝し、エルビス・プレスリーの仮装でのマラソンの世界記録（二時間三八分〇四秒）も持っている。

3　アメリカ農務省。農業調査局による国民栄養データベースによれば、一〇〇グラムあたり生のブルーベリーには二・四グラムの総食物繊維（カップあたり三・六グラム）が、ブラックベリーには五・三または七・六グラムが含まれます。ブルーベリー（https://ndb.nal.usda.gov/ndb/foods/show/301068?manu=&fgcd=&ds=）、ブラックベリー（https://ndb.nal.usda.gov/ndb/foods/show/301063?manu=&fgcd=&ds=）。

4　私は、それについて書くかどうか、書くとしても肯定的なことを書くかどうかはわからない、ということを前提条件にして、クエスト社の無料トライアルの提供を受け入れた。

5　W. S. A. Smellie, "When Is 'Abnormal' Abnormal? Dealing with the Slightly Out of Range Laboratory Result," Journal of Clinical Pathology 59, no. 10 (2006): 1005. 7. https://doi.10.1136/jcp.2005.035048.

6　Training Peaks, "Training Stress Scores (TSS) Explained," accessed March 11, 2018, https://help.trainingpeaks.com/hc/en-us/articles/204071944-Training-Stress-Scores-Explained.

7　E. W. Banister and T. W. Calvert, "Planning for Future Performance: Implications for Long Term Training," Canadian Journal of Applied Sport Sciences (Journal Canadien Des Sciences Appliquees Au Sport) 5, no. 3 (1980): 170. 76, http://www.ncbi.nlm.nih.gov/pubmed/6778623.

8　M. K. Drew and C. Purdam, "Time to Bin the Term 'Overuse' Injury: Is 'Training Load Error' a More Accurate Term?" British Journal of Sports Medicine (February 2016), bjsports-2015-095543-, https://doi.10.1136/bjsports-2015-095543.

9　世界各国のスポーツチームと関わるオーストラリアのスポーツ科学者ティム・ガベットは、トレーニング負荷は相対的なものだと言う。最近ガベットは、怪我の予防に重要なのはトレーニング負荷の絶対量ではないと主張する論文を発表し、シーズン前のトレーニングが非常に重要だと指摘している。「シーズン前に一〇回のセッションを増やすことで、シーズン中の怪我のリスクが一七％減少する」。ガベットは、トレーニング負荷を増やすことは怪我の予防に役立てられるが、それはトレーニング負荷を急激ではなく、段階的に増やした場合に限ると指摘し、急性負荷（一週間のトレーニング量）は、その前の一ケ月に準備をしてきたものと合っていなければならないと述べている。Tim Gabbett, Billy Hulin, Peter Blanch, and Rod Whiteley, "High Training Workloads Alone Do Not Cause Sports Injuries: How You Get There Is the Real Issue," British Journal of Sports Medicine 50 (2016), doi:10.1136/bjsports-2015-09567.

10　William P. Morgan, D. R. Brown, J. S. Raglin, P. J. O'Connor, and K. A. Ellickson, "Psychological Monitoring of Overtraining and Staleness," British Journal of Sports Medicine 21, no. 3 (1987): 107. 14, https://doi.10.1136/bjsm.21.3.107.

11　二〇一五年、オーストラリアのスポーツ科学者アンナ・ソーらが、トレーニング負荷・反応の定量化に使われている測定基準の系統的レビューの結果を発表した。分析では、ホルモンレベルから炎症マーカー、血球数、免疫システムマーカー、心拍数に至る多くの項目が対象にされ、主観的な自己申告の値が客観的な測定値よりも大幅に優れていることが明らかになった。Anna E. Saw, Luana C. Main, and Paul B. Gastin, “Monitoring the Athlete Training Response: Subjective Self-Reported Measures Trump Commonly Used Objective Measures: A Systematic Review,” British Journal of Sports Medicine (2015), bjsports-2015-094758. https://doi.10.1136/bjsports-2015-094758.

12 Matt Dixon, The Well-Built Triathlete (VeloPress, 2014).

13 インキネンはトライアスロン以外の場でも偉業を達成している。二〇一四年、妻のメレディス・ローリング（体操選手であり、マラソンランナー）と共に、第三者のサポートなしでサンフランシスコからハワイまで二四〇〇マイル以上を手漕ぎのボートで移動した。「Couple Rows across Pacific, Doesn't Divorce」（太平洋をボートを横断するカップルは離婚しない）という見出しの記事がＵＳＡトゥデイ紙に掲載された。

14 Megan Janssen, “Breakouts, Breakdowns and Bib Offerings at the 2017 Western States 100,” Trail Runner (June 27, 2017), accessed May 13, 2018, https://trailrunnermag.com/people/culture/breakouts-breakdowns-bib -offerings-2017-western-states-100.html.

第一一章

1 Shona L. Halson and David T. Martin, “Lying to Win. Placebos and Sport Science,” International Journal of Sports Physiology and Performance 8 (2013): 597. 99, http://www.ncbi.nlm.nih.gov/pubmed/24194442.

2 Howard L. Fields, “The Mechanism of Placebo Analgesia,” Lancet (September 23, 1978): 654. 57, https://doi.10.1016/S0140-6736(78)92762-9.

3 David C. Nieman, Dru A. Henson, Charles L. Dumke, Kevin Oley, Steven R. McAnulty, J. Mark Davis, E. Angela Murphy, et al., “Ibuprofen Use, Endotoxemia, Inflammation, and Plasma Cytokines during Ultramarathon Competition,” Brain, Behavior, and Immunity 20, no. 6 (2006): 578. 84, https://doi.10.1016/j.bbi.2006.02.001. I first wrote about runners' unwillingness to believe Nieman's findings in 2010. Christie Aschwanden, “When It Comes to New Treatment Guidelines for Breast Cancer, Back Pain and Other Maladies, It's the Narrative Presentation that Matters,”Pacific Standard (April 2010), accessed February 15, 2018, https://psmag.com/socialjustice/convincing-the-public-to-accept-new-medical-guidelines-11422.

4 D. Nieman, D. Henson, C. Dumke, K. Oley, S. McAnulty, J. Davis, E. Murphy, A. Utter, R. Lind, L. McAnulty, and J. Morrow , “Ibuprofen Use, Endotoxemia, Inflammation, And Plasma Cytokines during Ultramarathon Competition,” Brain, Behavior, and Immunity 20, no. 6 (2006): 578. 84; Steven R. McAnulty, John T. Owens, Lisa S. McAnulty, David C. Nieman, Jason D. Morrow, Charles L. Dumke, and Ginger L. Milne, “Ibuprofen Use during Extreme Exercise,” Medicine & Science in Sports & Exercise 39, no. 7 (2007): 1075. 79, https://doi.10.1249/mss.0b13e31804a8611.

5 Claire Baxter, Lars R. Mc Naughton, Andy Sparks, Lynda Norton, and David Bentley, “Impact of Stretching on the Performance and Injury Risk of Long-Distance Runners,” Research in Sports Medicine 25, no. 1 (2017): 78. 90, https://doi.10.1080/15438627.2016.1258640.

6 コロラド大学のプラシーボ研究者トーア・ウェイジャーは、プラシーボまたは偽の治療グループに所属していることに気づいた被験者の多くが、その対象には効果があったと主張すると述べている。「〝私にはこれは効いたと思う〟と被験者が言う余地は大いにある」

7 Claudia Carvalho, Joaquim Machado Caetano, Lidia Cunha, Paula Rebouta, Ted J. Kaptchuk, and Irving Kirsch, "Open-Label Placebo Treatment in Chronic Low Back Pain." PAIN (October 2016): 1, https://doi.10.1097/j.pain.0000000000000700.

8 J. P. Rose, A. L. Geers, H. M. Rasinski, and S. L. Fowler, "Choice and Placebo Expectation Effects in the Context of Pain Analgesia," Journal of Behavioral Medicine 35, no. 4 (August 2012):462-70. doi: 10.1007/s10865-011-9374-0.

9 Alex Stone, "Why Waiting Is Torture," New York Times, August 19, 2012, accessed March 11, 2018, http://www.nytimes.com/2012/08/19/opinion/sunday/why-waiting-in-line-is-torture.html.

10 Martin D. Hoffman, Natalie Badowski, Joseph Chin, and Kristin J. Stuempfle, "A Randomized Controlled Trial of Massage and Pneumatic Compression for Ultramarathon Recovery," Journal of Orthopaedic and Sports Physical Therapy 46, no. 5 (2016): 1. 26, https://doi.10.2519/jospt.2016.6455.

11 Jonas Bloch Thorlund, "Deconstructing a Popular Myth: Why Knee Arthroscopy Is No Better than Placebo Surgery for Degenerative Meniscal Tears," British Journal of Sports Medicine (2017), https://doi.10.1136/bjsports-2017-097877.

12 Steve Magness, "When Doing Nothing Is Better than Doing Something," The Science of Running (April 2016), accessed March 11, 2018, http://www.scienceofrunning.com/2016/04/when-doing-nothing-is-better-thandoing.html.

13 James Hamblin, "Please, Michael Phelps, Stop Cupping," The Atlantic, August 9, 2016, accessed March 11, 2018, https://www.theatlantic.com/health/archive/2016/08/phelps-cupsanity/495026/

14 Taylor Phinney's parents are Connie Carpenter-Phinney and Davis Phin-ney. Connie competed as a speedster in the 1972 Winter Olympics at age テイラー・フィニーの両親は、コニー・カーペンター＝フィニーとデイビス・フィニーだ。コニーは一四歳のとき、一九七二年冬季オリンピックにスピードスケートの選手として出場した。一九八四年の夏季オリンピックではサイクリストとして出場し、ロードレースで金メダルを獲得。デイビスはプロのサイクリストとして一〇年以上のキャリアがあり、一九八〇年代にはツール・ド・フランスで二度のステージ優勝を果たしている。

15 Sam Alipour, "Will you still medal in the morning?" ESPN the Magazine, July 8, 2012, accessed February 15, 2018, http://www.espn.com/olympics/summer/2012/story/_/id/8133052/athletes-spill-details-dirty-secrets -olympic-village-espn-magazine.

結論

1 Thomas M. Doering, David G. Jenkins, Peter R. Reaburn, Nattai R. Borges, Erik Hohmann, and Stuart M. Phillips, "Lower Integrated Muscle Protein Synthesis in Masters Compared with Younger Athletes," Medicine and Science in Sports and Exercise 48, no. 8 (2016): 1613. 18, https://doi.10.1249/MSS.0000000000000935.

2 "Profile: Ambrose Joel Burfoot," Running Past, accessed May 13, 2018, http://www.runningpast.com/amby.htm.

Good to Go
最新科学が解き明かす、リカバリーの真実

2019 年 3 月 25 日 第一刷印刷
2019 年 4 月 10 日 第一刷発行

著　者　クリスティー・アシュワンデン
訳　者　児島修

発行者　清水一人
発行所　青土社

〒 101-0051　東京都千代田区神田神保町 1-29　市瀬ビル
［電話］ 03-3291-9831（編集）　03-3294-7829（営業）
［振替］ 00190-7-192955

印刷・製本 ディグ
装丁　大倉真一郎

ISBN978-4-7917-7155-4　Printed in Japan